朱国祥　著

回鹘文献梵语借词研究

上海古籍出版社

目　　录

绪　论 …………………………………………………………………… 1

第一章　回鹘与回鹘文献 …………………………………………… 12
　第一节　回鹘简史 …………………………………………………… 12
　第二节　回鹘文发展简史 …………………………………………… 13
　第三节　回鹘文字母与转写字母 …………………………………… 14
　第四节　回鹘文献分期 ……………………………………………… 23
　第五节　回鹘文文献分类 …………………………………………… 24

第二章　古代突厥文文献梵语借词研究 …………………………… 28
　第一节　古代突厥文与突厥文献 …………………………………… 28
　第二节　古代突厥文碑铭与写本梵语借词研究 ………………… 30

第三章　回鹘碑铭、题记与铭刻文献梵语借词研究 ……………… 36
　第一节　回鹘碑铭文献梵语借词研究 …………………………… 36
　第二节　回鹘文献题记和铭刻梵语借词研究 …………………… 44

第四章　回鹘文佛教文献梵语借词研究 …………………………… 55
　第一节　回鹘文佛教文献 …………………………………………… 55

第二节 回鹘文献《金光明经》梵语借词研究 …………………… 69
第三节 回鹘文献《玄奘传》梵语借词研究 ……………………… 94
第四节 回鹘文献《慈悲道场忏法》梵语借词研究………… 129
第五节 回鹘文献《说心性经》梵语借词研究……………… 135
第六节 回鹘文佛教论藏文献梵语借词研究 ……………… 138

第五章 回鹘文摩尼教文献梵语借词研究 ………………… 150
第一节 回鹘文摩尼教文献 ……………………………………… 150
第二节 回鹘文摩尼教文献梵语借词研究 ………………… 152

第六章 回鹘文景教文献梵语借词研究 ……………………… 168
第一节 景教与回鹘文景教文献 ……………………………… 168
第二节 回鹘文景教文献梵语借词研究 ……………………… 171

第七章 回鹘文社会经济文书梵语借词研究 ………………… 178
第一节 回鹘文社会经济文书概况 …………………………… 178
第二节 回鹘文社会经济文书梵语借词研究 ……………… 181

第八章 回鹘文献语言文字与文学梵语借词研究 ………… 183
第一节 回鹘文献语言文字梵语借词研究 ………………… 183
第二节 回鹘文献文学作品梵语借词研究 ………………… 186

第九章 医学、占卜、历法类回鹘文献梵语借词研究 ……… 250
第一节 医学类回鹘文献梵语借词研究 ……………………… 250
第二节 占卜、历法类回鹘文献梵语借词研究 …………… 255

第十章　回鹘语与梵语对音研究 …… 262
第一节　对音研究相关问题 …… 262
第二节　梵语与回鹘语对音研究 …… 268
第三节　回鹘文《慈悲道场忏法》吐火罗语媒介语对音研究 …… 276

第十一章　回鹘文献梵语借词创新研究 …… 294
第一节　梵语借词其他研究的可行性 …… 294
第二节　梵语借词折射出的印度文化对回鹘文化之影响 …… 297
第三节　回鹘文献梵语借词存在的原因 …… 300

参考文献 …… 313

后　记 …… 341

绪　论

一、本课题研究国内外研究状况

1. 国内研究状况

(1) 回鹘文献梵语借词研究

国内就回鹘文献的梵语借词专题研究较少，绝大多数学者在考释或研究时一般只是考释某些梵语词语，这里不作简要的列举。至于梵语与回鹘语对音研究的论著则是很少见的，其中代表性的论文主要是：张铁山教授的《敦煌莫高窟北区 B77 出土木骨上的回鹘文题记研究》涉及梵语与回鹘语对音研究；[①]芮传明《摩尼教突厥语〈忏悔词〉新译和简释》一文考释了部分粟特语、梵文等借词；[②]阿布里克木·亚森《〈突厥语大词典〉等文献中的梵语借词》，该文列举了 ratna、madahuka、patra、punya、chattra、siksapad、candana、dhatu、mariča/marica、naga、sartha、yaksa 等梵语借词；[③]周银霞与杨富学的《回鹘文〈罗摩衍那〉及其梵语借词研究》，就罗摩(Rāma)、悉多(Sītā)、罗摩桥(Rāmasetu)、大颌圣猴哈奴曼(Hanumān)等梵语借词逐一考证，并指出回鹘文《罗摩衍那》曾受到吐火罗语、和田塞语、藏语直接或间接

① 张铁山：《敦煌莫高窟北区 B77 出土木骨上的回鹘文题记研究》，《敦煌学辑刊》2018 年第 2 期，第 37—43 页。

② 芮传明：《摩尼教突厥语〈忏悔词〉新译和简释》，《史林》2009 年第 6 期，第 54—62 页。

③ 阿布里克木·亚森：《〈突厥语大词典〉等文献中的梵语借词》，《新疆大学学报》(哲学社会科学版)2006 年第 6 期，第 150—151 页。

的影响；[①]柳元丰《古代维吾尔语借词研究》，该文简要指出古代维吾尔语借词的5种类型，即汉语、波斯语、梵语、粟特语与阿拉伯语5种借词。[②] 此外，一些硕博论文也就回鹘文献中的“非汉语借词”进行了探讨，如古再丽阿依·阿布都艾尼的《回鹘文摩尼教文献词汇研究》、[③]木沙江·艾力的《回鹘文〈金光明经〉词汇研究》、[④]郑玲的《〈弥勒会见记〉异本对勘研究》、[⑤]吐送江·依明的《〈福乐智慧〉回鹘文抄本研究》、[⑥]古艾尔尼沙·买沙地克的《回鹘医学文书〈医理精华〉词汇研究》、[⑦]巴克力·阿卜杜热西提的《古代维吾尔医学文献的语文学研究》、[⑧]木沙江·艾力的《古代维吾尔语历法和占卜文献的语文学研究》[⑨]等。

质言之，总体上，国内从事回鹘文研究的学者少之又少，一些年轻的学术新人多数刚从院校毕业，虽有部分年轻学者开始崭露头角，但距离具有国际学术影响力还有一定差距；国内的回鹘语文献借词研究，题材范围多拘于某一回鹘文文献；考释借词数量有限，无论是汉语借词或非汉语借词或梵语借词研究皆是如此；除少部分论著突

---

① 周银霞、杨富学：《回鹘文〈罗摩衍那〉及其梵语借词研究》，《语言与翻译》（汉文）2005年第1期，第8—11页。

② 柳元丰：《古代维吾尔语借词研究》，《喀什师范学院学报》2010年第4期，第49—51，60页。

③ 古再丽阿依·阿布都艾尼：《回鹘文摩尼教文献词汇研究》，新疆大学硕士论文，2014年。

④ 木沙江·艾力：《回鹘文〈金光明经〉词汇研究》，新疆大学硕士论文，2012年。

⑤ 郑玲：《〈弥勒会见记〉异本对勘研究》，中央民族大学博士论文，2013年。

⑥ 吐送江·依明：《〈福乐智慧〉回鹘文抄本研究》，中央民族大学博士论文，2011年。

⑦ 古艾尔尼沙·买沙地克：《回鹘医学文书〈医理精华〉词汇研究》，新疆大学硕士论文，2015年。

⑧ 巴克力·阿卜杜热西提：《古代维吾尔医学文献的语文学研究》，中央民族大学博士论文，2013年。

⑨ 木沙江·艾力：《古代维吾尔语历法和占卜文献的语文学研究》，中央民族大学博士论文，2016年。

出考释借词,但总体来说还是比较零散,就本课题作专门的、系统性研究的成果不多。

2. 国外研究状况

19世纪末至20世纪初,新疆、敦煌等地出土了很多回鹘文献。由于历史的原因,回鹘文献仅有少部分庋藏于我国,大部分回鹘文及其他语文献散藏于国外。从词典工具书角度看,如德国学者冯·加班(A.von Gabain)的《古代突厥语语法》、[①]杰拉尔德·克劳森(S.G.Clauson)的《十三世纪前突厥语词源词典》(*An Etymological Dictionary of Pre-Thirteenth-Century Turkish*)[②]等词典,都收入借词,并对其词源进行了考证。

从研究者国别来看,俄罗斯、德国、法国、日本等国学者的研究成果之多、之广、之深令人印象深刻。前苏联:回鹘文献研究取得的成果最为显著,早期的代表人物有拉德洛夫(W.Radloff)、马洛夫(S.E.Malov)等人。德国:回鹘文献研究涌现出一大批著名学者,如勒柯克(A.von Le Coq)、缪勒(F.W.K.Müller)、冯·加班(A.von Gabain)等。目前,彼特·茨默(P.Zieme)与克劳斯·若尔本(K.Röhrborn)都是国际知名的回鹘文献研究专家,柏林科学院吐鲁番研究中心是国际回鹘学研究的重镇。法国:法国素有回鹘文献研究的传统,一些学者在世界范围内享有盛誉,他们是伯希和(P.Pelliot)、路易·巴赞(Louis Bazin)、哈密尔顿(J.Hamilton)等人,其中哈密尔顿是当今国际回鹘文献研究的权威,目前法国突厥学研究的主要机构是巴黎第三大学突厥学研究所等。

日本神户外国语大学庄垣内正弘教授是一位享有国际声誉的回

① [德]冯·加班著,耿世民译:《古代突厥语语法》,内蒙古教育出版社,2004年。

② S. G. Clauson, *An Etymological Dictionary of Pre-Thirteenth-Century Turkish*, Oxford: Clarendon Press, 1972.

鹘学专家,代表作品如《古维语借用印度语词的各种渠道》等。[1] 日本与回鹘学研究相关的其他成果有:著名学者羽田亨的《回鹘文佛典》、[2]护雅夫《回鹘之发展》、[3]山田信夫《ウイグル文契约文书集成》、[4]庄垣内正弘《回鹘语与回鹘文献研究》、[5]高田时雄《敦煌·民族·语言》中的第三章《回鹘字音》、[6]静冈大学落合守和《钦定西域同文志注解稿》(一、二、三)。[7]

其他国家知名回鹘学研究的学者还有:土耳其的热合马提(G.R.Rachmati),[8]美国的克拉克(L. V. Clark)[9]与西纳斯·特肯(Ş.Tekin)等,[10]芬兰的兰司铁(G.J.Ramstedt)以及匈牙利的万贝里(A.Vambery)等。

总体上,国外回鹘文研究成果丰硕、名家辈出,国外研究热于国内。考察其缘由,国外研究起步早,大量占有出土于我国的第一手回鹘文献材料;国外研究传统深厚,学术梯队传承有序,有一批

---

① [日]庄垣内正弘著,郑芝卿、金淳培译:《古维语借用印度语词的各种渠道》,中国社会科学院民族研究所语言室编:《民族语文研究情报资料集》1987 年第 9 集,第 1—29、第 41 页。

② [日]羽田亨:《回鹘文佛典》,《史学杂志》25 编 6 号,1914 年。

③ [日]护雅夫:《回鹘之发展》,"图解世界文化大系 26 东西文化之交流",角川书店,1960 年。

④ [日]山田信夫著,小田寿典、梅村坦、森安孝夫、P.Zieme 编:《ウイグル文契约文书集成》,大阪:大阪大学出版社,1993 年。

⑤ [日]庄垣内正弘:《回鹘语与回鹘文献研究》第 1 卷,神户,1982 年。

⑥ [日]高田时雄著,钟翀等译:《敦煌·民族·语言》,中华书局,2005 年。

⑦ [日]落合守和:《钦定西域同文志注解稿》(一、二、三),《静冈大学教养部研究报告》(人文·社会科学部)第 19 卷 2 号,1984 年;第 20 卷第 2 号,1985 年;第 21 卷第 1 号,1986 年。

⑧ G.R.Rachmati, Zur Heilkunde der Uiguren, *SPAW*, S.451 - 473, 1930; *Türkische Turfan Texte* Ⅶ, *APAW*, Berlin, 1936.

⑨ Larry Clark, *Introduction to the Uyghur Civil Documents of East Turkestan* (13th - 14th cc.), Indiana University, 1975.

⑩ Ş.Tekin, Prosodische Erklärung eines uigurischen Textes, *Ural-Altaische Jahrbücher* 34, S. 100 - 106, 1962.

专家几十年如一日集中在回鹘文献某一领域持续地研究；一些国家有雄厚的经济实力带动或支持科研、学术的发展，对回鹘文献研究的支持也不例外；国外回鹘文研究的深度与广度有机结合，除了回鹘文献语言研究，还研究回鹘人的宗教、历史、社会经济等各个方面；一些活跃国际学界且取得卓越成就的回鹘文研究的学者，他们一般精通多种语言，语言“利器”是从事回鹘学必备的前提；日本回鹘文研究之精深往往是欧美学者之所不及，尤其工于汉语、梵语与回鹘语对音研究，如庄垣内正弘等学者在对音研究方面所取得的成果令人瞩目。

二、本课题的研究价值

本课题相对于已有研究的独到学术价值和应用价值：

1. 本课题的学术价值

（1）从语言学来看，回鹘文献的拉丁字母转写、解读等工作基础上建立系统、专门的借词数据库，有利于现代维吾尔语吸收外来词时的规范化使用，也有利于维吾尔语词源学的基础性研究；还可以了解突厥语民族语言发展的历史，追溯突厥语族语言的变化轨迹；梵语借词与回鹘语对音研究，从“他者”的语音材料去研究回鹘语语音，这为回鹘语语音系统研究提供新的材料。

（2）从文献断代价值来看，回鹘语“梵语借词”作为史料研究的“切口”，由此具有证史和补史等史学价值。采用借词语音“音译对勘法”或“词语考订法”，还原某些具有时代特征的词以辅助回鹘文献的断代工作。

（3）从多学科发展来看，保存于我国的出土回鹘文献数量稀少（大多数回鹘文献被西方列强所攫取），由此决定了其价值的弥足珍贵。这些被发掘的回鹘文献多数残缺破损严重，本课题的研究有利于增强人们对回鹘文献遗产的传承与保护；回鹘文献梵语借词资料，为宗教学、历史地理学等方面的研究提供新的资料或佐证。

2. 本课题的应用价值

（1）回鹘文献的整理与研究可以为"一带一路"建设提供历史借鉴。回鹘文献反映了回鹘人精神文化、经济生活等方方面面，也是研究回鹘人最直接、最基本的第一手资料。我们以回鹘文献中大量梵语借词为"切口"，研究古代回鹘人是如何与古代印度人接触、交流的，这些梵语借词无疑是我们考订其背后所隐含的信息的一个"桥梁"。

（2）对其他学科的应用价值。整理和研究回鹘文献梵语借词，这对我国民族史、边疆史、地方史、中外关系史等研究具有重要的历史应用价值。语言在民族诸特征中是变化最慢、最稳定的。同时，语言也是文化的载体。语言背后是"鲜活"的人。语言背后往往隐藏着民族学资料，亦能为民族史的研究提供线索或旁证材料。回鹘文献中的这些梵语借词"活化石"，成了我们今天研究古代回鹘与古代印度关系的珍贵资料。因此，我们尝试以回鹘文献中的梵语借词这个"切口"，广泛搜集材料，考察梵语借词分布、扩散及借贷的过程，从而推论出民族之间迁徙、接触和文化交往的情况，也往往能折射出梵语借词进入回鹘语后所隐藏的故事。

三、本课题的研究对象与内容

1. 研究对象

本课题研究涉及各种回鹘文文献，从内容上看，包括了回鹘文宗教文献（如佛教、摩尼教、景教、道教等）和世俗类文献（如经济文书、语言文学、科学技术等）；从范围看，包括出土的第一手回鹘文献、图版影印、换写、转写、翻译、注释等，以及与回鹘文相关联的各种资料。

2. 研究的主要内容

第一部分：回鹘文献的总体概况（诸如回鹘名称、回鹘文起源与历史、回鹘文字母及转写字母及回鹘文文献的历史分期、分类、文献数量和世界各地回鹘文献的收藏情况等），以及回鹘文献梵语借词的筛选与列举。

第二部分：基于梵语词源借词列举、统计基础上进行的语音对音研究，该部分主要是梵语—回鹘语语音对音研究。在梵语借词与回鹘语对音材料的基础上，归纳其语音对音规律。

第三部分：该部分主要是从语言借词视角研究其他问题的可行性，如梵语借词等词源借词为何存在于回鹘文献当中，我们将尝试从回鹘疆域与地理位置，“丝绸之路”之多民族、多宗教、多语言文字文化以及回鹘开放性文化等方面去进行分析研究。以梵语借词为“切口”来研究其背后的原因，从而揭示梵语借词背后的“故事”。

四、本课题的研究方法与主要目标

1. 研究方法

（1）文献研究法。广泛搜集、整理与回鹘文文献相关的各种语言的研究资料，从大量回鹘文换写、转写、翻译、注释等研究材料中筛选出梵语借词。

（2）定量统计法。运用量化统计的方法来搜集回鹘文献梵语借词，进行借词类型分类、数量统计，建立各种词源借词数据库。

（3）“译音对勘法”。此法是研究两种语言语音材料最常用的方法，在各种梵语借词材料的基础上，就梵语—回鹘语进行对音研究，总结回鹘语与梵语的语音对应规律。

（4）综合研究法。运用文化语言学、语言民族学、历史学、文化地理学等学科知识，探究古代回鹘与古代印度之间交流、交往、交融的历史，研究回鹘文献梵语借词的分布及其原因，揭示其背后所隐含的文化信息。

2. 主要研究目标

一是语言学目标：系统地梳理回鹘文献各种梵语借词，建立回鹘文献梵语借词基本数据库；从“他者”语音材料进行对音研究，即梵语—回鹘语，总结回鹘语与梵语的对音规律。

二是以回鹘文献梵语借词为“切口”，来探究古代回鹘人如何与古代印度人交流、交往、交融，分析梵语借词的分布及其原因，探究梵语借词背后所隐含的文化信息以及古代回鹘人的精神文化、物质文化世界。

五、研究所使用的符号及缩略语

（一）符号所代表的意思

序号	常见符号	符号所代表的意思
1	/	另一种形式
2	//	转录音位
3	[ ]	原稿空隙而丢失，后补充字母
4	( )	原稿损毁但没丢失或略微不完整，后补充字母
5	< >	添加原稿中不存在的字母
6	<	来源于
7	*	重构原始形式
8	-	词之间连接号
9	?	疑问或不明

（二）语言与缩略语

序号	常见语言	缩　略
1	梵语（Sansktit）	Skt.
2	粟特语（Sogdian）	Sogd.
3	波斯语（Persian）	Pers.
	古波斯语（Old Persian）	OPers.
	阿维斯陀语（Avestan）	Aves.
	中古波斯语（Middle Persian/Orta Farsça）	MP./O.Fars.
4	帕提亚语（Parthian）	Path.
5	吐火罗语（Tocharian/Tokharian）	Toch./Tokh.
	吐火罗语 A（Tocharian A）	Toch A
	吐火罗语 B（Tocharian B）	Toch B
6	希腊语（Greek）	Gr.
7	蒙古语（Mongolian）	Mong.
8	阿拉伯语（Arabic）	Arab.
9	婆罗米语（Brahmi）	Brah.
10	叙利亚语（Syriac）	Syr.
11	伊朗语（Iranian）	Iran.
	古伊朗语（Old Iranian）	OIran.
	帕拉维语（Pahlavi）	Pahl.
12	亚美利亚（Armenian）	Armen.
13	土耳其语（Turkish）	Turk.
	突厥语（Turkic）	Turk.
	维吾尔语（Uighur）	Uigh.

（续表）

序号	常见语言	缩略
14	藏语（Tibetan）	Tib.
15	和阗—塞语（Khotan-Saka）	Khot-Saka.
	和阗语（Khotanese）	Khot.
16	汉语（Chinese）	Chin.

（三）杂志名称缩写

ADAW *Abhandlungen der Deutschen Akademie der Wissenschaften zu Berlin, Klasse für Sprachen, Literatur und Kunst*

APAW *Abhandlungen der Preussischen Akademie der Wissenschaften*

AoF *Altorientalische Forschungen*

AOH *Acta Orientalia Academiae Scientiarium Hungaricae*

BEFEO *Bulletin de l'École Française d'Extrême-Orient*

BBAW *Berlin-Brandenburgische Akademie der Wissenschaften*

BSOAS *Bulletin of the School of Oriental and African Studies*

BTT *Berliner Turfantexte*

CAJ *Central Asiatic Journal*

D *The Sde-dge Mtshal-par Bka'-'gyur. A Facsimile edition of the 18th century redaction of Si-tu Chos-kyi-'byung-gnas prepared under the direction of H. H. the 16th Rgyal-dbang Karma-pa*, Delhi: Delhi Karmapae Chodhey Gyalwae Sungrab Partun Khang, 1977.

GILES *Lionel Giles. Descriptive Catalogue of the Chinese Manuscripts from Tunhuang in the British Museum*, London, 1957.

JA	*Journal Asiatique*
MIK	*Museum für Indische Kunst*
NAWG	*Nachrichten der Akademie der Wissenschaften in Göttingen*
P	*The Tibetan Tripiṭaka. Peking edition kept in the library of the Otani University, Kyoto. Daisetz T. Suzuki, Ed. Tokyo-Kyoto: Tibetan Tripiṭaka Research Institute, 1955 – 1961.*
SDAW	*Sitzungsberichte der Deutschen Akademie der Wissenschaften zu Berlin, Klass für Sprachen, Literatur und Kunst*
SPAW	*Sitzungsberichte der Preussischen Akademie der Wissenschaften, phil.-hist. Klasse*
T	*Taishō Shinshū Daizōkyō (Taishō Tripiṭaka). Takakusu*
TDAYB	*Türk Dili Arastirmalari Yillgi Belleten*
TT	*Türkische Turfan Texte*
UAJB	*Ural-altaische Jahrbücher*
VOHD	*Verzeichnis der Orientalischen Handschriften in Deutschland*
VSUA	*Veröffentlichungen der Societas Uralo-Altaica*
ZAS	*Zentralasiatische Studien*
ZDMG	*Zeitschrift der Deutschen Morgenlandischen Gesellschaft, Wiesbaden*

第一章　回鹘与回鹘文献

第一节　回 鹘 简 史

回鹘(Uighur)又作回纥,是中国的少数民族部落,现在维吾尔民族的先族,具有悠久的历史。回鹘主要分布于我国的新疆、内蒙古、甘肃地区以及蒙古国和中亚的一些地区。

回鹘的族源可上溯到商周时期的鬼方,周至春秋时期称为赤狄,战国至两汉时期称为丁零。魏晋南北朝时期的高车(敕勒)是赤狄人的后代,后成为铁勒众部落的重要组成部分。南北朝时期的袁纥是东部“高车六部”之一(由于使用一种“车轮高大,辐数至多”的大车,又被称为高车)。北魏时,铁勒一部袁纥游牧于伊犁河、鄂尔浑河和色楞格河流域,且为突厥汗国所统治。隋朝时称韦纥,605年(隋大业元年),韦纥部因反抗突厥的压迫,与仆骨、同罗、拔野古等成立联盟,总称回纥。744年(唐天宝三年),回纥酋长骨力裴罗自称骨咄禄毗伽可汗,并建立起漠北回鹘汗国,王庭(牙帐)设于鄂尔浑河流域。

788年回纥改称回鹘,取义为“回旋轻捷如鹘”,Uighur一词语义有“团结、协助”之义。840年,回鹘宰相联合黠戛斯人击杀回鹘可汗,直接导致了漠北回鹘汗国的灭亡。汗国灭亡后,一部分回鹘人留在了蒙古草原,其余大部分人分四支迁移:一支南迁至长城附近,“南迁的回鹘达27部之多，加上南下的回鹘溃兵散卒、零散部众，南迁的回鹘人约有30万”，[①]后逐渐与其他民族融合。另外三支西迁：一支西迁至河西走廊，称河西回鹘（又称甘州回鹘）；一支西迁至吐鲁番盆地，称高昌回鹘（又称西州回鹘）。其首府位于高昌（今新疆吐鲁番东）。国王称阿萨兰汗，意为狮子王（后改为亦都护）；一支西迁至葱岭西楚河、七河流域一带，该部回鹘和当地其他突厥语部族组成喀喇汗王朝（qaraxan 音译“喀喇汗”，意译“黑汗”，也有学者称之“黑汗王朝”，有“强有力的汗”）。其极盛时所辖东起库车、西至咸海、南临阿姆河、北抵巴尔喀什湖的广大地区。

第二节　回鹘文发展简史

回鹘文（Uighur Script）是古代书写和记录古代维吾尔语言的一种文字，是来源于粟特文的一种音素文字，其主要流行于9—15世纪。事实上，回鹘文曾被包括回鹘人在内的突厥语族及一些非突厥语民族使用。[②] 回鹘文是突厥语族在采用阿拉伯字母文字之前使用最广、保存文献较多的一种拼音文字。在鄂尔浑河流域和塔里木盆地生活的回鹘人曾经使用过突厥文。[③] 840年，回鹘西迁后，回鹘文的使用更加广泛。15世纪左右伊斯兰教在新疆塔里木取得统治地位后，属于非伊斯兰教文化的新疆古代民族文字（包括古代突厥文、回鹘文等文字）曾遭到毁坏。之后，回鹘文才逐渐被废弃，取而代之的

① 艾尚莲：《回鹘南迁初探》，《民族研究》1982年第4期，第41—47页。
② 张铁山：《突厥语族文献学》，中央民族大学出版社，2005年，第70页。
③ 张铁山：《古代维吾尔诗体故事、忏悔文及碑铭研究》，上海古籍出版社，2015年，第2页。

是察合台文。

回鹘文在发展的过程中经历过不少的改革。因时代不同，回鹘文字母的数量也有差异，大致有 15—23 个。随着回鹘文的广泛使用，用加点法将一些字母区别开来。早期的回鹘文与粟特文没有多大的区别，如都缺少必要的元音字母。此外，回鹘文在发展过程中还出现了不同的字体，形成独具特色的回鹘文书法艺术。从字体上看，回鹘文可分成印刷体（包括木刻印刷体和木活印刷体）和手写体（包括楷书体、行书体、草书体）。[①]

历史上，回鹘文来源于古代粟特人的草体粟特文，粟特文则来源于阿拉美文。回鹘文曾对其他民族的文字有过很大影响。“契丹小字”仿自回鹘文；[②]元代时，回鹘文经过若干变化后形成现代蒙古文；16 世纪以后，满文也受到回鹘文影响；1947 年前后，由满文略加改造而成锡伯文，锡伯文是全音素文字。此外，回鹘文在 13—15 世纪期间也用作金帐汗国、帖木尔帝国和察哈台汗国的官方文字。[③] 例如金帐汗国时代的《铁木耳库特鲁扎令》（Tämir Qutluɤ Yarlïɤï）、《托赫塔迷失扎令》（Toqtamïs Yarlïɤï）等就是用回鹘文写成的。

第三节　回鹘文字母与转写字母

一、回鹘文字母

一般认为，回鹘文字母因出现在词首、词中、词末位置的不同，形

① 朱国祥、张铁山：《回鹘文佛教文献中的汉语借词研究》，甘肃文化出版社，2016 年，第 12 页。
② 《辽史》记载：“回鹘使至，迭剌相从二旬，习其言与书，因制契丹小字，数少而该贯。”
③ 张铁山：《回鹘文献语言的结构与特点》，中央民族大学出版社，2005 年，第 337 页。

式也有所变化。其中 5 个字母表示 8 个元音，辅音字母 18 个，标记 21 个音位。（见回鹘文字母表一）其中元音 o 与 u、ö 与 ü、ï 与 i 无区别。在早期的文献中 q、x、ɤ 没有区别；字母 n 与 a（词中、词末）、s 与 š、z 与 ʒ、d 与 t 也不分，b 与 p、g 与 k 相同。字母 ng 是用 n 和 g 两个字母连写的形式表示的。[①] 另，根据牛汝极与杨富学两位先生的研究，敦煌回鹘文献仅局限于前期（9—11 世纪）和后期（13—14 世纪）。前期的回鹘文 s 与 š、t 与 d，q 与 ɤ 之间没有区别；后期回鹘文 q 与 ɤ、x，s 与 š，t 与 d、n 与 ä 及词中词尾的 a，y 与 w，z 与 ʒ 等的区别基本固定下来。[②] 耿世民先生对 t 与 d 混写的现象说得比较肯定。辅音字母 t、d 虽为不同的文字，但在后期（特别在元代文献中）经常混用，即该写 t 时写成 d，该写 d 时写成 t。同时他还认为，在晚期的写本中，一般在元音字母 a/ä 的左方加一点来表示鼻音 n。一些写本（晚期）用在字母 s 的右方加两点的办法来表示 š。[③] 不过有的观点受到刘戈教授的质疑。刘戈教授提出，q 形态中有点、无点，n、γ、š 的形态中有点、无点，t、d、s、z 混写与不混写等都是一些蒙元时代回鹘文契约中的文字现象。t、d 混写的现象在突厥语碑铭时代就存在，即 7—8 世纪 s、z 混写也应是元代文献中的常见现象。[④] 回鹘文字母早、晚期的一些特点，都是值得我们注意的地方。

回鹘文是在粟特文的基础上创制而成。回鹘文在发展的过程中有过不少的改革。总的来说，回鹘文仍然没有完全摆脱辅音音素文字的束缚。[⑤]

---

① 牛汝极：《维吾尔古文字与古文献导论》，新疆人民出版社，1997 年，第 86 页。

② 牛汝极、杨富学：《敦煌回鹘文书法艺术》，《敦煌吐鲁番学研究论集》，书目文献出版社，1996 年，第 517—531 页。

③ 耿世民：《回鹘文社会经济文书研究》，中央民族大学出版社，2006 年，第 38—40 页。

④ 刘戈：《回鹘文契约断代研究——昆山识玉》，中华书局，2016 年，第 69，83—86 页。

⑤ 张铁山：《回鹘文献语言的结构与特点》，中央民族大学出版社，2005 年，第 326 页。

回鹘文字母(表一)①

音质	词首	词中	词末	音质	词首	词中	词末
a	[illegible]	[illegible]	[illegible]	ʒ			[illegible]
ä	[illegible]	[illegible]	[illegible]	r		[illegible]	[illegible]
ï、i	[illegible]	[illegible]	[illegible]	y	[illegible]	[illegible]	[illegible]
o、u	[illegible]	[illegible]	[illegible]	l	[illegible]	[illegible]	[illegible]
ö、ü	[illegible]	[illegible]	[illegible]	m	[illegible]	[illegible]	[illegible]
b、p	[illegible]	[illegible]	[illegible]	n	[illegible]	[illegible]	[illegible]
w	[illegible]	[illegible]	[illegible]	č	[illegible]	[illegible]	[illegible]
ɣ	[illegible]	[illegible]	[illegible]	š	[illegible]	[illegible]	[illegible]
q	[illegible]	[illegible]	[illegible]	s	[illegible]	[illegible]	[illegible]
x	[illegible]	[illegible]		z			[illegible]
g、k	[illegible]	[illegible]	[illegible]	ng		[illegible]	[illegible]
d、t	[illegible]	[illegible]	[illegible]				

另值得注意的是：张铁山教授认为，“辅音 n 左边加一点来表示，以此与元音 ï 和 i 相区别”。其他几位学者曾提出过类似的观点。冯·加班(A.von Gabain)说：“只是在很晚的写本中，有时 n 用一上加的圆点标示出来。”②耿世民先生说：“在晚期的写本中，一般用在元音字母 a/ä 的左方加一点的方法表示 n。”③刘戈说：“一是 n 有两种

① 牛汝极：《维吾尔古文字与古文献导论》，第 87 页。
② [德] 冯·加班著，耿世民译：《古代突厥语语法》，第 13 页。
③ 耿世民：《回鹘文社会经济文书研究》，第 38 页。

形态,一种有点,一种没有点。二是形态中带点的 n 是'很晚期的'、'晚期的'、'后来的'。"①我们从回鹘文字母表二可以看出,元音(ï、i)处于词首、词中、词末位置。当元音(ï、i)与辅音(n)处于词首时,若辅音 n 左边不加一点,处于词首的(n)与词首的(ï、i),二者书写时的差异也较大的,也易区别;当元音(ï、i)与辅音(n)处于中间位置时,若左边不加一点则容易造成混淆;元音(ï、i)有词末形式,而辅音(n)无词末的形式。

回鹘文字母(表二)②

读音	词首	词中	词尾	读音	词首	词中	词尾
a				z			
ä				ž			
ï~i				r			
o~u				y			
ö~ü				l			
b~p				m			
w~v				n			
γ				č			
q				š			
h				s			
g~k							
d~t							

① 刘戈:《回鹘文契约断代研究——昆山识玉》,第 115 页。
② 张铁山:《回鹘文献语言的结构与特点》,第 326—327 页。

我们根据表一与表二回鹘文字母表对照可以看出：

（一）从数量来看：

表一中 5 个字母表示 8 个元音音位，18 个字母表示 21 个辅音音位。表二中 5 个字母表示 8 个元音音位，17 个字母表示 21 个辅音音位。这是由于表一有一个 ng 音位，表二中没有；表二与表一相比少了一个字母，但表示的辅音音位也是 21 个，即回鹘文浊擦音 w ~ v，这两个辅音音位都是用同一个回鹘文字母来表示。

（二）从回鹘文文字结构来看：

回鹘文是拼音文字，单词是由若干个文字符号构成的。大多数回鹘文文字符号具有三种形式：词首、词中、词尾，少数文字符号为一种或二种形式。每个文字符号的样式因处于单词中的不同位置而有所差异。回鹘文单词文字符号中的方笔很少，呈现在纸面上的单词形状是长的，呈圆形、半圆形、椭圆形的笔画多。绝大多数回鹘文在拼写的时候是连写的，单词中的文字符号的数量与形态是变化的、不固定的。[①]

（三）从主要差异来看：

1. 表一中的元音（ö、ü）处于词末时只有形式；表二则有或两种形式。

2. 表一中辅音（ɣ）处于词末时只有形式，表二中则有或两种形式；表一中辅音（g、k）处于词末时只有形式，表二中同样有或两种形式。

3. 表一辅音（z）只有一种处于词末时形式，表二中则除了居词末形式，还有居词首（）与词中（）的位置；表一中的辅音音位 ʒ 只有处于词末形式，表二中用舌叶浊擦音辅音 ž[ʒ] 来表示。

① 刘戈：《回鹘文契约断代研究——昆山识玉》，第 20、47 页。

4. 表一回鹘文处于词首、词中位置时用转写符号 x 形式，表二则用转写符号 h 形式，其实它就是一个小舌清擦音 h[χ] 。

5. 表一中回鹘文字母表示的辅音音位(n)时，可以处于词首、词中、词末位置，可以看出其书写形式差异不大；表二中则有处于词首、词中两种位置形式。

二、回鹘文转写字母

请看下面耿世民与戴庆夏两位先生的回鹘文字母表与转写字母。

回鹘文字母表与转写字母(表三)①

回鹘文字母			转写字母		
词首	词中	词尾	标元音式拉丁	不标元音式拉丁	斯拉夫
		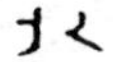	a	”	a
		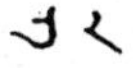	ä	’	ä
			ï, y, i	’y, y	ы, i
			o, u	’w, w	o, y
		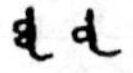	ö, ü	’wy, w	ö, y
			p, b	p	п, б
			v, w	β	в
		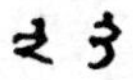	ɤ	q	ɦ

① 耿世民编著：《古代维吾尔文献教程》，民族出版社，2006 年，第 47 页。

（续表）

回鹘文字母			转写字母		
词首	词中	词尾	标元音式拉丁	不标元音式拉丁	斯拉夫
			q	q	k
			x	q	x
			g, k	k	г, к
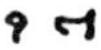			d, t	d, t	д, т
			ž	z	ж
			z	z	з
			j	y	j
			l	l	л
			m	m	м
		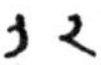	n	n	н
			r	r	p
			s	s	c
			š	s	щ
			č	c	ч

回鹘文字母表与转写字母(表四)①

回鹘文字母			转写字母	
词首	词中	词尾	斯拉夫	拉丁
			a	a
			ä	ä
			ы, i	y, i
			o, y	o, u
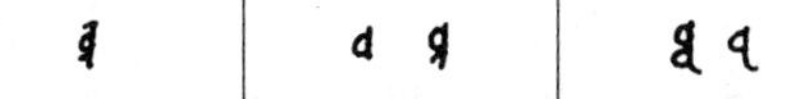			ö, ÿ	ö, ü
			п, б	p, b
			в	v, w
			Б	γ
			k	q
			x	χ
			г, k	g, k
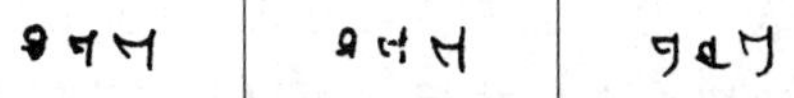			д, т	d, t
			ж	ž
			з	z
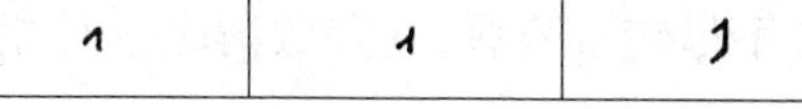			j	j

① 戴庆夏编:《中国各民族文字与电脑信息处理》,中央民族学院出版社,1991 年,第 233 页。

（续表）

回鹘文字母			转写字母	
词 首	词 中	词 尾	斯拉夫	拉 丁
			л	l
			м	m
		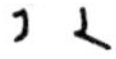	Н	n
			p	r
			c	s
			ш	š
			ч	č

简要分析表三与表四如下：

（一）从数量上看，表三中的22个回鹘文字母表示30音位，表四中的22个回鹘文字母表示28个音位。回鹘文存在异音同形的现象，如ï～y～i、o～u、ö～ü、p～b、v～w、g～k、d～t等。这给回鹘文拉丁字母转写造成一定的困难。

（二）从转写字母形式看，表三中有三种转写方式，即标元音式的拉丁字母转写、不标元音式的拉丁字母转写与斯拉夫字母转写。一般说来，拉丁字母转写是国际通用的转写方式。表四只分为标元音式的拉丁字母与斯拉夫字母转写。

（三）从表三与表四中拉丁字母转写来看，其多数情况下是相同的。表三与表四的差异如下：

1. 表四中拉丁字母转写时少了一个后窄元音ï[ɨ]，表三中则为ï、y、i三个转写符号。此现象的差异应是转写人对回鹘文异音同形的现象理解不同而造成的。另,耿世民先生则把元音 ï 标为[ɣ] 音。[①]

2. 表三中有一个回鹘文字母转写为标元音式 ɣ 与不标元音式 q;表四中则用 γ 来表示,而 γ 国际音标是[ɣ]。

此外,值得注意的是:不同学者有时会针对某一个词出现不同的转写符号,特殊的转写符号替换为相应的国际通用回鹘文拉丁字母符号。比如:g(与后列元音 ï、a、o、u 配伍)转写替换为 γ 以及 gh 替换为 γ[ɣ],k(与后列元音 ï、a、o、u 配伍)转写替换为 q[ɣ],ç 与 c 替换为 č[ʧ],ṣ 与 ŝ 替换为 š[ʃ],x 替换为 h[χ],ı 替换为 ï。[②]

第四节 回鹘文献分期

关于回鹘文献的历史分期,张铁山教授有"突厥语族文献的分期与分类"说,他的分期依据三个标准,即语言特点的标准、社会历史的标准以及文字类型的标准。其分期是:古代突厥文献时期、中古突厥语族文献或回鹘文献时期、近代突厥语族文献或察合台文献时期。[③] 该分期标准既有语言文字的内部规律,又有影响语言发展的外部规律,是一种非常科学且切实可行的分期理论。本课题研究总体上是同意并采用张铁山教授上述的"分期与分类"之说。由于突厥语族语言具有亲缘关系,回鹘语是古代突厥语的延续,也属于阿尔泰语系突厥语族。回鹘语与古代突厥语基本相同,只是所使用的文字不同而已。鉴于此,我们研究回鹘文献的时间跨度一般是 9—15 世纪,

① 耿世民:《古代维吾尔文献教程》,第 47 页。

② 林巽培:《回鹘文慈恩传转写与汉字音研究》,上海师范大学博士论文,2012 年,第 91—94 页。

③ 张铁山:《突厥语族文献学》,第 158—161 页。

但这个时间跨度有时会被突破。

下限时间打破学界原来一般认为的 1687 年。目前所发现的时间最晚的回鹘文献《金光明经》写于 1687 年(清康熙二十六年),可见在特定地区还有一些人在使用回鹘文,[①]近期,在酒泉文殊山万佛洞又发现了时代比之更晚的回鹘文题记,在纪年清楚的题记中,时代最早者为明嘉靖三十年(1551),最晚者为康熙五十二年(1713)。[②]文殊山一带的回鹘文字遗物表明,最晚到清康熙朝后期,回鹘佛教集团继续使用回鹘文。[③] 最新的研究资料表明,回鹘文字的使用下限则可延伸至清康熙朝后期。

第五节 回鹘文文献分类

保留至今的回鹘文文献内容丰富多彩,它是中华民族丰富的文化遗产之一,也是我们研究回鹘社会各个方面的重要参考资料。

根据文献学的分类,张公瑾先生等学者是这样进行回鹘文文献分类的:历史类、经济类、语言文字类、文学类、宗教类和医学类。[④]耿世民先生对回鹘文文献的分类是:历史作品(碑铭、史书和其他史料价值的文献)、文学作品(诗歌、格言谚语、剧本、故事)、宗教文献(佛教、摩尼教和景教)、其他(字书、历法、医学、占卜和社会经济文

---

① 张铁山:《古代维吾尔诗体故事、忏悔文及碑铭研究》,第 2—3 页。

② 伊斯拉菲尔·玉苏甫、张宝玺:《语言背后的历史——西域古典语言学高峰论坛论文集》,上海古籍出版社,2012 年,第 94—106 页。

③ 杨富学:《酒泉文殊山:回鹘佛教文化的最后一方净土》,《河西学院学报》2012 年第 6 期,第 1—7 页。

④ 张公瑾、黄建明、岭福祥等:《民族古文献概要》,民族出版社,1997 年,第 373—375 页。

书)等。[1]

基于上述张公瑾、耿世民两位先生对回鹘文文献的分类,我们将回鹘文文献作如下分类:

1. 历史类回鹘文文献。回鹘文文献中,至今尚未发现专门的历史著作,不过下列两类文献与历史相关:

(1) 碑铭文献。属于这一类的回鹘文文献主要有《乌兰浩木碑》《高昌王世勋碑》《土屯木萨里修诗碑》《有元苏州文殊寺碑》《大元肃州路也可达鲁花赤世袭之碑》和《居庸关造塔功德记》等。

(2) 其他具有史料价值的文献。目前尚未发现专门的历史类的回鹘文献。根据德国人勒柯克(A.von Le Coq)1912 年刊布的《高昌出土摩尼教残卷》(*Tuerkische Manichaica aus Chotsho*)中记载的时间,表明古代维吾尔人有可能有编年史之类的文献。此外,回鹘文宗教文献中的序、题跋以及威里 · 邦格(W. Bang)和冯 · 加班(A. von Gabain)1929 年刊布的《突厥吐鲁番文献》(*Tuerkusche Turfan-Texte*)卷二中的牟羽可汗皈依摩尼教记残卷等。

2. 社会经济类回鹘文文献。属于这一类的回鹘文文献主要是契约文书,主要有《高昌馆来文》《摩尼教寺院文书》等各种文契。

3. 文学类回鹘文文献。回鹘文文献中,处于第二多的就属于文学类回鹘文文献(最多的是宗教文献),其大致又可分为:

(1) 诗歌类文献。这类包括民歌[如吐鲁番民歌集、麻赫默德 · 喀什噶里(M.Kashghari)所著《突厥语大词典》内所收的民歌以及塔拉特 · 特肯(Talat Tekin),塞尔特卡亚(O.Sertkaya)等对古代突厥诗歌的研究]、挽歌(如 W.Radlff, S.E.Malov 刊本的《金光明经》胜光法师汉文原文七言偈颂改作的七音节体的挽歌以及《突厥语大词典》中

---

① 耿世民:《维吾尔古代文献研究》,中央民族大学出版社,2003 年,第 36—40 页。

的民歌)、赞美诗(如属于摩尼教内容,押头韵)、史诗(如回鹘文巴黎本《乌古斯可汗的传说》)等。

(2) 格言、谚语类文献。这类文献保存在突厥碑铭和《突厥语大词典》中。

(3) 剧本类文献。目前知道的仅有佛教内容的《弥勒会见记》(*Maitrisimit*)可能具有剧本的性质。

(4) 故事类文献。这类回鹘文文献主要有《五卷书》(*Pancatantra*)、《伊索寓言》等残卷。现在保存比较完整的故事多为佛教内容,如佛本生故事及《常啼和法上的故事》等。

4. 宗教类回鹘文文献。现存的回鹘文文献多数属于宗教类,按其内容又可分为4个小类。

(1) 佛教文献。回鹘文宗教文献又以佛教经典居多,有大乘佛典、小乘佛典和密宗文献。《大藏经》中的经(sūtra)与论(śāstra)两部分的主要著作大都被译成了回鹘文,"经"主要有《金光明经》《慈悲道场忏法》《弥勒会见记》《阿含部诸经》以及所谓的伪经《八阳神咒经》《七星经》等;"论"主要有《俱舍论》《俱舍论实义疏》《成唯实论》等。其他回鹘文佛教文献还有《大唐大慈恩寺三藏法师传》等。

(2) 摩尼教文献。回鹘人早在漠北游牧时期就已接受了摩尼教。回鹘文摩尼教文献主要有《二宗经》《摩尼教忏悔词》以及各种摩尼教赞美诗等。

(3) 景教文献。这类主要有《福音书》等。

(4) 伊斯兰教文献。这类主要有《帖木儿世系》《升天记》《幸福书》等。

5. 语言文字类回鹘文文献。回鹘文文献中,专门的语言文字类文献极少,《高昌馆杂记》是迄今发现的最为重要的一部语言文字类回鹘文文献。

6. 科学技术类回鹘文文献。古代维吾尔族天文学知识源远流长,历史上曾使用过多种历法。回鹘人很早就懂得利用一些办法治疗疾病,回鹘人的医学文化是中国传统医学的重要组成部分之一。天文历法、占卜以及医学等能够集中反映古代维吾尔人的科学技术水平。由此,科学技术类回鹘文文献又可分为 3 个小类:

(1) 天文历法类。如土耳其学者热合马提(G.R.Rachmati)1937 年在德国刊布的《突厥语吐鲁番文献丛刊》卷七全是这方面的内容。

(2) 占卜类。这类文献最重要的是用古代突厥如尼文写成的占卜书(Irq Bitig)。

(3) 医学类。这类回鹘文文献主要有:热合马提(G.R. Rachmati)著《回鹘医学》(*Zur Heilkunde der Uiguren*)第 1—2 卷[载《普鲁士学报》(*Sitzungsberichte der Preussischen Akademie de Wissenschaften*),1930 年号,1932 年号]、Siddhasāra 以及其他治疗创伤和药物学方面的残卷。《医理精华》(梵语 Siddhasāra)是创作于 7 世纪中叶古印度的著作,于 13 世纪前被译为回鹘文。现存 11 个回鹘文残片,由热合马提(G.R.Rachmati)转写刊布。此外,《医理精华》还有于阗文本、藏文本和梵文本等。

第二章　古代突厥文文献梵语借词研究

第一节　古代突厥文与突厥文献

一、古代突厥文

突厥文(Turkic Script)得名是因为这种文字首先为建立突厥汗国(552—745 年)的突厥人所使用。突厥文在外形上与古代日耳曼民族使用的如尼文(Rune)相似,因此被称为古代突厥如尼文;因为这种文字刻成的碑铭在蒙古鄂尔浑(Orkhon),又称之为鄂尔浑突厥文(Orkhon Turkic Script);又因为这种文字被发现于叶尼塞(Yenisey)河流域,所以又称之为叶尼塞文(Yenisey Script)。此外,还有人称之为兰突厥文(Kök Kürk)或西伯利亚文(Siberian Script)。

突厥文是一种音素—音节混合型文字,它一般由 38—40 个符号构成(有些符号有几种不同的写法),其中四个字母表示八个元音:a、ä、ï、i、o、u、ö、ü;用两个字母表示 k,一个字母表示 g,三个字母表示 q,一个字母表示 ɣ。b、d、l、n、r、s、t、y 这八个辅音各用软硬两套字母表示。与后元音相拼的辅音称为硬辅音,一般在转写字母的右上角用阿拉伯数字 1 表示;与前元音相拼的辅音称为软辅音,一般在转写字母的右上角用阿拉伯数字 2 表示。有六个字母分别表示 z、m、ŋ、p、č、š 这六个辅音。有三个字母分别表示三对音组：lt-ld、nt-nd、nč-näč。有一个字母表示音组 ič。有一个字母表示 rt。[①]

二、古代突厥文文献

用古代突厥文写成、属于回鹘汗国的文献保存下来的主要分为两类：古代突厥文碑铭（Ancient Turkic Inscription）和古代突厥文写本（Ancient Turkic Writing）。“古代突厥文碑铭”文献，是指 6—9 世纪在我国北方建立的突厥汗国（552—745 年）和回鹘汗国（745—840 年）时期用“如尼体”文字撰写的石刻文献。20 世纪初期，新疆、甘肃敦煌等地的出土文物中发现了古代突厥文写本，如斯坦因（A.Stein）在敦煌千佛洞发现的《占卜书》（ïrqbitig）。此外，在新疆吐鲁番等地发现了一些古代突厥文写本和刻本（Ancient Turkic Writing and Engraving）。古代突厥文主要用于碑刻，此外也有写本和刻文。目前已发现的古代突厥碑铭，大多仍保留在原地。写本文献随各国“考古队”“探险队”落入列强之手，其中著名的《占卜书》和《古突厥格言残片》均收藏在伦敦大英图书馆。[②]

6 世纪的突厥汗国、8 世纪的回鹘汗国、9 世纪的高昌回鹘王国都使用过这种文字，流行地域在西伯利亚、蒙古、叶尼塞河流域、中亚和我国的甘肃、新疆一带。用突厥文字写成的文献保存至今的极少，主要是一些碑铭，另有一些写本在甘肃敦煌、新疆等地发现。

古代突厥文文献以碑铭、写本和刻记为主。[③] 古代突厥文文献大致分为三类：

---

① 张铁山：《突厥语族文献学》，第 63 页。
② 张公瑾、黄建明、岭福祥等：《民族古文献概要》，第 361 页。
③ 张铁山：《突厥语族文献学》，第 119—134 页。

第一类：古代突厥文碑铭(Ancient Turkic Inscription)。

第二类：古代突厥文写本(Ancient Turkic Writing)。在古代突厥文写本中,《占卜书》具有特别重要的地位。此外,还有《古代突厥文—摩尼文对照字母表》、新疆米兰出土的军事文书残叶和吐鲁番出土的几件写本残卷等。

第三类：古代突厥文题记和铭刻(Ancient Turkic Inscribed Texts and Inscription)。题记是指将文字直接刻于墙壁、天然崖壁、岩石上,不对其进行加工的铭刻。吐鲁番雅尔和屯西南有七个洞,由南往北第三个洞的西壁上,有用金属刻写的古代突厥文题记。此外,还发现了刻于钱币、铜镜等器物上的古代突厥文铭文。

第二节　古代突厥文碑铭与写本梵语借词研究

一、古代突厥文碑铭(Ancient Turkic Inscription)

早期突厥文研究者有芬兰人阿斯培林(J.R.Aspelin)、丹麦学者汤姆森(V.Thomsen),尤其值得称赞的是：1893年12月15日,汤姆森在丹麦皇家科学院会议上报告了他胜利解读古代突厥文的经过,报告文本题作《鄂尔浑和叶尼塞碑铭的解读——初步成果》,并于1894年在哥本哈根正式出版。另外,俄国人雅德林采夫(N.M.Yadrintsev)、拉德罗夫(W.Radloff)、马洛夫(S.E.Malov)、克里亚施托尔内(S.G.Klyashtorny)等,土耳其学者奥尔昆(H.N.Orkun)、塔拉特·特肯(Talat Tekin)等,德国学者冯·加班(A.von Gabain),英国克劳森爵士(S.G.Clauson),法国学者路易·巴赞(Louis Bazin),芬兰学者兰司铁(G.J.Ramstedt),日本学者森安孝夫(Moriyaso Takao)、小野川秀美、护雅夫(Mori Masao)以及中国学者韩儒林、岑仲勉、耿世民等也对突厥文碑铭文献的研究作出杰出贡献。

二、古代突厥文碑铭中梵语借词研究

1.《暾欲谷碑》

《暾欲谷碑》于1897年由克莱门茨夫妇(D.A., E.Klements)在今蒙古国首都乌兰巴托60公里的巴颜楚克图(Bayin-tsokto)发现。之后,芬兰的兰司铁(G.J.Ramstedt)于1898—1901再次发现此碑。汤姆森(V.Thomsen)曾根据兰司铁提供的照片对此碑进行过研究。《暾欲谷碑》现仍存发现地,碑文内容共62行,暾欲谷为第二突厥汗国(681—744年)三代可汗(即颉跌利施、默啜、毗伽)的重臣。据《暾欲谷碑》进行的拉丁字母转写,[①]无梵语借词。

2.《阙特勤碑》

1889年,《阙特勤碑》在今蒙古国鄂尔浑河支流Kokshin-Orhon河谷的和硕柴达木地方被发现。碑上刻有汉文与古代突厥文,碑文为纪念第二突厥汗国阙特勤(685—731年),该碑立于732年。阙特勤为颉跌利施可汗之次子,716年曾推翻默啜可汗之子匐俱的统治,让其兄毗伽可汗为可汗。据《阙特勤碑》拉丁字母转写:[②]

maqarač< Skt.Maharaca(大王)　13/N。

3.《毗伽可汗碑》

《毗伽可汗碑》与《阙特勤碑》同时同地被发现,1889年在今蒙古国鄂尔浑河支流Kokshin-Orhon河谷的和硕柴达木(Koshotsaidam)地

① 耿世民:《古代突厥文碑铭研究》,第94—107页。
② 同上书,第116—137页。

方被发现。《毗伽可汗碑》碑文用古代突厥文和汉文写成，立于735年。毗伽可汗（684—734年）为第二突厥汗国颉跌利施可汗之子。《毗伽可汗碑》拉丁字母转写，[①]无梵语借词。

4.《阙利啜碑》

1912年，波兰学者阔特维奇（W.Kotwicz）在今蒙古国的依赫霍硕特（Ikhe-Khoshootu）地方发现了《阙利啜碑》。阙利啜为第二突厥汗国达头部的高官，与暾欲谷为同时代的人。该碑立于723—725年间。据《阙利啜碑》拉丁字母转写，[②]无梵语借词。

5.《磨延啜碑》

芬兰学者兰司铁（G.J.Ramstedt）1900与1909年两次（第一次材料丢失）在今蒙古国北部色楞格河及希乃乌苏湖附近的 örgöötü 发现《磨延啜碑》。该碑立于759年，碑文共50行，内容主要记述回鹘第二代可汗磨延啜的生平事迹。据《磨延啜碑》拉丁字母转写，[③]无梵语借词。

6.《铁尔痕碑》

《铁尔痕碑》，又称《塔里亚特碑》或《磨延啜碑第二碑》。1957年，蒙古国考古学家道尔吉苏荣（C.Dorzhsuren）在杭爱山脉西北铁尔痕（Terkhin）河谷地铁尔痕查干淖尔湖附近发现该碑。《铁尔痕碑》为回鹘汗国磨延啜可汗的记功碑，碑文叙述了磨延啜可汗统治初期的事迹。耿世民先生推测该碑建立时间应不会晚于756年。据《铁尔痕碑》拉丁字母转写，[④]无梵语借词。

7.《苏吉碑》

1900、1909年，芬兰学者兰司铁（G.J.Ramstedt）在今蒙古国北部

---

① 耿世民：《古代突厥文碑铭研究》，第149—173页。
② 同上书，第178—182页。
③ 同上书，第194—204页。
④ 同上书，第207—215页。

苏吉大坂附近发现了《苏吉碑》，碑文共 11 行，很完整。该碑约立于 840 年后。据《苏吉碑》拉丁字母转写，[①]有一个叙利亚语借词：mar< Syr.mār（经师），但无梵语借词。

根据学者的既有研究，《苏吉碑》最大可能的纪年是摩尼教传入回鹘的 763 年之后，且摩尼教鲁尼文字体尚未在回鹘本土得到广泛流传时期，即大约在 8 世纪 60 年代中期至 9 世纪初。[②]

8.《哈喇巴勒嘎逊碑》（Ⅰ）（Ⅱ）

《哈喇巴勒嘎逊碑》，又称《九姓回鹘可汗碑》，全称原作《九姓回鹘爱登里罗旧没蜜施合毗伽可汗圣文神碑》。1889 年，俄国考古学家雅德林采夫（N.M.Yadrintsev）在回鹘古城哈喇巴勒嘎逊附近发现该碑。

此碑主要叙述回鹘汗国第八代可汗的功德，还详细记述了摩尼教传入回鹘的情况。据《哈喇巴勒嘎逊碑》（Ⅰ）（Ⅱ）拉丁字母转写检录其借词，[③]无梵语借词。

9.《翁金碑》

《翁金碑》，1891 年雅德林采夫在今蒙古国和硕柴达木南 180 公里翁金（Ongin）河畔发现，该碑约建于 731 年。据《翁金碑》拉丁字母转写，[④]无梵语借词。

10.《铁兹碑》

《铁兹碑》，又称《牟羽可汗碑》，1976 年俄国突厥学家克里亚施托尔内（S.G.Klyashtorny）在今蒙古国寇乌斯格勒（Khowsogol）省铁兹

① 耿世民：《古代突厥文碑铭研究》，第 226—227 页。
② 白玉冬：《〈苏吉碑〉纪年及其记录的“十姓回鹘”》，《西域研究》2013 年第 3 期，第 114 页。
③ 米热古丽·黑力力：《回鹘汗国时期突厥文碑铭词汇考释》，中央民族大学博士论文，2015 年，第 19—25 页。
④ 耿世民：《古代突厥文碑铭研究》，第 186—190 页。

(Tez)河上游一个名叫诺贡托勒盖(Nogoon Tolgoi)的小山上发现了该碑。此碑为磨延啜之子牟羽可汗的记功碑。据《铁兹碑》拉丁字母转写,[①]无梵语借词。

11.《葛啜王子墓碑》

2013年2月,在西安市唐长安城明德门附近的一处唐代墓地里发现了《葛啜王子墓碑》,现藏于西安大唐西市博物馆。墓志保存完整,文字清晰,在汉字左边罕见地出现了用鲁尼文字母刻写的17行的古突厥文。突厥文与汉文的内容为大致悼念葛啜王子。据《葛啜王子墓碑》拉丁字母转写,[②]无梵语借词。

12.《塞维列碑》

《塞维列碑》,是1948年前苏联科学院派学者在蒙古戈壁进行考察过程当中发现的。1968年,B.Rinchen虽然对碑文没给太多信息,但是提供了相关图片。此碑是用突厥文和粟将文写成的记功碑。《塞维列碑》拉丁字母转写。[③] 由于碑文的突厥文字部分破坏严重,所以只能辨认其中的个别字句。检阅《塞维列碑》,无梵语借词。

三、古代突厥文写本《占卜书》梵语借词

《占卜书》为敦煌藏经洞中发现的用古代突厥文写成的唯一比较完整的写本,现存伦敦大英图书馆。《占卜书》书名 ïrq bitig,小册子形式,共58叶,由29纸对折逐一粘成。据学者研究,该文献写本是由65段(卦)占卜文组成,为摩尼教徒抄写和使用,时间似属于9—10世纪。语言古朴,一般认为属于古代n突厥方言,其语言与8—9世纪突厥汗国和回鹘汗国的碑铭语言基本相同。据《占卜书》拉丁字

① 耿世民:《古代突厥文碑铭研究》,第220—224页。
② 米热古丽·黑力力:《回鹘汗国时期突厥文碑铭词汇考释》,第59—60页。
③ 同上书,第25—26页。

母转写，[1]梵语借词：

guru< Skt.guru（法师）

本节突厥文文献梵语借词按音序排列（如回鹘文借词拉丁字母转写不统一，这只是由于不同学者转写不同而已，实际上是同一个借词，我们采取一种形式来排序）：

guru< Skt.guru（法师）

maqarač< Skt.Maharaca（大王）

① 耿世民：《古代突厥文碑铭研究》，第 287—302 页。

第三章　回鹘碑铭、题记与铭刻文献梵语借词研究

第一节　回鹘碑铭文献梵语借词研究

一、回鹘文文献的分类

回鹘文(Uighur Script)是古代书写记录回鹘语(维吾尔语)的文字。回鹘是中国史籍上对古代维吾尔的称呼。7—8 世纪时,回鹘人游牧于色楞格河(色楞格河流经蒙古和俄罗斯中东部)和鄂尔浑河(蒙古国最长的河流)流域一带。744 年,回鹘取代突厥在漠北蒙古高原建立了回鹘汗国。高昌回鹘王国时期(850—1250 年),回鹘文逐渐取代了漠北时期使用的古代突厥文,成为当时新疆和中亚地区广泛通行的文字之一。

流传、保存下来的回鹘文文献大致分为三类:回鹘文碑铭、回鹘文题记与铭刻以及回鹘文纸质文献。①

第一类:回鹘文碑铭(Uighur Inscription)。

第二类:回鹘文题记和铭刻(Uighur Cave Inscribed Texts and

---

① 张铁山:《突厥语族文献学》,第 135—151 页。

Inscription)。回鹘文题记主要发现于敦煌和吐鲁番等地的佛教洞窟中。此外,回鹘文献中还有少量的钱币、木杵等带有回鹘文铭刻的文字。

第三类:回鹘文纸质文献(Uighur Paper Literatue)。

二、回鹘文碑铭文献梵语借词研究

1. 回鹘文碑铭研究简介

现今存世的回鹘文碑铭不多,已刊布的主要有:《乌兰浩木碑》(又称《多罗郭德碑》)、《造塔功德记》(又称《居庸关石刻》)、《敦煌莫高窟六体文字碑》、《大元肃州路也可达鲁花赤世袭碑》、《有元重修文殊寺碑》、《土都木萨里修寺碑》、《亦都护高昌王世勋碑》等。

2. 回鹘文碑铭中梵语借词研究

(1)《乌兰浩木碑》

《乌兰浩木碑》,又称《多罗郭德碑》,1955 年在蒙古国乌布苏省乌兰浩木被发现该碑。存回鹘文 8 行,为 840 年的回鹘文碑铭,是迄今发现最早的回鹘文献。据《乌兰浩木碑》拉丁字母转写,[①]无梵语借词。

(2)《居庸关碑》

《居庸关碑》,又称《居庸关石刻》或《造塔功德记》。

> 券洞内两壁用梵、藏、八思巴、回鹘、西夏、汉六种文字刻写《陀罗尼经咒》及除梵文外其他五种文字刻写的《建塔功德记》和至正五年(1345 年)年号。文字刻在长 6.36 米,高 2.45 米的石面上,面积合计 16.15 平方米。……回鹘文《造塔功德记》由

---

① 卡哈尔·巴拉提:《多罗郭德回鹘文碑的初步研究》,《新疆大学学报》(哲学社会科学版)1982 年第 4 期,第 76—77 页。

引子(隐约 1 行)、31 段诗歌(每段 4 行)和结语(存 3 行)组成。如此用六种不同文字铭刻的大型石刻在我国古代石刻文献中仅此一处,是研究古代民族文字的重要资料。[1]

居庸关回鹘文引起各国学者的关注,如俄国的拉德洛夫(W. Radloff)、[2]日本的藤枝晃、[3]匈牙利的李盖提(L. Ligeti)等。[4] 1980 年,德国学者克劳斯·若尔本(K.Röhrborn)和土耳其学者塞尔特卡亚(O.Sertkaya)合作,对原文进行了换写、转写、德文翻译和注释;[5]我国杨富学、[6]张铁山等学者亦曾进行研究。下面就以张铁山教授转写为底本[7]而筛选梵语借词:

buyan< Skt.puṇya(福,功德) 1/007

šazin< Skt.śāsana(教化,圣教) 2/008

abita< Skt.Amitābha(阿弥陀佛) 1/014

šakimuni< Skt.śākyamuni(释迦摩尼) 2/014

sarva-viti< Skt.sarvavid(普明佛) 3/014

Aqšobi< Skt.Akṣobhya(阿閦婆) 1/015

v(a)čirapa< Skt.Vajrapāṇı(执金刚菩萨) 2/015

---

① 张铁山:《回鹘文〈居庸关碑〉研究》,张铁山主编:《中国少数民族碑铭研究》,民族出版社,2019 年,第 60—62 页。

② W. Radloff, Note préliminare sur l'inscription de Kiu-yong-koan, Troisiéme partie, Les Inscriptions ouigoures, *Journal Asiatique*, 9/4, 1894, pp.546 - 550.

③ 藤枝晃:《ウイグル小字刻文》,村田治郎编:《居庸关》Ⅰ,京都大学工学部,1957 年,第 270—278 页。

④ L. Ligeti, Le Mérite d'ériger un stupa et l'histoire de l'éléphant d'or, *Proceedings of the Csoma de Körös Memorial Symposium*, held at Matrafüred, Hungary 24 - 30 September 1976, Budapest, 1978, pp.223 - 284.

⑤ K. Röhrbom & Osman Sertkaya, Die alttürkische Iinschrift am Tor-Stūpa von Chü-yung-kuan, *Zeitschrift der Deutschen Morgenländischen Gesellschaft* 130, 1980, s.304 - 339.

⑥ 杨富学:《居庸关回鹘文功德记 uday 考》,《民族语文》2003 年第 2 期,第 62—64 页。

⑦ 张铁山:《回鹘文〈居庸关碑〉研究》,张铁山主编:《中国少数民族碑铭研究》,第 62—74 页。

mantal< Skt.maṇḍala（曼荼罗）　2/015

badirakalp< Skt.bhadrakalpa（贤劫）　5/016

šarir< Skt.śarɪra（佛舍利）　6/019

dartiraštri< Skt.Dhṛtarāṣṭra（提头赖吒，东方天）　3/20

ästup< Skt.stūpa（佛塔）　3/022

čaydi< Skt.caitya（塔，庙）①　4/022

satdarm-a-pundarik < Skt. Saddharmapuṇḍarika（正法华经）3/024

karma-vipak< Skt.Karma-vipāka（果保，业报）②　3/025

čay< Skt.caya（胜）　4/038

čakiravart< Skt.cakravarti（转轮）　4/045

mundirt< Skt.mūrdhagata（顶生王）③　7/045

v(i)rhar< Skt.vihāra（僧房，精舍）　3/050

nagapali< Skt.nāgapāla（龙象）　2/056

ašoki< Skt.Aśoka（阿育王，无忧王）　3/058

vyakrit< Skt.vyākṛta（授记，所说）　6/065

šay< Skt.āśaya（音译"阿世耶"，休息处）　6/065

sumer< Skt.Sumeru（须弥山）　4/083

divip< Skt.dvīpa（洲）　4/087

kalpavirikš< Skt.kalpa-vṛkṣa（如意树）　5/100

（3）《大元肃州路也可达鲁花赤世袭之碑》

《大元肃州路也可达鲁花赤世袭之碑》立于元顺帝至正二十一年

① ［日］荻原云来编纂，过直四郎监修：《梵和大辞典》，（台湾）新文丰出版公司，1977年，第479页。

② 林光明、林怡馨：《梵汉大辞典》，（台湾）嘉丰出版社，2005年，第572页。

③ ［日］荻原云来编纂，过直四郎监修：《梵和大辞典》，第1054页。

(1361)，立碑人为党项人善居。碑文用汉文和回鹘文书写，汉文部分共23行，保存较好；回鹘文部分共32行，由于长期外露，磨损严重，字迹难辨。此碑记录了一个党项家族自西夏灭亡后，至元朝末年150多年间六代十三人的官职世袭及仕事元朝的情况。据《大元肃州路也可达鲁花赤世袭之碑》拉丁字母转写，[①]无梵语借词。

(4)《有元重修文殊寺碑》

《有元重修文殊寺碑》，出自甘肃省酒泉市西南约15公里的文殊山石窟，现存张掖市肃南裕固族自治县民族博物馆。此碑正面为汉文，共26行，每行52字；背面为回鹘文，共26行。该碑立于1326年，立碑人为喃答失太子。据《有元重修文殊寺碑》拉丁字母转写，[②]梵语借词：

padma< Skt.padma(莲花) (第6行)

om-suwasdi-sitdim< Skt. oṃ-svasti-siddhaṃ(吉祥如意) (第1行)

cuda-ārdni< Skt. cūḍā-ratna(顶饰宝，cūḍā"顶髻"，ratna"宝、珍宝") (第7行)

rasini< Skt.rasāyana(甘露) (第8行)

markat< Skt.marakata(绿宝石) (第10行)

maxabala< Skt.mahābala(大力) (第10行)

maxasatua< Skt.Mahāsattva(摩诃萨埵，即大士) (第10行)

tuzit< Skt.tuṣit(兜率天) (第12行)

wxar< Skt.vihāra(佛寺) (第15行)

adicit< Skt.ādicitta(第一决心，ādi即"初、始"义，citta为"心、心

① 耿世民：《维吾尔古代文献研究》，第412—418页。

② 耿世民、张宝玺：《元回鹘文〈重修文殊寺碑〉初释》，《考古学报》1986年第2期，第253—264页。

念”）（第 17 行）

arya< Skt.ārya(圣）（第 21 行）

bimba< Skt.bimba(圆状的宝饰）（第 21 行）

mancusiri< Skt.Mañjuśrī(文殊菩萨）（第 21 行）

nawasik Skt.naivāsika(福神）（第 23 行）

（5）《土都木萨里修寺碑》

《土都木萨里修寺碑》被发现于吐鲁番吐峪沟，约建立于 10—12 世纪。此碑存回鹘文 22 行，碑文内容反映了高昌地区佛教寺院经济。据《土都木萨里修寺碑》拉丁字母转写，[1]梵语借词：

matiadis< Skt.madhyadeśa(中间之域，指印度）

sazan< Skt.śāsana(教义）

lin< Skt.lena(僧房）

pryan< Skt.parayana(僧房）

maqarac< Skt.mahārāja(天王）

（6）《回鹘文亦都护高昌王世勋碑》

《回鹘文亦都护高昌王世勋碑》，1933 年左右在甘肃省武威县北 30 里石碑沟一带出土。碑文用汉文和回鹘文书写，汉文 36 行，每行 90 字（现存下半截约 40 字）；回鹘文部分分栏书写（原碑似分为 10 栏），每栏 51 行或 52 行，现存该碑后一部分的 4 栏半。该碑立于元顺帝元统二年（1334）。据《回鹘文亦都护高昌王世勋碑》拉丁字母转写，[2]梵语借词：

① 耿世民：《回鹘文〈土都木萨里修寺碑〉考释》，《世界宗教研究》1981 年第 1 期，第 77—83 页；耿世民：《回鹘文〈土都木萨里修寺碑〉考释》，《维吾尔古代文献研究》，第 421—430 页。

② 耿世民：《回鹘文亦都护高昌世勋碑研究》，《考古学报》1980 年第 4 期，第 515—529 页。

bodisatwi< Skt.bodhisattva(菩萨)　22/II[1]

tuzit< Skt.tuṣit(兜率天)　21/IV

cintaman< Skt.cintamani(摩尼珠)　8/V

(7)《元代敦煌莫高窟六体文字碑》

《元代敦煌莫高窟六体文字碑》(又称《元代速来蛮刻石》)为元顺帝至正八年(1348)由功德主西宁王速来蛮等立,现存敦煌研究院陈列中心。碑上用梵、藏、汉、西夏、八思巴、回鹘文六种文字镌刻"唵嘛呢叭咪吽"六字真言。

本节回鹘文文献梵语借词按音序排列(如回鹘文借词拉丁字母转写不统一,这只是由于不同学者转写不同而已,实际上是同一个借词,我们采取一种形式来排序):

abita< Skt.Amitābha(阿弥陀佛)

adicit< Skt.ādicitta(第一决心)

Aqšobɪ< Skt.Aksobhya(阿閦佛)

arya< Skt.ārya(圣)

ašokɪ< Skt.Aśoka(阿育王,无忧王)

ästup< Skt.stūpa(佛塔)

badɪrakalp< Skt.bhadrakalpa(贤劫)

bimba< Skt.bimba(圆状的宝饰)

bodisatwi< Skt.bodhisattva(菩萨)

buyan< Skt. puṇya(福,功德)

čakɪravart< Skt.cakravarti(转轮)

čay< Skt.caya(胜)

čaydɪ< Skt.caitya(塔,庙)

① "/"后数字是段,前为段中的行,下同。

cintaman< Skt.cintamani（摩尼珠）

cuda-ārdni< Skt.cūḍā-ratna（顶饰宝）

dartıraštrı< Skt.Dhrtarāstra（提头赖吒，东方天）

divip< Skt.dvīpa（洲）

kalpavırıkš< Skt.kalpa-vṛkṣa（如意树）

karma-vipak< Skt.Karma-vipāka（果保，业报）

lin< Skt.lena（僧房）

mancusiri< Skt.Mañjuśrī（文殊菩萨）

mantal< Skt.mandala（曼荼罗）

maqarac< Skt.mahārāja（天王，即四大天王）

markat< Skt.marakata（绿宝石）

matiadis< Skt.madhyadeśa（中间之域，指印度）

maxabala< Skt.mahābala（大力）

maxasatua< Skt Mahāsattva（摩诃萨埵，即大士）

mundırt< Skt.mūrdhagata（顶生王）

nagapalı< Skt.nāgapāla（龙象）

nawasik< Skt.naivāsika（福神）

om-suwasdi-sitdim< Skt.oṃ-svasti-siddhaṃ（吉祥如意）

padma< Skt.padma（莲花）

pryan< Skt.parayana（僧房）

rasini< Skt.rasāyana（甘露）

sadu< Skt.sādhu（善，好）

šakimuni< Skt.śākyamuni（释迦摩尼）

šarır< Skt.śarıra（佛舍利）

sarva-vıtı< Skt.sarvavid（普明佛）

satdarm-a-pundarik< Skt.Saddharmapundarika（正法华经）

šay< Skt.āśaya(音译“阿世耶”,休息处)

sazan< Skt.śāsana(教义)

sumer< Skt.Sumeru(须弥山)

tuzit< Skt.tuṣit(兜率天)

v(a)čɪrapa< Skt.Vajrapānɪ(执金刚菩萨)

vyakrit< Skt.vyākṛta(授记,所说)

wxar< Skt.vihāra(佛寺)

第二节　回鹘文献题记和铭刻梵语借词研究

一、回鹘文题记和铭刻研究简介

回鹘文题记和铭刻(Uighur Cave Inscribed Texts and Inscription)。回鹘文题记主要发现于敦煌和吐鲁番等地的佛教洞窟中。此外,回鹘文献中还有少量的钱币、木杵等带有回鹘文铭刻的文字。

二、回鹘文题记和铭刻梵语借词研究

1.《敦煌莫高窟北区B464窟回鹘文题记研究报告》

敦煌莫高窟北区B464窟[伯希和(P.Pelliot)编号181窟,张大千编号308窟]位于北区崖面E段。经彭金章、王建军的发掘得知,此窟大约经过三个明显的不同时代:早于西夏时期、西夏时期和元代。①

据《敦煌莫高窟北区B464窟回鹘文题记研究报告》拉丁字

① 彭金章、王建军:《敦煌莫高窟北区石窟》第三卷,文物出版社,2004年,第54—69页。

母转写，[1]梵语借词：

m(a)hamaya< Skt.mahāmāyā(摩诃摩耶)　(中室题记)

širi-sanbua< Skt.śrī-sambhava(德生童子)　(中室题记)

širimati< Skt.śrī-mati(有德童女)　(中室题记)

vasanti-naivasiki< Skt.vasanta-vayanti(主夜神)　(中室题记)

šakil gopa< Skt.śākyagopā(释迦瞿波女)　(中室题记)

utpalabuti< Skt.utpalabhūti(鬻香长者)　(中室题记)

stavarī< Skt.sthāvarā(安住地神)　(中室题记)

bodis(a)t(a)v< Skt.bodhisattva(菩萨)　(后室甬道题记)

koltɪ< koṭi(千万，亿)　(后室甬道题记)

2.《榆林窟回鹘文题记译释》

榆林窟是敦煌石窟群中保存回鹘文题记最多的一处，现存 41 个窟中有 25 个窟的壁面上有回鹘文题记，约 190 余条，590 余行。这些题记内容多以敬佛为主，回鹘文题记，字体多为草书，其时代多在元代至明初。

据《榆林窟回鹘文题记译释》拉丁字母转写，[2]梵语借词：

šabï< Skt.scramanera(沙弥)　3/B

dyan< Skt.dhyana(禅定)　5/B

s(a)ŋga< Skt.saṃgha(僧伽)　5/B

buqar< Skt.vihāra(寺庙)　4/H

3.《敦煌榆林千佛洞第 12 窟回鹘文题记》

榆林窟是敦煌石窟中保存回鹘文题记最多的石窟群，其中题记

① 张铁山、彭金章、彼特·茨默：《敦煌莫高窟北区 B464 窟回鹘文题记研究报告》，《敦煌研究》2018 年第 3 期，第 44—54 页。

② [法]哈密顿、杨富学、牛汝极：《榆林窟回鹘文题记译释》，《敦煌研究》1998 年第 2 期，第 39—54 页。

条款最多的石窟为榆林窟第 12 窟。第 12 窟回鹘文题记的内容多为游人、香客的题记,以敬佛为主,但也有一些壁画榜题和回鹘供养人题记。这些题记多为草书,其时代多在元代。据《敦煌榆林千佛洞第 12 窟回鹘文题记》拉丁字母转写,①梵语借词:

pozat< Skt.pośadha(斋戒) 2/C

šabï< Skt.scramanera(沙弥) 3/F

dyan< Skt.dhyana(禅定) 5/F

sŋga< Skt.saṃgha(僧伽) 1/G

ačari< Skt.ācārya(法师) 1/G

buqar< Skt.vihāra(寺庙) 4/L

4.《安西榆林窟 25 窟前室东壁回鹘文题记译释》

榆林窟第 25 窟前室东壁南侧的南方天王像左下侧,有文字 9 行,半草体,高 25 厘米,宽 26 厘米,墨笔书写,字迹清晰,除少数几个字母因受损无法识读外,其余都保存得很完整。据《安西榆林窟 25 窟前室东壁回鹘文题记译释》拉丁字母转写,②无梵语借词。

5.《文殊山万佛洞回鹘文题记》

文殊山石窟位于甘肃省肃南裕固族自治县祈丰镇,是一处规模较大的佛教石窟群。文殊山有建筑 360 余座、70 余院,石室洞窟 18 处,素有"小西天"之称。据《文殊山万佛洞回鹘文题记》拉丁字母转写,③梵语借词:

---

① 牛汝极:《敦煌榆林千佛洞第 12 窟回鹘文题记》,《新疆大学学报》(社会科学版)2002 年第 1 期,第 120—129 页。

② 杨富学、牛汝极:《安西榆林窟 25 窟前室东壁回鹘文题记译释》,《中国民族古文字研究》第三辑,1991 年,第 118—127 页。

③ 伊斯拉菲尔·玉苏甫、张宝玺:《文殊山万佛洞回鹘文题记》,吐鲁番学研究院编:《语言背后的历史——西域古典语言学高峰论坛论文集》,上海古籍出版社,2012 年,第 94—106 页;杨富学、张海娟:《从蒙古豳王到裕固族大头目》,甘肃文化出版社,2017 年,第 108—109 页。

arya< Skt.ārya(圣)

manč(u)šri< Skt.Mañjuśrī(文殊师利)

vpašyi< Skt.Vipasyin(毗婆尸)

6.《榆林窟第16窟叙利亚字回鹘文景教徒题记》

榆林窟第16窟叙利亚文字题记是敦煌地区的第一份景教徒突厥文献,是由来自瓜州的回鹘景教徒朝圣者于元代书写的。据《榆林窟第16窟叙利亚字回鹘文景教徒题记》拉丁字母转写,①梵语借词:

buxar< Skt.vihāra(寺庙)

7.《敦煌石窟回鹘蒙文题记考察报告》

1987年5月20日至6月20日,敦煌研究院考古研究所和内蒙古师范大学蒙古语言文学系组成的敦煌石窟蒙文题记考察组,对敦煌石窟的531个洞窟进行了一次学术考察。从题记的内容来看,可以分为开窟功德记、供养人题名和游人题款三大类。所用文字,除汉文外,还有藏文、回鹘文、粟特文、西夏文、蒙文(回鹘蒙文和八思巴蒙文)以及少量的梵文(六字真言)等。据《敦煌石窟回鹘蒙文题记考察报告》拉丁字母转写,②梵语借词:

Oom-mani-badmi-qung< Skt.oṃ-maṇi-padme-hūṃ(唵—嘛—呢—叭—咪—吽)　(六字真言,21)

8.《吐鲁番出土回鹘文木杵铭文初释》

20世纪初,格伦威德尔(Albert Grünwedel)所率德国第一次吐鲁番考察队在高昌故城X遗址的寺院废墟中发现有一根长84

① [日]松井太撰,王平先译:《榆林窟第16窟叙利亚字回鹘文景教徒题记》,《敦煌研究》2018年第2期,第34—39页。

② 敦煌研究院考古研究所、内蒙古师范大学蒙文系:《敦煌石窟回鹘蒙文题记考察报告》,《敦煌研究》1990年第4期,第1—19页。

厘米的八角锥状木杵，下端呈尖状，上端直径为10.5厘米。上面用墨笔书写着20行回鹘文铭文，编号为IB4672，现收藏地点不详。

木杵被发现后，最早由拉德洛夫（W.Radloff）作了识读与翻译。缪勒（F.W.K.Müller）于1913年发表《吐鲁番出土的两根木杵铭文》（载 *Abhandlungen der Koniglichen Preussischen Akademie der Wissenschafen*, phil-hist.Klasse, Berlin, 1915, ss.3－13）一文，20世纪70年代日本学者森安孝夫将铭文的全部内容译为日文发表（载《史学杂志》第88卷4号，1973年，第38—41页）。据《吐鲁番出土回鹘文木杵铭文初释》拉丁字母转写，[①]梵语借词：

upasanč< Sogd.'wp's'nč< Skt.upāsikā（近事女，信女）

upasi< Sogd. 'wp'sy< Skt.upāsaka（近事男）

maitri< Skt.Maitreya（弥勒佛）

9.《敦煌莫高窟北区B77窟出土木骨上的回鹘文题记研究》

敦煌莫高窟北区B77窟有前室、中室和后室。B77窟前室大部分已塌毁，中室和后室保持完整。中室北壁西部有用白色书写的回鹘文和汉文“六字真言”。据研究，B77窟应为改造过的礼佛窟，其年代距今约725±69年，大致相当于元代，这同出土遗物的时代相吻合，但这只能反映出石窟的改造年代，其开凿年代还要早于这个年代。[②] B77窟出土木骨编号B77：7，残长81厘米，直径5.5厘米，断面呈方形，四面墨书回鹘文题记。这些回鹘文题记所记内容为梵语陀罗尼。

此段回鹘文题记来源于梵文，是《大乘无量寿经》（ārya-

① 杨富学、杨进智：《裕固族研究论文集》，兰州大学出版社，1996年，第129—148页。

② 彭金章、王建军：《敦煌莫高窟北区石窟》第一卷，文物出版社，2000年，第275—283页。

aparamiṭāyur jñāna-mahāyāna-sūtra）中陀罗尼经一部分或减缩本，将在其他回鹘文本中所见陀罗尼，一一对译如下：

om namo bhagavate aparamitāyur jñāna suviniścita tejo-rājāya.
唵 南摩 世尊如来 无量 寿 大智慧 善决定 光明王呀。
tathāgatāyārhate samyak sambuddhāya， tadyathā， oṃ puṇya mahā
如来呀 应供 正等 正觉呀， 譬如咒曰，唵 功德 大
puṇya aparamitā puṇya aparamitāyu puṇya jñāna sambhāropacite. om
功德 无量 功德 无量 功德 智慧 资粮聚集。 唵
sarva saṃskāra pariśuddha dharmate gagana samudgate Svavbhāva
一切 业行 本来清净 法性 虚空 成就 自性
pariśuddhe mahānayā parivāre svāhā.
本来清净 大道 眷众 安乐。

oom a xuŋ maxa-puny(a)< Skt. oṃ āḥ hūṃ，oṃ puṇya puṇya（唵—阿—吽，功德—功德）（第一面）

aparamita-ayur puny(a)iyanay(a)< Skt. mahā-puṇya aparamitāyur puṇya-jñāna(大功德—无量寿—功德—智慧）（第一面）

uyx-a sambar-a upačati svaxa< Skt. sambhāropacite svāhā(资粮聚集—安乐）（第一面）

oom porong svaxa< Skt. oṃ phroṃ svāhā(唵—？—安乐）（第二面）

oom nama tagatay svaxa< Skt. oṃ namaḥ tathāgatāya svāhā(唵—礼敬—如来—安乐）（第二面）

turgati parišudaya< Skt. durgati pariśuddhāya(恶道—清净）（第二面）

tatagatay-a arxant(a)ya samyak< Skt. tathāgatāya arhate samyak（如来—应供—正等）（第二面）

sanbuday-a tatyada oom sitani< Skt. saṃbuddhāya tadyathā oṃ sitani(正觉呀—譬如—唵—?) (第二面)

tatya[da...]< Skt. tatya[thā...](譬如) (第二面)

oom a xuŋ< Skt. oṃ āḥ hūṃ(唵—阿—吽) (第三面)

oom ye darma hetu pirabaua< Skt. oṃ ye dharmā hetu prabhavā(唵—那些—法性—因缘—生,全句译"诸法从缘起") (第三面)

hetun tešan tatagato hea vadat< Skt. hetun tesām tathāgato hya vadat(诸因缘—那些的—如来—故—说,全句译"如来说是因")(第三面)

[teša]n niroda ebaŋ vati mahašraman ye huŋ< Skt. tešaṃ cayo nirodha, evaṃ vādī mahāśramaṇaye hūṃ(那些—堆积—减坏—如是—说—大—沙门,全句译"彼法因缘尽,是大沙门说") (第三面)

[oo]m mani pad mexuŋ< Skt. oṃ maṇi padme hūṃ(唵—嘛—呢—叭—咪—吽,观自在心咒) (第三面)

oom basir-a-< Skt. oṃ vajra-pāṇe(oṃ Vajra-pāṇi hūṃ,金刚手心咒) (第三面)

xiri vairočanaye svaxa< Skt. hriḥ vairocanāye svāhā(佛菩萨秘密种子字的强大功德威力者—明净—安乐) (第四面)

oom tari tutari turi suvaxa< Skt. oṃ tāre tuttāre tūre svāhā(唵—救度—救度—强壮、快速—安乐(结尾词),全句译"至尊度母您垂念,祈求解脱诸苦难",即度母心咒) (第四面)

据《敦煌莫高窟北区 B77 窟出土木骨上的回鹘文题记研究》拉丁字母转写,[①]梵语借词:

---

① 张铁山、彭金章:《敦煌莫高窟北区 B77 窟出土木骨上的回鹘文题记研究》,《敦煌学辑刊》2018 年第 2 期,第 37—43 页。

porong< Skt.phroṃ(?)

svaxa< Skt.svāhā(语气词,“吉祥”“息灾”义)

turgati< Skt.durgati(恶道)

parišudaya< Skt.pariśuddhāya(清净)

arxant(a)< Skt.arhate(应供)

samyak< Skt.samyak(正等)

sanbuday-a< Skt.saṃbuddhāya(正觉)

tatyada< Skt.tadyathā(譬如)

sitani< Skt.sitani(?)

darma< Skt.dharmā(法性)

hetu< Skt.hetu(因缘)

pirabaua< Skt.prabhavā(生,所起)

hetun< Skt.hetun(诸因缘)

tatagato< Skt.tathāgato(如来)

hea< Skt.hya(故)

vadat< Skt.vadat(说)

[teša]n< Skt.tešaṃ(那些)

[ca]ye< Skt.cayo(堆积)

niroda< Skt.nirodha(减坏)

ebaŋ< Skt.evaṃ(如是)

vati< Skt.vādī(说)

mahašraman< Skt.mahāśramaṇaye(大沙门)

basir-a< Skt.Vajrapāṇi(金刚手菩萨)

xiri< Skt.hriḥ(佛菩萨秘密种子字,“强大功德威力”之义)

vairočanaye< Skt.vairocanāye(明净)

tari< Skt.tāre(保护,救度)

tutari< Skt.tuttāre(祈求度母救度)①

turi< Skt.tūre(强壮、快速)

本节回鹘文献梵语借词按音序排列(如回鹘文借词拉丁字母转写不统一,这只是由于不同学者转写不同而已,实际上是同一个借词,我们采取一种形式来排序):

[ca]ye< Skt.cayo(堆积)

[teša]n< Skt.tešaṃ(那些)

ačari< Skt.ācārya(法师)

arxant(a)< Skt.arhate(应供)

arya< Skt.ārya(圣)

basir-a-< Skt.Vajrapāṇi(金刚手菩萨)

bodis(a)t(a)v< Skt.bodhisattva(菩萨)

buqar< Skt.vihāra(寺庙)

darma< Skt.dharmā(法性)

dyan< Skt.dhyana(禅定)

ebaŋ< Skt.evaṃ(如是)

hea< Skt.hya(故)

hetu< Skt.hetu(因缘)

hetun< Skt.hetun(诸因缘)

kolti< koṭi(千万,亿)

mahamaya< Skt.mahāmāyā(摩诃摩耶)

mahašraman< Skt.mahāśramaṇaye(大沙门)

---

① 据林光明"梵汉咒语大讲堂—绿度母心咒"中的解释:tuttāre 应该是 tutāre,tutāre=tu+tāre 构成,"tu-"有三种之义:第一,有"坚强"之义,这样 tutāre 就有这样之义,即"祈求度母坚强或度母为我坚强";第二,有"唯一"之义,即"只有度母能拯救我";第三,有"祈求"之义,即"我祈求度母救度我"。

maitri< Skt.Maitreya(弥勒佛)

manč(u)šri< Skt.Mañjuśrī(文殊师利)

niroda< Skt.nirodha(减坏)

oom-mani-badmi-qung< Skt. oṃ-maṇi-padme-hūṃ(唵—嘛—呢—叭—咪—吽)

parišudaya< Skt.pariśuddhāya(清净)

pirabaua< Skt.prabhavā(生,所起)

porong< Skt.phroṃ(?)

pozat< Skt.pośadha(斋戒)

s(a)ŋga< Skt.saṃgha(僧伽)

šabï< Skt.scramanera(沙弥)

šakil-gopa< Skt.śākya-gopā(释迦瞿波女)

samyak< Skt.samyak(正等)

sanbuday-a< Skt.saṃbuddhāya(正觉)

širimati< Skt.śrī-mati(有德童女)

širi-sanbua< Skt.śrī-sambhava(德生童子)

sitani< Skt.sitani(?)

sŋga< Skt.saṃgha(僧伽)

stavarī< Skt.sthāvarā(安住地神)

svaxa< Skt.svāhā(语气词,有“吉祥”“息灾”义)

tari< Skt.tāre(穿越,救度)

tatagato< Skt.tathāgato(如来)

tatyada< Skt.tadyathā(譬如)

turgati< Skt.durgati(恶道)

turi< Skt.tūre(强壮,快速)

tutari< Skt.tuttāre(祈求度母救度)

utpalabuti< Skt.utpalabhūti(鬻香长者)

vairočanaye< Skt.vairocanāye(明净)

vasanti-naivasiki< Skt.vasanta-vayanti(主夜神,婆珊婆演底)

vati< Skt.vādī(说)

vpašyi< Skt.Vipasyin(毗婆尸)

xiri< Skt.hriḥ(佛菩萨秘密种子字,有"强大功德威力"义)

第四章　回鹘文佛教文献梵语借词研究

第一节　回鹘文佛教文献

一、佛教在新疆的传布

古代维吾尔历史上曾信仰佛教达千年之久，并把大量佛教文献翻译成古代维吾尔语（回鹘语）。当伊斯兰教传入新疆塔里木盆地后，回鹘文文献逐渐消失、湮灭。由于宗教偏见的关系，回鹘文佛经绝大多数已不复存在。耿世民先生认为，现存回鹘文佛教残卷只不过占原回鹘文大藏经（Tripitaka）的百分之一（仅就经名而言，不是就数量多少）。关于佛教是如何在新疆传播的，耿世民先生曾有相关论述。根据一些材料推测，佛教传入和田应在公元前 186—176 年之间，和田自古以来就是塔里木盆地南缘的著名佛教中心。此外，佛教中心还有塔里木盆地北缘的龟兹（今库车）和吐鲁番（古称车师、高昌）。[1] 大约 10—11 世纪期间，在当地原居民信仰的影响下，回鹘人逐渐皈依佛教并开始翻译佛教经典。10 世纪时，以喀什为中心的喀

① 耿世民：《维吾尔古代文献研究》，第 47 页。

喇汗朝皈依伊斯兰教。11 世纪时,经过百年抗拒后,和田被迫接受伊斯兰教。不论是汉文史料还是伊斯兰史籍都证明,迟至 15 世纪下半期,吐鲁番人民中仍信仰佛教。[①]

二、回鹘佛教文献来源与数量

回鹘佛教文献由三部分组成：经(Sūtra,佛的话)、律(Vinaya,戒律)、论(Abhidharma,注释),这三部分总称为《大藏经》(Tripitaka,佛教三部经藏之意)。

回鹘佛教文献来源。耿世民先生认为,回鹘佛教文献有三大来源。早期多译自当地的古代语言,如"吐火罗语"B 方言与"吐火罗语"A 方言,如《弥勒会见记》;回鹘文献译自汉文,如《金光明经》;回鹘文献译自藏语,如《胜军王问经》。只有少数文献译自梵文。[②] Johan Elerskog 认为,回鹘佛教文献有三个来源：粟特、吐火罗和汉地佛教。[③] 牛汝极教授认为,从出土的回鹘佛教文献来看,回鹘佛教有四个来源：可能性较大的粟特佛教来源、库车—焉耆—吐鲁番等地的吐火罗佛教来源、别失八里—吐鲁番—敦煌等地的汉地佛教来源、敦煌—和田—米兰—吐鲁番等地的藏传佛教来源。从文献情况看,汉地佛教对回鹘的影响最大,汉文佛典被翻译为回鹘文的数量最多。根据学者们研究,回鹘佛教文献来源的大致概况是：数量最大的佛典翻译来自汉文,大约 81 部 41 种佛经;从藏语、梵语译过来的文献有 16 种,其中密宗文献 14 种、大乘文献 1 种、论部 1 种。译自吐火罗语佛典文献的至少 3 种,即《十业道譬喻鬘经》《阿烂弥王本生故

① 耿世民:《维吾尔古代文献研究》,第 45—50、76 页。

② 同上书,第 59—60 页。

③ Johan Elerskog, *Silk Road Studies I: Uygur Buddhist Literature*, Brepols, Turnhout, 1997, p.8.

事》和《弥勒会见记》。此外，有 9 种译自梵文，3 种为回鹘人自己创作的作品。另有至少 9 种回鹘语佛教文献目前还无法判定其来源。[①]

三、回鹘佛教文献介绍[②]

1. 非大乘文献

(1) 经藏

《阿含经》(Āgama)。[③] 阿含经为小乘佛教文献的总名，回鹘文阿含经残卷多出自敦煌和甘肃额齐纳黑城子(西夏故都)。

《长阿含经》(Dīrghāgama)。《长阿含经》有 8 件回鹘文佛经对应于汉文《长阿含经》(T1)。汉文译本由觉明(或称佛陀耶舍 Buddhayasas，403—413 年间完成了 4 部译著)完成于 412—413 年间。

《中阿含经》(Madhyamāgama)。《中阿含经》(T 26)是原始佛教的根本经典“四阿含”中的一部，此经所收经典的篇幅在“四阿含”中属不长不短而得名。

《杂阿含经》(Saṃyuktāgam)。《杂阿含经》是原始佛教的根本经典《四阿含经》中的一部，它的原本为印度小乘佛教部派——说一切有部所传。

《别译杂阿含经》(梵文 Saṃyuktāgama 死亡缩略本)。

《增一阿含经》(Ekottarāgama)。《增一阿含经》(T125)是原始佛教的根本经典“四阿含”中的一部。据传，此经因所收经典以法数为序，从“一法”至“十一法”，依次增递编排而得名。

---

① Johan Elerskog, *Silk Road Studies I: Uygur Buddhist Literature*, Brepols, Turnhout, 1997, p.10；牛汝极：《回鹘佛教文献：佛典总论及巴黎所藏敦煌回鹘文佛教文献》，新疆大学出版社，2000 年，第 5—8 页。

② 耿世民：《维吾尔古代文献研究》，第 61—76 页；牛汝极：《回鹘佛教文献：佛典总论及巴黎所藏敦煌回鹘文佛教文献》，第 12—24 页。

③ 本节括号里为梵文。

《毘沙门天王经》(Ātānātika Sūtra 和 Ātānātihrdaya)。目前已知有6件回鹘文残叶构成《毘沙门天王经》的5个残件,这些文献中包含有若干秘宗内容。

《十方平安经》(Catusparisat Sūtra)。回鹘文 Dišastvʊstik 经是《十方平安经》中一个故事的译本。回鹘文译本是以梵文《十方平安经》为母本的。《十方平安经》为人们提供了对和尚、尼姑与男、女俗人四种社团的解说。

《优陀那品》(Udānavarga)。《优陀那品》为《法句经》四部之一,新疆和田地区曾出土2世纪的佉卢文译本。德国吐鲁番文献中心存有属《优陀那品》两个版本的6件残片,均为婆罗迷文—回鹘语双语写本。

(2) 戒律

《羯磨言》(Karmavācanā)。毛埃(D.Maue)和克劳斯·若尔本(K.Röhrborn)(1976)曾发表过一叶婆罗迷文梵语—回鹘语《羯磨言》残片,内容涉及如何使用和穿戴僧袍。

《钵和罗经》(即《自姿经》,Pravāranā Sūtra)。该经为律藏犍度部的一部分,是《因萨蒂经》不同版本的编选集。该文献第52—760行描述了钵和罗仪礼的发展情况。

《分别论毘奈耶》(Vinayavibhaṅga,属《一切有根本部》Mūlasarvāstivada)。《一切有根本部》之《分别论毘奈耶》是对《戒本》(Prātimokṣa,寺院戒规)的注释。

(3) 论藏

现存的回鹘佛教写本中没有发现论藏的著作,但有一些晚期的译自汉文的对论部佛典的注疏。

(4) 佛祖传记(包括本生故事)

《阿烂弥王本生故事》(Araṇemi Jātaka)。《阿烂弥王本生故事》

是著名的《毗般达罗本生故事》的变体，现藏巴黎法国国立图书馆。

《佛陀传》(1)。德国吐鲁番文献中心有两件文献残片记录了佛陀的生平，尤其是解释了对先天的教育。

《佛陀传》(2)。德国第二次中亚探险队于吐鲁番交河发现了一件回鹘文残片，劳特(Jens Peter Laut)判定其属于佛陀传之一，是关于在夜晚启发佛陀“五梦”的内容。

《佛本行集经》(Buddhacarita)。《佛本行集经》最初是公元2世纪由著名印度教诗人Asvaghoṣa完成的，其描写了佛陀慈善和戏剧性的生活，广泛流传于佛教世界。

《善恶两王子故事》。回鹘文保存有三种写本：两件发现于敦煌，现存法国国立图书馆和英国图书馆；一件发现于吐鲁番交河，现存德国吐鲁番文献中心。

《圣勇本生鬘》(Jātakamālā)。《圣勇本生鬘》(P5652)，作者不详，或为圣勇所作，收录了35种本生故事及解释其法义的梵文佛典。

《摩诃菩提本生故事》(Mahābodhijātaka)。《摩诃菩提本生故事》属《圣勇本生鬘》的第23个故事，这个故事讲述了作为苦行僧摩诃菩提的佛陀化身的故事。

《陶工故事》。该佛典讲述了一位陶器师鼓励他的朋友、一位名叫“婆罗门”的男子去寻找迦叶佛，这位男子皈依了佛教并成为一位佛僧。

《毗般达罗本生故事》(Viśvantara Jātaka)。《毗般达罗本生故事》是最著名的本生故事之一，记录了作为毗般达罗王子的佛陀的复活。

(5) 譬喻故事

《十业道譬喻鬘经》(Daśakarmapathāvadā-namālā)。该文献属譬喻故事体著作残片。故事是一个箴言性的轮回传说，按所谓十业道编排并以故事的情节加以串联，它告诫听者选择一条罪恶之道的悲惨结局。

《夏尔都拉卡如那譬喻经》(śārdūlakarṇāvadāna)。《夏尔都拉卡如那譬喻经》是较长的《天譬喻》的一部分，是关于印度种姓制度辩论的名篇。这个故事讲述了一位天真无邪的名叫 Prakrti 的少女爱上了佛陀早期弟子阿难陀和尚，结果，佛陀劝这位女子说，如果你真的爱阿难陀，你就应该成为尼姑，然而她的决定让 Brahmaṇas 和 Kṣatriyas 大为恼火。

《观音经相应譬喻谭》(Avalokiteśvara Sūtra)。现藏于伦敦大英博物馆。该文献属押头韵的四行诗结构，为讲《观音经》之后的说唱，类似于变文的一种，在回鹘佛教文学史上占有一定地位。

《观音经顺次义》。这种文献属佛教讲经之后的说唱。今北京大学图书馆藏有一叶两面回鹘文残叶。另据彼特·茨默(P.Zieme)研究，柏林收藏品中也有二、三叶的回鹘文残件属同一文献。

2. 大乘文献

(1)《观无量无寿经》(Amitāyur-dhyāna Sūtra)。一般简称《观经》(一卷)，和田学者畺良耶舍(Kālayaśas)于 424—442 年间译为汉文。此经提出 16 种集中于阿弥陀佛及其国的观想。在日本大谷和柏林收集品中发现此经的几叶回鹘文残文。

(2)《药师琉璃光如来本愿功德经》(Bhaiṣajyaguru Sūtra)。此经内容是赞颂药师佛，译自汉文。该文献也有粟特文和于阗文译本。

(3)《大方广佛华严经》(Buddhāvataṃsaka Sūtra)。《大方广佛华严经》意为“用诸花装饰之经”，是最长的佛经之一，明显是在几个短经的基础上汇编而成的。现存此经有三种汉文译本，即《四十华严》《六十华严》《八十华严》。

(4)《地藏王菩萨本愿经》(Kṣitigarbha-bodhissattva-praṇidhāna

Sūtra)。此经内容为赞颂地藏菩萨的神力。据说他是一位生活在释迦牟尼佛和弥勒佛之间的菩萨,受释迦牟尼佛委托将人类拯救出苦海。

(5)《孔雀明王经》(Mahā-mayūrī-vidyā-rājñī Sūtra)。此经是五种咒经中最著名的一部佛经,这五种文献充满了陀罗尼咒语,诵读这些咒语可以防止恶魔、疾病、敌意的动植物和有毒昆虫的侵害。

(6)《大般若波罗蜜多经》(Mahāprajñāpāramitā Sūtra)。此经是佛经般若部中最长的一部。汉文本由玄奘于663年翻译完成。

(7)《大般涅槃经》(Mahāparinirvāṇa Sūtra)。此经早在6世纪就应突厥陀钵可汗之请,由刘世清译为突厥语。

(8)《般若波罗蜜多心经》(Prajñāpāramitā-ḥrdaya Sūtra)。此经即人们常说的《心经》,专门讲心的道理,这里的"心"字为"精华""概要"之意。

(9)《妙法莲花经》(Saddharmapuṇḍarīka Sūtra)。Saddharma意为"妙法",puṇḍarīka意为"莲花",全名意义为"此美妙的经文像莲花一样的纯洁"。全经共28品。回鹘文《妙法莲花经》最完整的本子藏于圣彼得堡,回鹘文本译自汉文。

(10)《普贤菩萨行愿赞》(Samantabhadra-caryapraṇidhāna)。此经的回鹘文残片有许多,分藏于俄罗斯圣彼得堡东方学研究所、德国吐鲁番文献中心及日本龙谷大学。可以肯定回鹘文译自汉文《普贤菩萨行愿赞》(T278,279,293—297),但汉文本由许多变体。

(11)《无量寿经》(Sukhāvatīv-yūha Sūtra)。《无量寿经》又名《大无量寿经》(T360),《阿弥陀经》又称《小无量寿经》(T366),加上《观无量寿经》构成净土三经,即中国佛教净土宗的三部经典。这三部经典均有回鹘文译本,说明佛教净土宗对回鹘影响之深。

(12)《维摩诘所说经》(Vimalakīrtinirdeśa Sūtra)。维摩

(Vimalakirti)是古印度毘舍离(Vaiśali)国一著名的在家居士,据说,一天他称病在家,佛派文殊菩萨去问候,他们广泛讨论了教义,维摩居士以其善辩的口才和对佛教教义的渊博知识而赢得了尊敬。

(13)《金光明最胜王经》(Suvarṇaprabhāsasottama Sūtra)。此书是目前回鹘文佛经篇幅最大、保存较完整的重要文献之一。后面有专门章节进行讨论。

3. 论藏文献

(1)《入阿毗达磨论》(Abhidharmāvatāra-prakaraṇa)。梵文作者塞建地罗(Skandhila),汉文本译者为玄奘。

(2)《阿毗达磨俱舍论》(Abhidharma-kośabhāṣya)。"阿毗"意为"对","达磨"意为"法","俱舍"意为"藏",合之译"对法藏",亦称"大法"。汉文译本30卷(T 1559),由玄奘完成。此书是关于阿毗达磨论的较全面的解释,对有部的重要宗义皆加以简明扼要的解说。

(3)《阿毗达磨俱舍论安慧实义疏》(Abhidharma-kośabhāṣytīkātattvārtha-nāma)。此书为安慧(生活于5—6世纪)所撰写的对《俱舍论》的注释。

(4)《阿毗达磨俱舍论本颂》(Abhidharma-kośakārikā)。回鹘文本译自玄奘于651年所译汉文本《阿毗达磨俱舍论本诵》(T 1560)。

(5)《入菩提行疏》(Bodihicaryāvatāra)。柏林收集品中存有此书的木刻本残叶一片。后来彼特·茨默(P.Zieme)与拉施曼(S.-Ch. Raschmann)曾刊布。

(6)《金花抄》(回鹘文 Kim-kaa-čav)。《金花抄》是对《阿毗达磨俱舍论》的注释。斯文·赫定(Sven Hedin)于斯德哥尔摩民俗博物馆收藏品中的回鹘文《阿毗达磨俱舍论》,发现其中有一叶是《金花抄》三则偈颂的翻译。

(7)《诸种缘起》(Pratītyasamutpāda)。此残卷共8叶,存日本天

理中央图书馆,1943年经张大千之手购得。至今未被完全识别。

(8)《妙法莲花经玄赞》(Saddharmapuṇḍarīka Sūtra)。此残卷早在1931年就已为威里·邦格(W.Bang)和冯·加班(A.von Gabain)所刊布,但不能同定为何经。1980年日本龙谷大学百济康义发现它原来是对《法华经》的注释。

(9)《龙树菩萨劝诫王颂》(Suḥrlleka)。冯·加班(A. von Gabain)(1965)和夏利普(W.Scharlipp)(1980)都曾报道,在德国吐鲁番文献中心藏有《龙树菩萨劝诫王颂》回鹘文本。

(10)《唯识三十论颂疏》(Triṃśikā-vijñapti-mātratā-siddhi)。1986年德国突厥学家沙尔里浦(W.Scharlipp)在印度学家史米特浩森(L.Schmithausen)帮助下同定出此文献。

4. 汉文疑伪佛经

(1)《阿弥陀经》(回鹘文 Abitaki Sūtra)。回鹘文5件藏安卡拉民族博物馆,5件存于伊斯坦布尔。此外,巴黎和北京有该文献残卷。

(2)《慈悲道场忏法》(回鹘文 Kïšanti qïlʏuluq nom bitig)。汉文原本共10卷,相传梁朝武帝为拯救其罪孽深重妻子的灵魂,请人制作的。回鹘文译者为别什八里人 Küntsün。最早由克劳斯·若尔本(Klaus Röhrborn)(1971年)和英格丽德·瓦陵克(Ingirt Warnke)(1978、1983年)刊布。

(3)《大方广圆觉修多罗了义净》(回鹘文 Uluʏ bulung yïngaq sayuq-ï king alqïʏ tolu tuqmaq atlïʏ sudur)。又简称《圆觉经》,是禅宗重要文献之一,由佛与几位菩萨的对话组成。回鹘文写本和印本出自敦煌和吐鲁番,现分存斯德哥尔摩民族学博物馆和德国吐鲁番文献中心。

(4)《佛顶心大陀罗尼》(回鹘文 Tängri tängrisi burxan yrlïqamïš

burxan-lar töpüsi sudur-lar-nïng xartay-ï qonšim bodistv bölük-lüg ïduq drni nom bitig)。汉文《佛顶心大陀罗尼》经创作完成于唐代。柏林和圣彼得堡收集品中存有此经的残卷,卡拉(G.Kara)和彼特·茨默(P.Zieme)曾刊布。

(5)《佛说北斗七星延命经》(回鹘文 Tängri tängrisi burxan yrlïqamïšyitikkän üzä öz yaš uzun qïlmaq atlïq sudur nombitig)。回鹘文译本为德国第三次中亚探险队在吐鲁番所得,藏德国柏林吐鲁番文献中心。

(6)《佛说天地八阳神咒经》(回鹘文 Säkiz Yükmäk Yaruq Sudur)。一般认为系中国制作的伪经,现存此经的回鹘文译本残卷多达 72 个之多。1934 年,威里·邦格(W.Bang)、冯·加班(A.von Gabain)和热合马提(G.R.Rachmati)根据存于柏林、伦敦、圣彼得堡和京都的残本刊布了一个合成本《吐鲁番突厥文献》(卷六)。

(7)《佛说温室洗浴众僧经》。回鹘文依后汉安息三藏安世高所译汉文直译而成。回鹘文残件存 2 叶 4 面,梵叶式,共 38 行文字。现存德国柏林吐鲁番文献中心。

(8)《梁朝傅大士金刚经并序》(回鹘文 Kim qo ki atlïɣ včračitak sudur,梵文 Vajracchedikā-sutra)。此佛典简称《金刚经》,是鸠摩罗什(343—413)所译《金刚金般若波罗蜜经》本子的改写。《金刚经》在回鹘人及西域流传甚广。属于此经的回鹘文残卷已知道者有 10 件,1 件藏吐鲁番博物馆,1 件藏美国普林斯顿盖特图书馆,其余 8 件均藏于柏林。

(9)《十王生七经》。汉文《十王生七经》完成于唐代,后广泛流传,主要使用于 10 种死亡仪式中,目的是使患病与死亡者洗罪并获得重生。35 件回鹘文残片藏于柏林印度艺术博物馆,40 余件藏于日本天理图书馆。

5. 藏传密教文献

蒙元时代，藏传佛教也是回鹘佛教的一个重要来源。现存回鹘文密宗文献属13—14世纪。

(1)《大乘无量寿经》(Ārya-aparamitāyur-jñāna-nāma-mahāyānā Sūtra)。此经崇尚阿弥陀佛和净土宗。该文献有梵文和藏文本，回鹘文译自藏文本。

(2)《胜军王问经》(Ābrya-rājāvavādaka Sūtra)。该文献为 Herrn Krotkov 在乌鲁木齐所获，现藏圣彼得堡。印本残片存40行回鹘文，译自藏文，为元代文献。

(3)《佛说大白伞盖总持陀罗尼经》(Ārya sarva-tathāgata-uṣṇīṣa-sitātapatrā-aparājitānāma-dhāraṇī)。目前知道有50余件该文献的回鹘文印本残片。

(4)《法华经观音成就法》(Avalokiteśvara Sādhana)。德国吐鲁番文献中心藏5件残片，由卡拉(G.Kara)和彼特·茨默(P.Zieme)识别《法华经观音成就法》之观想文献。回鹘文译本为 Punyaśrī 译自藏文本。

(5)《瑜伽师地论》(Guruyoga)。回鹘文《瑜伽师地论》为萨迦班智达著作的译本。回鹘文译本存26叶52面，共479行。该写本藏柏林，由卡拉(G.Kara)和彼特·茨默(P.Zieme)整理刊布。

(6)《身轮因明经》(Kāyacakra Sādhana)。《身轮因明经》为某佚名氏为佛教大师八思巴所写的著作，是有关吉祥轮律说教内容的著作。回鹘文本是在藏文本的基础上翻译的，译者为 Punyaśri。

(7)《大乘大悲南无圣观音陀罗尼聚颂经》(Mahākāruṇika nāma ārya avalokiteśvara dhāraṇī anuśaṃsā sahita sūtrāt saṃgrhūtā)。此经为一件佛教徒祈求观世音菩萨保佑和护助的佛经。

(8)《文殊所说最圣名义经》(Mañjuśrī nāma saṃgītī)。目前知

道该经回鹘文本有三四种译自藏文本。有 43 件回鹘文印本残卷为德国考古队所得，现藏柏林。

（9）《文殊师利成就法》（Mañjuśrī Sādhana）。该文献回鹘文译者为 Saṃghaśri，翻译年代为 13—14 世纪。日本龙谷大学藏残片由小田寿典（Oda Juten）识别刊布。

（10）《死亡书》。回鹘文纳罗巴（Naropa）之《死亡书》译本由斯坦因（A.Stein）发现于敦煌，书写回鹘文草书体，存 63 页，现藏英国图书馆。

（11）《千眼千臂观世音菩萨大圆满无碍大悲心陀罗尼经》（Nīlakaṇṭha[ka] Sūtra）。回鹘文本译自汉文，德国考古队得于吐鲁番，现藏德国。由克劳斯・若尔本（K. Röhrborn）、西纳斯・特肯（Ş. Tekin）、彼特・茨默（P.Zieme）等人研究刊布。

（12）《佛顶尊胜陀罗尼经》（Ārya sarva-durgatipariśodhani-uṣṇīṣavijayā nāma dhāraṇī）。德国吐鲁番文献中心藏有 8 件该经的印本残片，文献中夹有婆罗迷文词语。

（13）《吉祥轮律曼陀罗》（Śrīcakrasaṃvara Maṇḍala-Abhisamaya）。回鹘文《吉祥轮律曼陀罗》为德国第一次中亚吐鲁番探险队于吐鲁番获得。由缪勒(F.W.K.Müller)于 1928 年首次进行研究，他注意到该回鹘文本与藏文很相似。

（14）《圣救度佛母二十一种礼赞经》（Tārā Ekaviṃśatistora）。所谓救度佛母即指多罗菩萨，意为“眼睛”，也称妙目精菩萨。该经为藏传佛教的重要经典，也被译为汉文与蒙古文。该文献残片曾为德国考古队所得，藏于德国吐鲁番文献中心，由卡拉（G.Kara）和彼特・茨默（P.Zieme）研究刊布。另，北京国家图书馆藏有该经木刻本折子式残件。回鹘文译者可能是安藏，译自藏文本。

（15）《金刚手菩萨赞》（Vajrapāṇi Sādhana）。德国吐鲁番文献中心藏一叶 15 行回鹘文草体《金刚手菩萨赞》,由卡拉(G.Kara)和彼特·茨默(P.Zieme)(1976 年)识别刊布。

6. 其他佛教文献

(1)《佛教诗歌集》。回鹘文《佛教诗歌集》写本现存伦敦大英图书馆,编号 Or.8212(108),共 38 叶,与回鹘文《说心性经》订为一册。为迄今发现的最重要的回鹘文佛教诗歌集。回鹘语佛教诗歌可分为三类:一般佛教诗、赞美诗和秘宗诗。

(2)《菩提行经》(Bodhisattva-caryā)。回鹘文《菩提行经》残卷,一为德国探险队在吐鲁番所得,现藏柏林吐鲁番文献中心;二为伯希和(P.Pelliot)在敦煌所得。彼特·茨默(P.Zieme)(1985 年)、托布(Taube)(1987 年)和庄垣内正弘(Shogaito Masahiro)(1995 年)分别整理刊布。

(3)《佛教教理问答》。回鹘语藏文《佛教教理问答》残件出自敦煌,现藏于法国国立图书馆,存 44 行,属于 10 世纪残卷。伯希和(P.Pelliot)(1921 年)、杰拉尔德·克劳森(S.G.Clauson)(1979 年)、毛埃(D.Maue)和克劳斯·若尔本(K.Röhrborn)(1984—1985 年)等学者研究刊布。

(4)《忏悔文》(回鹘文 Kšanti qilmaq atlïɤ nom bitig)。佛教忏悔文是佛教徒对自己的罪过和过失请求宽恕而作的悔过文。吐鲁番出土过不少回鹘文佛教徒忏悔文,一个藏于德国吐鲁番文献中心,由威里·邦格(W.Bang)和冯·加班(A.von Gabain)刊布的一组 15 件;另一个藏于芬兰赫尔辛基大学图书馆的约 70 件回鹘文残片中,其中 4 件为佛教忏悔文。

(5)《因萨蒂经》(回鹘文 Insadi Sūtra)。回鹘文《因萨蒂经》长卷 1906 年在吐鲁番木头沟发现,约存 1 121 行回鹘文草体,原书由名为 Cisum-tu 的人写作完成。

（6）《说心性经》（回鹘文 Xin tözin uqïtdačï nom）。回鹘文《说心性经》现存伦敦大英图书馆，系册子本 Or.8212（108）中的一部（第2a—16b 叶），存 30 叶 404 行。作者名叫法乘或法藏法师。现存写本的抄写者名叫 Cisuya。最早研究此文献的是土耳其学者阿拉特（R.R.Arat）。

（7）《愿文》。愿文为佛教徒表达对佛教皈依、祈求平安、减灾除病、幸福长寿等美好愿望的文书。目前已知有几件回鹘文皈依佛教三宝的愿文残件，分别藏于天津艺术博物馆［牛汝极和彼特·茨默（P.Zieme），1996 年］、圣彼得堡东方学研究所［拉德洛夫（W.Radloff），1928 年；牛汝极和彼特·茨默（P.Zieme），1996 年］和法国国立图书馆（牛汝极，1999 年）。

（8）《佛教部派残卷》。回鹘文《佛教部派残卷》写本现存伦敦大英图书馆，编号为 Or.8212（108），册子式，共 38 叶，其内容为佛教部派分裂图。

（9）《慧远传》。回鹘文《慧远传》残片出自鄯善县七克台村一农民手中，原件存 1 叶双面。这件文献的发现证实了回鹘人也受到我国佛教净土宗的影响。学者卡哈尔·巴拉提（Kahar Barat）曾研究刊布。

（10）《父母恩重经》（回鹘文 ögkä qangqautlï sävinč ötüngülük nom）。回鹘文《父母恩重经》曾由庄垣内正弘刊布过一件中村不折（Nakamura）（收集品中）的一件 63 行的残件，但未能定名。后来彼特·茨默（P.Zieme）研究并定名为《父母恩重经》。除庄垣内正弘刊布的 63 行文献藏于日本外，其余均藏德国柏林吐鲁番文献中心。

（11）《常啼（Sadāprarudita）和法上（Bodhisattva Dharmodgata）的故事》。伯希和（P.Pelliot）得自敦煌千佛洞，现藏法国巴黎国立图书馆，编号为 P.4521，共 30 叶 60 面，其中 1a—21a（653 行）为《常啼和

法上的故事》,21b—30b 为另一不同文献,尚待研究整理。该回鹘文献抄写年代应为元代。

(12)《大唐西域记》(回鹘文 Siüki)。回鹘文《大唐西域记》多记作 Siüki,即“西域记”音译。彼特·茨默(P.Zieme)认为回鹘文《西域记》的翻译参考了唐代慧立和彦宗所撰《大慈恩寺三藏法师传》。

(13)《大唐大慈恩寺三藏法师传》(回鹘文 Bodïstw taïto samtso ačarï-nïng yorïɣïn uqïtmaq atlïɣ tsï ïn suïn tigmä kwi nom bitig)。回鹘文《大唐大慈恩寺三藏法师传》写本曾落入一商人之手,后被拆散出售,其主要藏于北京国家图书馆、圣彼得堡东方学研究所、法国吉美博物馆和德国吐鲁番文献中心等地。由于该文献篇幅较大,后面单列章节进行研究。

(14)《弥勒会见记》(回鹘文 Maitrisimit nom bitig)。由于该文献篇幅较大,后面单列章节研究。

回鹘文佛教文献数量多,限于篇幅,我们选择回鹘文佛教文献中一些篇幅较长、有代表性的文献,如《金光明经》《大唐大慈恩寺三藏法师传》《慈悲道场忏法》《说心性经》以及部分回鹘文论藏文献作梵语借词之研究。

第二节　回鹘文献《金光明经》梵语借词研究

一、回鹘文《金光明经》

回鹘文《金光明经》(全称《金光明最胜王经》,原名 altun önglüg yaruq yaltrïqlïɣqopta tötrülmiš nom atlïɣ nom bitig),是目前回鹘文佛经

中篇幅最大、保存较完整的重要文献之一。回鹘文《金光明经》至今仍存世者主要有两种：最完整的写本为俄国马洛夫(S.E.Malov)于1910年在甘肃酒泉附近的文殊沟所得，现藏原苏联科学院东方学研究所列宁格勒分所；另一种较古的本子是德国第三次吐鲁番探险队从我国吐鲁番地区获得并携走的，原件现藏德国柏林(称之吐鲁番本)。德国人缪勒(F.W.K.Müller)研究该本的成果于1908年刊布。①

回鹘文《金光明经》译者为著名回鹘翻译家别失八里(即北庭，遗址在今乌鲁木齐市北吉木萨尔县境内)人胜光法师(约生活于10—11世纪)。根据流传下来的回鹘文译文来推测，胜光法师不仅是一位精通汉文、梵文、回鹘文等语种的语言大师，也是一位造诣深厚的佛学大师。

自回鹘文《金光明经》文献被发现以来，突厥学家们对回鹘文《金光明经》的研究表现出极大的兴趣与持久的关注。国内学者主要有耿世民、阿不都热依木、张铁山、阿力肯等，国外学者主要有缪勒(F.W.K.Müller)、威里·邦格(W.Bang)、冯·加班(A.von Gabain)、拉德洛夫(W.Radloff)、马洛夫(S.E.Malov)、彼特·茨默(P.Zieme)等。迄今为止，国内外鲜有学者对回鹘文《金光明经》中的梵语借词作专题研究。

二、回鹘文献《金光明经》梵语借词研究

我们以土耳其学者Ceval Kaya整理刊布的土耳其文版《回鹘文〈金光明经〉》为底本，②该版本借词数量如下：阿拉伯语2个、汉语借词81个、希腊语借词3个、中古波斯语6个、粟特语23个、藏语6个、

---

① F.W.K.Müller, Uigurica, *APAW*, Berlin, 1908.

② Ceval Kaya, *Uygurca Altun Yaruk: Giriş, Metin ve Dizin*, Ankara: Baskı Görsel Sanatlar Ltd., 1994.

吐火罗语 2 个、梵语 513 个。[1]

本节回鹘文献梵语借词按音序排列（如回鹘文借词拉丁字母转写不统一，这只是由于不同学者的转写不同而已，实际上是同一个借词，我们采取一种形式来排序）：

abarh< Skt.abṛha（无烦，无烦天） a.143/15[2]

abasvar< Skt.ābhāsvara（光音天） a.143/6

abıdarım< Skt.abhidharma（论藏，对法藏） a.270/2

abımukı< Skt.abhimukhī（十住，大乘菩萨的修行阶位） a.317/11

abışık< Skt.abhişeka（灌水，受職，灌頂） a.214/12

abıta< Skt.amitābha（阿弥陀，无量寿） a.34e/6

abıyas< Skt.abhyāsa（梵众天） a.86/14

açala< Skt.acalā（不动地）[3] a.318/2

açarı< Skt.ācārya（法师） a.3/14

adıçtıt< Skt.ādicitta（佛教术语，不思议） a.68/7

adıkarmikı< Skt.ādikarmika（新入教者） a.68/7

adıştıt< Skt.adhiṣṭhita（存立，建护） a.32/8

agad< Skt.agada（伽陀陀，万病总治的一种药） a.534/21

agar< Skt.agaru（沉香，药用植物） a.476/4

agatı< Skt.āgata（传授，所得） a.466/5

akanıştaparyan< Skt.akaniṣṭhaparyṇa（色竟天） a.308/16

akaş< Skt.ākāśa（空界，虚空） a.684/15

akaşagarbı< Skt.ākāśagarbha（无穷无尽） a.36/12

---

① Ceval Kaya, *Uygurca Altun Yaruk: Giriş*, *Metin ve Dizin*, Ankara: Baskı Görsel Sanatlar Ltd., 1994, p.57.

② “/”前数字表示节或段，“/”后数字表所在行，下同。

③ 即大乘菩萨道的修行阶位，将菩萨修行的过程分为十地。

akaşobı< Skt. akaşobhya（不动如来，即五方佛中的东方佛）a.174/15

alangkarakalyanı< Skt.alaṃkārakalyāṇa（庄严） a.174/1

aloka çıntamanı< Skt.ālokacintāmaṇi（明，明照） a.371/23

amalaprabı< Skt.amalaprabhā（清净无垢，无垢，圣慧） a.393/23

amanç< Skt.amātya（著名） a.585/9

ambar< Skt. ambara（“余甘子”，属豆科之果树果树名称）a.34f/6

amıtaayusı< Skt.amıtāyus（无量寿） a.173/12

amoga şırı< Skt.amoghaśrı（不空，不虚） a.33/15

anabarak< Skt.anabhraka（无云天，色界十八天之一） a.143/11

anabataptı< Skt.anavatapı，anubatat（无热天） a.679/23；425/11

anagam< Skt.anāgāmın（阿那含）① a.144/6

anand< Skt.ānanda（阿难陀，佛陀十大弟子之一） a.34b/22

anantaraş< Skt.ānantarya（邺，佛教中禁忌的行为） a.507/17

ananto< Skt.nalada（芦苇花） a.476/6

anaz< Skt.anātha（孤，无主，无依） a.170/4

angmagad< Skt.aṅgamagadha（分） a.172/7

antıray< Skt.antarāya（障） a.78/13

anubatat< Skt.anavatapta.krş.anabataptı（无热天池） a.685/2

apandar< Skt.avatāra（了达，得） a.31/19

apıçramanı（？）< Skt.（？）② a.25/16

apıramanı< Skt.apramāṇa（无边，无量） a.25/21

---

① 佛教修行者进入圣道的果位之一，为声闻乘之中的第三果。

② 梵语来源不明。

apramanab< Skt.apramāṇābha(无量光天)　a.143/5

apramanaşub< Skt.apramāṇaśubha(无量净天)　a.143/9

aranyadan< Skt.ārṇayadhānī(森林)　a.196/10

arçıșmatı< Skt.arcişmatı(焰慧地)①　a.36/19

arhant< Skt.arhant(阿罗汉)　a.34b/11

arırı< Skt.harītakī(诃子,阿黎勒果,中药名)　a.595/18

arjı< Skt.rşi.krş.ırjı(神仙,仙人)　a.98/21

aryaavalokıtaışvarı< Skt.āryāvalokiteśvara(观自在佛)　a.361/8

aryasang< Skt.āryasaṅgha(阿僧伽)②　a.678/16

aryavaçıradara< Skt.āryavajradhara(执金刚杵)　a.678/17

asankavibagbumı < Skt. asaṃkhyavibhāgabhūmi (不定地) a.313/16

asankı< Skt.asaṃkhyeya(无数,无量)　a.3/8

asıçanakadarşın< Skt.asecanakadarśana(可爱,殊妙)　a.378/4

astrayastırış< Skt.trayastriṃśāḥ(三十三天)　a.142/13

astup< Skt.stūpa(舍利塔)　a.29/2

asurı< Skt.asura(阿修罗)　a.299/19

aşırvat< Skt.rājavarta(绀青色)　a.347/3

aştamabumı< Skt.aşṭamabūmi(八地)　a.324/24

atap< Skt.atapa(无热)　a.143/16

avış< Skt.avīci(地狱,佛教八大地狱之一)　a.99/14

avayvartitik< Skt.avaivartika(不退菩萨)　a.99/14

azragunçuvud< Skt.zargunçvud(凌霄花)　a.476/5

---

① 大乘菩萨十地修行中的第四地。

② 无着菩萨,为法相宗之祖。

babagır< Skt.bhavāgra.krş.bavagır(非想非非想) b.351/9

badurıkır< Skt.bhadrika(五比丘之一的名称) b.34b/13

baladıvaçı< Skt.baladhvajā(定力) b.547/25

balı< Skt.bala(末梨,国王名称) b.27/6

bançana< Skt.vacā(蒲,一种药材) b.475/20

baranas< Skt.vārāṇasī(梵语 Benares,城市之名) b.31/6

barhatpal< Skt.bṛhatphala(广果天) b.143/14

bındatu< Skt.(?)(粗棉布,梵语拼写不明)

bodı< Skt.bodhi(菩提,菩萨) b.25/20

bımba< Skt. bimba(频婆果,印度有频婆树,即"相思树") b.348/20

bodıpakşık< Skt.bodhipākşika(菩提分) b.197/15

bodısatav< Skt.bodhisattva(菩萨) b.197/15

brahamakayık< Skt.brahmakāyika(梵身天) b. 142/22

brahamlok< Skt.brahamloka(梵世界,梵界) b. 668/19

brahamapurohit< Skt.brahmapurohita(梵辅天) b. 142/23

brahaman< Skt.brahman(梵天) b.34h/18

butımata< Skt.bhūtamātā(诸法无我) b.510/1

buyan< Skt.buṇya(功德,善根) b. 11/20

çahşapud< Skt.śikşāpāda(十戒) ç. 21/10

çahşapudmanggal< Skt.śikşāpada-maṅgala[1](吉祥集) ç.169/4

çakır< Skt.cakra(法轮,金刚轮) ç.392/13

çakıravart< Skt.cakravartin(转轮王) ç.142/6

---

① "śikşāpada 戒,学处,学足;maṅgala 吉祥"。林光明、林怡馨主编:《梵汉大词典》,第1171、703页。

çaluk< Skt.jalukā(蛭虫)　ç.34g/10

çambu< Skt.jambu(阎浮,一种生长在印度南方的大型乔木) ç.34f/3

çambudıvıp< Skt.jambudvīpa(南赡部洲)　ç.108/7

çambunad< Skt.jāmbūnada(阎浮檀)　ç.658/22

çamuka(?)< Skt.(?)　ç.476/1

çamuka(?)< Skt.(?)+vajra[①]　ç.678/15

çanarşabı < Skt. janarşabha(推测为"某一人群或类人")[②] ç.441/8

çandal< Skt.caṇḍāla(刽子手)　ç.551/20

çandaru< Skt.candana(栴檀,栴香)　ç.476/4

çaramabavıkı< Skt.caramabhavika(現身得,补处)　ç.314/18

çatık< Skt.jātaka.krs.çetik(佛界本生经,本缘)　ç.217/11

çaturı< Skt.cātura(设羝噜,佛教认为有四方雷电王)　ç.466/7

çaturmaharançık< Skt.caturmahārājāyika(四天王)　ç.142/12

çaturtabumı< Skt.caturthabhūmi(四,第四)　ç.324/14

çaytıl< Skt.caitya(塔庙,寺)　ç.3/18

çımpal< Skt.cāpāla(动摇,遽)　ç.32/10

çından< Skt.candana(栴檀,栴香)　ç.476/4

çıntamanı< Skt.cintāmaṇi(如意宝珠)　ç.70/3

çit< Skt.jeta(祇陀王子)　ç.31/13

çudaprabı< Skt.cūḍaprabha(主多光,西方之电王名称)　ç.466/9

dana< Skt.dāna(供养,布施)　d.322/2

---

① 前部分梵语词源不明,vajra 有"金刚,金刚杵,霹雳"之义。

② janar 是梵语复合词组成部分,jana 后面常接 nas,janar-loka 则是主要复合词的一部分,它是阳性词,janar=jana-l°,据此推测该词为"某一人群或类人"。

danavatı< Skt.dhanavatı(财物) d.322/2

daranı< Skt. dhāraṇī (陀罗尼,有“总持、能持、能遮”等义) d.322/2

darma< Skt.dharma(法,法门,佛法) d.30/4

darmadan< Skt.dharmadāna(法施) d.26/22

darmaçakır< Skt.dharmacakra(法论,法轮) d.31/7

darmadıvaçı< Skt.dharmadhvaja(法天,一佛神名称) d.174/3

darmamıg< Skt. dharmamegha (法云地,修行第十个阶位) d.318/17

darmaotarı< Skt. dharmottara (法上部,为小乘二十部之一) d.174/2

dartıraştırı< Skt.dhṛtarāṣṭra(持国天王) d.398/23

daşamabumı< Skt.daśamabhūmi(佛地) d.325/4

daşaprabası< Skt.daśaprabhāsa(十到彼岸,十度) d.173/17

dipangkari< Skt.dīpaṃkara.krş.dıpankarı(定光佛) d.521/23

dišit< Skt.deśita .krş.(?)düşüt(忏悔) d.138/13

düşüt(?)< Skt.deśita .krş.(?)dışıt(忏悔) d.126/17

dıvaındıraprabı< Skt.devandraprabha(天自在光王) d.585/2

dıvıp< Skt.dvīpa(周围) d.206/7

dundubaşuvarı< Skt.dunduhiṣvara.krş.dundubışuvarı(云自在灯王佛) d.357/14

dundubışuvarı< Skt.dunduhiṣvara.krş.dundubaşuvarı(云自在灯王佛) d.n522/7

duranggama< Skt.dūraṃgamā(远行地) d.317/8

duşkaraçaar< Skt.duṣkaracaryā(苦行) d.659/15

duvutıyabumı< Skt.dvitīyabhūmi(第二圣地) d.324/10

dyan< Skt.dhyāna(定,禅那)　d.25/5

erdini< Skt.ratna(如意宝,宝珠)　e.2/17

gandahasta< Skt.gandhahastī(香象,菩萨名)　g.681/14

gandamadın< Skt.gandhamādana(香山,佛教圣地)　g.34h/13

gandaraşı< Skt.gandharāśi(香味)　g.357/23

gandarvı< Skt.gandharva krş.gandırvı(香神)①　g.28/10

gandırvı< Skt.gandharva krş.gandarva(香神)　g.n665/6

gang< Skt.gaṅgā(恒伽河,佛教徒朝拜地之一)　g.85/9

garh< Skt.graha(执)　g.684/16

garudı< Skt.garuḍa(金翅鸟)　g.678/23

gayakaşapı< Skt. gayākāśyapa(迦叶,佛陀十大弟子之一) g.34b/17

gorç< Skt.gorocanā.krş.goroçana,goronç(牛黄)　g.n475/21

götem< Skt. gautama(瞿昙,印度刹帝利种之中的一个姓) g.682/21

gratırakut< Skt.gṛdhrakūṭa(耆阇崛,即灵鹫山)　g.25/8

guguh< Skt.guggula(安息香)　g.440c/1

gunaprabsı< Skt.guṇaprabha(古师名,德光)　g.173/15

gunaprabasi< Skt.guṇa-prabhāsa②(功德普照)　g.357/18

gunavaypulı< Skt.guṇa-vaipulya③(功德增长)　g.357/16

huma< Skt.umā(纪,女神名称)　h.502/11

hung< Skt.hūṃ(吽)　h.27/20

---

① 佛教八部中第四位。

② “guṇa 功德;prabhāsa 光明,普照”。林光明、林怡馨主编:《梵汉大词典》,第 475、900 页。

③ “guṇa 功德;vaipulya 增长,扩大”。林光明、林怡馨主编:《梵汉大词典》,第 475、1374 页。

ıkşuvaku< Skt.ikşvāku(Ikshvakud 王某一儿子) I.680/22

ındırahast< Skt.indrahasta.krş.ındırahastu(植物药)① I.475/24

ındırı< Skt.indriya(情,根性,相) I.401/5

ınyana< Skt.jñāna(智慧) I.31/10

ırjı< Skt.ṛşi .krş.arj(神仙) I.346/17

ırşı< Skt.īrşyā(妒忌,嫉心) I.32/2

ısdavrı(?)< Skt.(?) I.404/1

kadal< Skt.kadala(香蕉树) k.300a/22

kalavıng< Skt.kalaviṅka(好声鸟,妙音鸟) k.646/6

kalp< Skt.kalpa(劫) k.83/22

kalpavarkaş< kr.kalpavṛkṣa(如意,如意树) k.685/5

kalyanaprabı< Skt.kalyāṇaprabha(善,善巧) k.173/14

kalyanaşırı< Skt.kalyāṇaśrı(意乐,慈仁) k.173/23

kalyanaşırı< Skt.kanakamuni(拘那含佛) k.678/20

kançangırı< Skt.kāñcanagiri(金城山菩萨) k.36/6

kançanakoşı< Skt.kāñcana-kośa(金库) k.522/11

kançanagapatı< Skt.kāñcanagapati(金龙王) k.346/1

kançanaprabı< Skt.kāñcanaprabha(光亮如黄金的) k.352/21

kançanasarpı< Skt.kāñcanasarpa(金龙) k.352/2

kapılavastu< Skt.kapilavastu(毗罗卫,一城市名) k.30/21

karaja< Skt.kāṣāya(袈裟) k.575/20

karasu< Skt.karasu(婆律香,即龙脑香,一植物名) k.476/6

karını< Skt.kāriṇī(能作,能持) k.504/1

karkasundı< Skt.krakucchanda(拘楼孙佛) k.678/19

① 即白皮或人参。

karmapat< Skt.karmapatha(清规戒律,戒)　k.443/20

karmdɪ(?)< Skt.kṛmita(?)[1]　k.28/21

karşapan< Skt. kārṣāpaṇa(波拿,古印度的一种重量单位) k.442/11

karunavakɪramantɪk < Skt. karuṇā-avakramantikā (慈, 慈悲) k.314/11

karşɪp< Skt.kāśyapa(迦叶佛)[2]　k.678/20

kanundɪnɪ< Skt.kanuṇḍinya(佛教的五比丘之一)　k.n497/8

kavşal< Skt.kauśala(胜智,善,善巧)　k.31/5

kavşɪkɪ< Skt.kauśika(尸迦,悉昙四十二字门之一)　k.83/18

kɪnarɪ< Skt.kiṃnara(紧那罗,佛教八部众之第七)　k.n65/6

kɪrtyaanustananaɪnyana< Skt. kṛtya-anusthāna-jñāna(成所作智)[3] k.322/23

kɪsarɪ< Skt.kesarin(狮子)　k.207/22

kɪşantɪ< Skt.kşānti.krş.kşanti(忍,忏悔)　k.138/6

kɪşatɪrɪk< Skt.kṣatriya .krş. kuşatrɪ(刹帝利,王种)　k.683/5

kɪşɪtɪgarbɪ< Skt.kṣitigarbha(地藏菩萨)　k.679/11

kondɪnɪ< Skt.kauṇḍinya.krş.kaundɪnɪ(大器)　k.679/13

koltɪ< Skt.koṭi(千万)　k.30/22

kşan< Skt.kşaṇa(刹那,念,須臾)　k.44/12

kşantɪ< Skt.kşānti.krş.kɪşanti(忍,忏悔)　k.18/20

kuha(?)< Skt.kuhā(谄媚)　k.28/21

kumbandɪ< Skt. kumbhāṇḍa(吉槃荼,佛教中有大力之鬼)

---

① krimi[=kṛmi]恶虫、虫。林光明、林怡馨主编:《梵汉大词典》,第611页。

② 过去七佛中之第六佛,释迦牟尼的前世师傅。

③ 佛教中的五智之一。

k.400/19

kunkuma< Skt.kuṅkuma(姜黄,植物名) k.476/6

kurıgar< Skt.kūṭāgāra(重阁精舍) k.28/33

kuşalabas(?)< Skt.kuśala+(?)① k.28/21

kuşalamul< Skt.kuśalamūla(善根) k.165/22

kuşanagır< Skt.kuśinagara(拘尸城) k.32/12[=1]

kuşatrı < Skt. kṣatrıya krş. kışatırık(刹帝利,君子,王种) k.34ğ/24

kuşavatı< Skt.kuśāvatī(吉祥草) k.572/7

kuştı< Skt.kuṣṭha(疥癞,癞) k.476/14

kuudaraça(?)< Skt.(?)+raja(?)② k.259/20

kuşatrı< Skt.kṣatriya(幡盖) k.315/1

kümüd< Skt.kumuda(拘物投,一种黄莲花) k.313/24

kürküm< Skt.kuṅkuma(姜黄,郁金香) k.476/6

lakşan< Skt.lakṣaṇa(形相) l.450/17

lıçavı< Skt.licchavi(仙族王种) l.34h/23

lıvang< Skt.lavaṅga(凌霄花) l.476/5

lokadatu< Skt.lokadhātu(三千大千七宝世界) l.508/13

lukura< Skt.(?) l.476/11

lumbınavan< Skt.lumbīvana(蓝毗尼,释迦牟尼诞生地) l.30/19

magad< Skt. magadha(伽陀,古印度佛教发源中心之一) m.30/25

mahabala< Skt.mahābala.krş.mahabali(摩诃婆罗) m.679/10

---

① kuśala 为"善性、善根"等词义,该词后半部分不明。

② 前半合成词不明,rāja"王"之义。

mahabodı< Skt.mahābodhi(大菩提,佛教中的圣树) m.30/25

mahaboga< Skt.mahābhāga(麝香,药物名) m.475/21

mahabrahmı< Skt.mahābrahma(大梵天) m.143/2

mahabut< Skt.mahābhūta(四大)① m.367/1

mahadıvaçı< Skt.mahādhvaja(释迦摩尼的继承人) m.522/1

mahadıvı< Skt.mahādeva(大自在) m.608/4

mahakalp< Skt.mahākalpa(大劫) m.45/10

mahakaşapı < Skt. mahākāśyapa. krş. mahakşıp.(摩诃迦叶) m.34b/14

mahamandarık< Skt.mahāmandāraka(陀罹花园) m.456/7

mahamya< Skt.mahāmāyā(摩诃摩耶,佛陀的母亲) m.642/21

mahamodgalyayanı < Skt. mahā-maudgalyāyana(大目犍连) m.34b/21

mahanama< Skt.mahānāma(摩诃男尊者) m.34b/12

mahaparınırvan< Skt.mahāparinirvāṇa(大般涅槃) m.277/7

mahapınggarlı< Skt.mahāpiṅgala(一种大树) m.361/9

mahapratçapatı < Skt. mahāprajāpatī(释迦摩尼的姨母) m.642/23

maharanç< Skt.mahārāja krş.maharança(天王) m.26/19

maharatı< Skt. mahāratha(大车,"瞻部州国"国王之名) m.607/9

mahasamudrı< Skt.mahāsamudra(大海) m.361/7

mahasatav< Skt.mahāsattva krş. mahasatvı(摩诃萨埵) m.359/9

mahayan< Skt.mahāyāna(大乘) m.34/10

① 佛教中地、水、火、风等四种元素。

mahɪşvarɪ< Skt.maheśvara(大自在天) m.425/9

mahoragɪ< Skt.mahoraga(佛教八部众之一,大蟒神) m.578/8

manasɪ< Skt.manasvin(佛教八大龙王之一) m.471/11

mançşɪrɪ< Skt.mañjuśrī(文殊师利菩萨) m.30/17

mandal < Skt. maṇḍala(曼荼罗,有“坛、坛场、聚集”等义) m.440ç/23

mandarɪk< Skt.mandāraka(庄稼) m.83/10

manggal< Skt.maṅgala(吉祥) m.26/22

manɪbadarɪ< Skt.maṇibhadra.krş.manɪbadrɪ(佛教七大将领之一) m.425/10

marɪm Skt.marmā+(?)(词义不明,后缺) m.679/12

maytɪrɪ< Skt.maitreya krş.maytrɪ(弥勒佛) m.669/4

mɪtsɪdutagun< Skt.(?)+dhūtaguṇa(?)[1] m.e1/21

modalyayanɪ< Skt.maudgalyāyana(目犍连) m.507/14

mokşanabakɪ< Skt.mokṣaṇabhāk(波罗提,有“解脱邪恶”义) m.312/14

monavɪra(?)< Skt.(?) m.475/22

mukuytu< Skt.(?)(香附子) m.476/3

nadɪkaşapɪ< Skt.nadīkāśyapa(迦叶) n.34b/18

nagakɪsara< Skt.nāgakesara(龙华) n.476/13

nagarçunɪ< Skt.nāgārjuna(龙树) n.33/13

namobuddaya-namodaramaya-namosaggaya < Skt. namobuddh-āya-namo-daharmāyanamaḥ-sanghāya(南无佛 南无法 南无僧) n.2/1

① 前梵语词源不明,dhūtaguṇa 有“杜多功德、头陀苦行”义,即修行人能对治贪心、修杜多功德,能修学圣道、成就圣道。

namortnatɪrayaya< Skt.namo-ratnatrayāya（南无三宝）　n.678/1

nandɪ< Skt.nanda（难陀）　n.491/8

narayan< Skt.nārāyaṇa（Vishnu 的另一个名字）[1]　n.208/17

narayançan< Skt.nairañjanā（恒河一支流名）[2]　n.31/1

nayrayansupradɪştɪt< Skt.nairañjanā-supratiṣṭhita（尼连禅河，城市名）[3]　n.260/15

nayut< Skt.nayuta（十万，千亿）　n.3/8

nɪrmanaratɪ< Skt. nirmāṇarati（佛教欲界六天中的第五天）　n.142/15

nɪrvan< Skt.nirvāṇa（圆寂，寂静）　n.32/16

novamabumɪ< Skt.navamabhūmi（善慧地）　n.325/2

oom< Skt.oṃ（嗡）　o.201

oomahung< Skt.oṃahūṃ（嗡嘛吽）　o.28/24

padak< Skt.pādaka（佛教术语，钵陀）　p.167/3

padmavɪçayɪ< Skt.padmavijaya（佛神之名）　p.358/2

pançamabumɪ< Skt.pañcamabhūmi（难胜地）[4]　p.324/17

pançamandal< Skt.pañcamaṇḍala（五轮）　p.132a/22

pançaşɪkɪ< Skt.pañcaśikha（五佛顶）　p.509/16

panɪt< Skt.phāṇita（沙糖，砂糖）　p.544/10

paramɪt< Skt.pāramitā（到彼岸，彼岸）　p.45/9

parɪnɪrmɪtavaşavartɪ< Skt. paranirmitavaśavartin（他化自在天）　p.142/16

---

① 印度教中最高的绝对存在神，被认为是 Vaishnavism 中的至高神。

② 今 Lilaja 河，佛陀在该河流附近的一棵皮帕拉树下开悟，这棵树后来被称为菩提树。

③ nairañjanā 尼连禅河，Supratiṣṭhita 是位于 Pratiṣṭhāna 的城市名称。

④ 佛教中十地中的第五地。

parɪtab< Skt.parɪttābha(少光天) p.143/3

parɪtaşub< Skt.parɪttaśubha(少净天) p.143/8

parmanu< Skt.paramāṇu(灰尘) p.75/9

partagçan< Skt.pṛthagjana(凡人) p.41/10

patu< Skt.paṭu(珠子) p.515/17

pɪppɪlanguh< Skt.pippalaguhā(毕波罗,毕钵) p.32/4

potara< Skt.pattra(枧多树,贝叶) p.476/9

praba< Skt.prabhā(光,光明) p.683/9

prabangkarɪ< Skt.prabhaṃkara(发光佛) p.173/19

prabangkoşɪ < Skt. prabhaṃkośa. krş. prabankoşɪ (光明藏) p.n521/20

prabaraçavɪçayɪ < Skt. prabhārājavijaya (佛教某一时代) p.393/21

pramudɪt< Skt.pramuditā(欢喜地) p.315/18

pranɪdanɪ< Skt.praṇidhāna(作愿) p.322/18

pratamabumɪ< Skt.prathamabhūmi(发光地) p.324/8

pratɪştapan< Skt.pratiṣṭhāpana(建立,安置) p.686/18

pratnayadɪvaçɪ< Skt.prajñādhvaja(慧行) p.547/39

pratya< Skt.prajñā(般那) p.26/24

pratyapatɪ< Skt.prajāpati(生主,大世主) p.493/15

pratyɪkabud< Skt.pratyekabuddha(缘觉) p.80/15

prit< Skt.preta(灵,饿鬼) p.99/21

pundarɪk< Skt.puṇḍarīka(一种莲花) p.313/24

punyaparsab< Skt. puṇyaprasava(福生天,色界十八天之一) p.143/13

puranprabɪ< Skt.puraṃprabha(夜叉八大将之一) p.173/20

purnbadɪrɪa< Skt.pūrṇabhadra(满贤马主) p.28/16

puş< Skt.puṣya(弗沙,二十八宿中鬼星名也) p.476/15

puşpak< Skt.puṣpaka(佛教中的神圣宫殿) p.518/21

raçabrahmɪ< Skt.rājabrahma(婆罗门王) r.174/4

raçabumɪ< Skt.rājabhūmi(为王) r.279/23

raçagarh< Skt.rājagṛha(罗阅城,佛教圣地之一) r.32/4

raçamuktɪ< Skt.rāja-mukta(王冠)① r.393/22

raçaratnaprabasɪ< Skt.rājaratnaprabhāsa(宝王) r.185/11

raçaşastɪr< Skt.rājaśāstra(王室之技艺) r.547/37

rahu< Skt.rāhu(罗睺星) r.617/6

rajɪravart< Skt.rājavarta.krş.aşɪrvat(一种宝石) r.651/12

raşas< Skt.rakşas(邪鬼) r.641/6

rasɪyan< Skt.rasāyana(金丹) r.683/13

ratnaalangkarɪ< Skt.ratnālaṃkāna②(珍宝装饰) r.189/22

ratnaçandɪrɪ< Skt.ratnacandra(宝月) r.521/21

ratnaşɪkɪ< Skt.ratnaśikhin(宝髻) r.358/5

ratnadɪvaçɪ< Skt.ratnadhvaja(宝幢) r.521/17

ratnadɪvɪ< Skt.ratnadeva(印度中部王朝统治者名) r.n521/17

ratnakar< Skt.ratnākara(伽罗) r.391/23

ratnakoşɪ< Skt.ratnakośa(宝藏天) r.357/20

ratnangkarɪ< Skt.ratnakara(宝生) r.173/18

ratnanɪmɪtɪ< Skt.ratnanimitta(宝幢,庄严佛菩萨之旗帜) r.357/10

---

① rāja"王"义,mukta 过去受动分词,有"解脱、离散"等义,mukta[= muktā,韵律]有"真珠"义。[日]荻原云来编纂,过直四郎监修:《梵和大辞典》,第 1044 页。

② 疑应为"ratnā-alaṃkārratnā"合成词,ratnā 珍宝,宝具;alaṃkāra 装严具"。林光明、林怡馨主编:《梵汉大词典》,第 1022、68 页。

ratnaottarɪ< Skt.ratnottara(宝上天) r.358/7

ratnaprabasɪ< Skt.ratnaprabhāsa(宝光天) r.679/15

ratnapuşpɪ< Skt.ratnapuṣpa(宝华) r.514/22

ratnaraşɪ< Skt.ratnarāśi(珍宝聚) r.572/12

ratnaşɪkɪ< Skt.ratnaśikhin(宝髻) r.358/5

ratnavaçɪr< Skt.ratnavajra(宝金刚) r.112/19

rɪdɪ< Skt.ṛddhi(身,色法,即肉体) r.131/20

ruçɪrakɪtu< Skt.ruciraketu(妙幢菩萨) r.345/15

sablokadatu< Skt. sabhālokadhātu. krş. savlokadatu(娑婆世界) s.187/2

sadarmapundarɪk< Skt.saddharmapuṇḍarīka(法华经) s.276/15

sadu< Skt.sādhu(善,为善) s.24/24

sadumatɪ< Skt.sādhumati(善慧地,菩萨十地中第九地) s.318/9

sakandɪ< Skt.skandha(塞建陀,蕴) s.502/13

sakardagam< Skt. sakṛdāggāmin(一度来果)/sakṛd-āgāmin(证一来果) s.144/5

samadɪ< Skt.samādhi(一心,禅定) s.68/17

samantabadrɪ< Skt.samantabhadra(普贤之德) s.584a/10

samantadarşanɪ< Skt.samantadarśana(平等见佛) s.358/4

samantaprabɪ< Skt.samantaprabha(晋光佛) s.173/21

samapda< Skt.samāpta(三波多) s.403/20

sançanaçavɪ< Skt.(?) s.425/7

sangkaş< Skt.sāṃkāśya(光明) s.31/19

sanɪpat< Skt.saṃnipāta(伤寒) s.588/22

sansar< Skt.saṃsāra(轮回) s.588/22

sanvar< Skt.saṃvara(戒) s.169/4

saparɪr< Skt.sphaṭika.krş.sɪparɪr,sɪparur(玉,琉璃) s.119/16

saparka< Skt.spṛkka(目蓿香) s.475/21

sapatamabumɪ< Skt.saptamabhūmi(善慧地) s.324/22

sarasvatɪ< Skt.sarasvatī(大辩天) s.425/4

sartavahɪ< Skt.sārthavāha(商主) s.211/16

satçarsɪ(?)< Skt.(?) s.476/13

sav(2)< Skt.sabhā(天宫,众) s.508/13

sengrem< Skt.saṃgharāma(僧伽蓝,寺) s.135/19

sɪdarşa< Skt.sudṛśa(爱身天) s.143/18

sɪdarşan< Skt.sudarśana.krş.sudarşanɪ(乐见) s.143/19

sɪdɪ< Skt.siddhi(得成,成就) s.447/21

sɪmbagu(?)< Skt.sīma+(?)(?)① s.447/18

sɪnhanɪmɪtaprabangkarɪ < Skt. siṃhanimittaprabhaṃkara. krş. sɪnhanɪmɪtaprabankarɪ(狮子相显现)② s.201/12

sɪnhaprabasɪ< Skt.siṃha-prabhāsa(狮子光)③ s.173/16

sɪparɪr< Skt.sphaṭika krş.saparɪr,sɪparur(玉,琉璃) s.384/17

sɪrɪjava(?)< Skt.(?) s.476/11

şɪravasat< Skt.śrāvastī(舍卫国) ş.31/11

şɪrɪkşɪ< Skt.śrīkāśī(吉祥) ş.27/3

şɪrɪkɪnɪ< Skt.śrīkanya(功德) ş.425/5

şɪrɪşa< Skt.śirīṣa(一种花之名) ş.475/23

şɪvatşɪr Skt.tvakkṣīra.krş.şuvatşɪr(甘露竹) ş.n476/7—8

sodamarɪ(?)< Skt.(?)(苏多末尼) s.446/10

---

① sīm 有"疆界之义",后半部构词不明。

② siṃha-nimitta-prabhaṃkara 复合词,siṃha 狮子,nimitta 相、状相,prabhaṃkara 照耀。

③ "siṃha 狮子;prabhāsa 光明"。林光明、林怡馨主编:《梵汉大词典》,第 1174、900 页。

somakaşɪmɪ< Skt.somakṣema.krş.somakɪşɪmɪ(月) s.n522/14

somakɪtu< Skt.somaketu(月神) s.25/12

somadɪvaçɪ< Skt.somadhavaja(月天佛) s.522/9

somakaşɪmɪ< Skt.somakṣema krş.somakɪşɪmɪ(甘露) s.n522/14

somavɪ(?)< Skt.soma+(?) s.502/19

strayastɪrɪɪş < Skt. trayastrimśāḥkrş. astrayastɪrɪş (三十三天) s.n552a/7

stup< Skt.stūpa krş.astup(舍利塔,灵庙) s.606a/2

suçatɪ< Skt.sujāta(善生,妙生) s.570/6

sudarşanɪ< Skt.sudarśana.krş.sɪdarşans(善见) 34h/22

sudɪmɪka(?)< Skt.(?) s.476/8

sudɪran(?)< Skt.(?) s.270/22

sudur< Skt.sūtra(经) s.34k/11

sudurçaya< Skt.sudurjayā(难胜地) s.317/3

sukavatɪ< Skt.sukhāvatī(净土宗) s.46/21

sukşumur< Skt.sūkṣmailā(妙,微妙) s.476/8

sumɪr Skt.sumeru(须弥山) s.46/17

sundarɪ< Skt.sundarɪ(阇战遮,佛教中神仙女士) s.137/17

supratɪşɪta< Skt.supratiṣṭhita.krş.supratɪşɪtɪ(妙住,善住) s.503/1

supravɪ< Skt.suprabha(善觉长者) s.174/3

supuşpɪ< Skt.supuṣpa(肥壮) s.518/19

suvarnabasu< Skt.suvarṇabhāsa(最胜金光明经) s.354/22

suvarnabɪmuk< Skt.suvarṇabhimuka①(一种仪式) s.354/22

---

① "新娘和新郎向一块已掉落的金子洒水", Monier Williams, M.A., *A Sanskrit-English Dictionary: Etymologically and Philologically Arranged*, Oxford: At The Clarendon Press, p.1130.

suvarnadɪvaçɪ< Skt. suvarṇadhvaja[1]. krş. suvarnandɪvaçɪs(地点，在 Adakavatī 地方）　n521/18

suvarnavasu< Skt.suvarṇavasu(金沙）　s.n354/22

suvastɪ< Skt.svasti(安乐，福）　s.404/1

suvastɪkɪ< Skt.svastika(吉祥，德字）　s.173/22

suvastɪksɪ(?)< Skt.(?)　s.17/8

svaha< Skt.svāhā(祝福）　s.496/23

şadtɪ(?)< Skt.(?)　ş.316/13

şakɪ< Skt.śākya(释，释迦）　ş.654/11

şakɪmunɪ< Skt.śākyamuni(释迦牟尼）　ş.25/7

şala< Skt.śāla(婆罗树）　ş.32/15

şamat< Skt.śāmatha[2](宁静，安宁）　ş.280/22

şardul< Skt.śārdūla(狮子）　ş.681/18

şarɪputɪrɪ< Skt.śāriputra krş.şariputrɪ(舍利补担罗）　ş.34b/19

şariputrɪ< Skt.śāriputra krş.şarɪputɪrɪ(舍利补担罗）　ş.81/14

şarɪr< Skt.śārīra(佛舍利，佛骨）　ş.34g/2

şarukɪ(?)< Skt.(?)　ş.476/10

şasan< Skt.śāsana krş. şasɪn(法教，法轮）　ş.27/1

şasɪn< Skt.śāsana krş.şasan(法教，法轮）　ş.29/9

şastɪr< Skt.śāstra(论，佛教的一切教法和理论）　ş.585/21

şaştamabumɪ< Skt.ṣaṣṭhamabhūmi(第六）　ş.324/19

şastu< Skt.setu(桥，桥梁，台）　ş.34g/17

şɪkɪ< Skt.śikhin(尸弃）　ş.678/19

---

① Franklin Edgerton, *Buddhist Hybrid Sanskrit Grammer and Dictionary*, Vol. Ⅱ, New Haven: Yale University Press, p.603.

② Ibid., p.523.

şıla< Skt.śīla(尸罗,波罗蜜名称) ş.322/4

şıravasat< Skt. śrāvastī[1](一城市名,由 śrāvasta 建造的城市) ş.31/11

şırıdıvı< Skt.śrīdevī(提婆,道希) ş.503/14

şırıkşı< Skt.śrīkāśī(吉,吉祥) ş.27/3

şırıkını< Skt.śrīkanya(大吉祥天) ş.425/5

şırımatı< Skt.śrīmati(有德) ş.503/16

şırışa< Skt.śirīṣa(合欢树,有吉祥之意) ş.475/23

şırunggasamabodı< Skt. śūraṃgamasamādhi. krş. şurunggasamābadı(健行三昧,首楞严三昧) ş.69/10

şışıdıvı< Skt.śiṣyadeva(室洒佛神) ş.503/11

şıvatşır< Skt.tvakkṣīra krş. şuvatşır(甘露竹) ş.n476/7—8

şlok< Skt.ślok krş. şlök(偈,赞颂) ş.n511/12—13

şorıtapan< Skt.śrotāpanna(预流) ş.144/5

şravak< Skt.śrāvaka(声闻,阿罗汉) ş.84/16

şubakrs< Skt.śubhakṛtsna(偏净,天地名) ş.143/10

şudavas< Skt.śuddhāvāsa(首陀婆,五净居天也) ş.508/7

şudodanı< Skt.śuddhodana(输头檀,释迦牟尼的父亲) ş.642/19

şuratı< Skt.śrota(佛教术语,入流) ş.164/16

şurunggasamābadı< Skt. śūraṃgamasamādhi. krş. şırunggasamabodı(健行三昧,首楞严三昧) ş.172/15

tagar< Skt.tagara krş.togara(木香,桂香) t.440c/3

tanvasın(?)< Skt.(?) t.30/5

---

① V.R.Ramachandra Dikshitar, *The Purāṇa Index*, Volume III, Madras: University of Madas, 1995, p.479.

tırşul< Skt.triśūla(三叉戟)　t.490/20

tırtı< Skt.tīrthika(六师)　t.31/17

tırtıyabumı< Skt. tṛtīyabhūmi(发光地,菩萨十地中的第三地) t.324/12

tışdantı< Skt.tiṣṭhantika(居住)　t.25/8

togara< Skt.tagara krş.tagar(木香,桂香)　t.476/5

tuşıt< Skt.tuṣita(兜率陀天,妙足天)　t.142/14

udaka< Skt.udaka(以圣水供奉祖先)　u.684/4

udakaburı< Skt.udaka+(?)(?)①　u.599/11

udakakalyanı< Skt. udakakayāṇa(与水相关的一种宗教仪式) u.599/11

udakanışandı< Skt.udakakaniṣyanda(长者子流水)　u.586/1

udumbar< Skt.udumbara(乌云跋,花之名)　u.352/5

udakatatı< Skt.uttaratatī(专有名词)②　u.585/9

upaya< Skt.upāya(因缘,大方便,方计)　u.322/16

urubibakşapi< Skt. uruvilvāśyapa(佛陀弟子三迦叶之一) u.34b/15

uşır Skt. uśīra. krş. uşıra(尸罗,佛教中六波罗蜜中之"戒行") u.476/10

utaranıdı< Skt.uttaranīdi(救度)　u.174/5

utpad< Skt.utpāda(原因)　u.532/21

utpal< Skt.utpala(莲华,青莲花)　u.313/23

---

① 前有"水、净水"义,后半部分不明。

② Uttara 为"Pravara 圣人",或"Irāvati 父亲和 Parīkṣit 岳父"。据此,推测 uttaratatī 专有名词,具体词义不明。V.R.Ramachandra Dikshitar, *The Purāṇa Index*, Volume I, Madras, 1955; Reprint: Delhi, 1995, p.217.

vaçɪr< Skt.vajra krş.vajɪr(金刚杵) v.27/17

vaçɪrapanɪ< Skt.vajrapāṇi(金刚神) v.27/15

vaçɪrasan< Skt.vajrāsana(金刚座床) v.172/10

vaçɪraupam< Skt.vajropama(遍照金刚佛) v.44/11

vajɪr< Skt.vajra krş.vaçɪr(金刚) v.34d/17

vasanabakɪ< Skt. vasanabhāk(薰，佛教三千界最前面部位) v.312/8

vasu< Skt.vasu(善，财物) v.491/2

vasundarɪ< Skt.vasuṃdhara(坚牢地神) v.425/6

vaydurɪ< Skt.vaiḍūrya(琉璃矿) v.81/5

vayrag< Skt.vairāga(厌舍，离，离贪) v.315/3

vayragyabumɪ< Skt.vairāgyabhūmi(离欲地) v.315/2

vayşalɪ< Skt.vaiśālī(舍厘离，古印度城市) v.32/9

vayşɪravanɪ< Skt.vaiśravaṇa(多闻天王) v.28/12

vayumandal< Skt.vāyumaṇḍala(风曼荼罗) v.208/16

vɪçayaprabɪ< Skt.vijayaprabha(辅输王佛) v.173/13

vɪdyaastan< Skt.vidyāsthāna(明处) v.255/20

vɪhar< Skt.vihāra(佛寺，寺院) v.135/19

vɪmala< Skt.vimala krş.vɪmalɪ(离垢) v.316/2

vɪmalɪprabɪ< Skt.vimalaprabha(无垢光明) v.358/10

vɪnay< Skt.vinaya(律，戒律，教化) v.270/2

vɪnd< Skt.vindhya(山名)① v.490/18

vɪpaşɪ< Skt.vipaśyin(胜观，种种见) v.678/19

vɪpaşyan< Skt.vipaśyanā(毗婆尸佛) v.280/22

---

① 连接东西部 Ghauts 山脉北端的一系列山脉。

vɪroçana< Skt.virocana(香竹)　v.476/7

vɪrudakɪ< Skt.virūḍhaka(增长天)　v.398/24

vɪrupakşɪ< Skt.virūpākṣa(西方广目天王)　v.398/24

vɪrya< Skt.vīrya(精进)　v.322/9

vɪşay< Skt.viṣaya(境界,缘,缘境)　v.78/5

vɪşabu< Skt.viśvabhū(一前佛)[1]　v.678/19

vɪşnu< Skt.viṣṇu(毗纽天,印度教三主神之一)　v.503/6

vɪyakrɪt< Skt.vyākṛti(授记,记)　v.394/1

vɪyançan< Skt.vyañjana(膳那,文)[2]　v.533/1

vid< Skt.vidhi(应知)　v.31/14

yakşa< Skt.yaṣa(阅叉天)　y.25/15

yam< Skt.yama(夜摩天)　y.142/14

yantɪr< Skt.yantra(木人,机)　y.365/13

yoçan< Skt.yojana(由旬,长度计量单位)　y.176/16

yi< Skt.ye(曳,有余師)　y.34/1

yɪbunɪ< Skt.yavānī(一种特殊植物)[3]　y.476/12

yogaranç< Skt.yogarāja(药王或特殊药物制剂)[4]　y.280/1

yög< Skt.yoga(修行,俱,巧便,成就)　y.278/2

---

① 指一个前佛,一般指七个如来中第三个,是 Krakucchanda 前身。Franklin Edgerton, *Buddhist Hybrid Sanskrit Grammer and Dictionary*, Vol. Ⅱ, p.502.

② 佛教的心不相应行法之一,七十五法之一。

③ 在印度磨成粉被用于咖喱的原料之一,对于治疗便秘、腹痛、拉肚子也有缓和作用,参阅 Monier Williams, M.A, *A Sansktit-English Dictionary: Etymologically and Philologically Arranged*, p.811。

④ Sir Monier Monier-Williams, M.A, K.C.I.E, *A Sanskrit-English Dictionary* (*New Edition, Enlarged and Improved*), Oxford: At The Clarendon Press, p.857.

第三节　回鹘文献《玄奘传》梵语借词研究

一、回鹘文《玄奘传》概况

1. 回鹘文《玄奘传》与译者

《大唐大慈恩寺三藏法师传》又有《大慈恩寺三藏法师传》《三藏法师传》《慈恩寺》《玄奘传》等之称，十卷。书题“唐沙门慧立本、释彦悰笺”。回鹘文《大唐大慈恩寺三藏法师传》，回鹘文 bodïs(a)tw taïto samtso ačarïnïng yorïɣïn uqïtmaq atlïɣ tsï ïn suïn tigmä k(a)wi nom bitig，意为讲述菩萨大唐三藏法师事迹的名叫《慈恩传》的经书，简称回鹘文《玄奘传》。本文献约在10—11世纪被翻译成了回鹘语，由胜光法师 šïngqo šäli Tutung(胜光阇梨都统)译自汉文。①

根据耿世民先生的研究，胜光法师约生活于我国北宋时期的高昌王国初期，他的出生地是别失八里。但从现存回鹘文文献来看，胜光法师除把《玄奘传》翻译成回鹘文外，还译有《金光明经》《观身心经》《大唐西域记》《八阳神咒经》等。② 从胜光法师的译著中可以看出，他不仅是一位精通本族语言文字的大师，同时他也是一位精通汉语文、熟悉我国历史和佛教典籍的翻译巨匠。③

---

① 吐送江·依明：《回鹘文〈玄奘传〉国内外研究情况综述》，《敦煌学辑刊》2017年第2期，第161页。

② 耿世民：《试论古代维吾尔族翻译家胜光法师》，《民族翻译》2011年第1期，第27—33页。

③ 耿世民：《回鹘文〈玄奘传〉及其译者胜光法师》，《中央民族学院学报》1990年第6期，第66—70页。

2. 回鹘文《玄奘传》收藏

1930年前后,回鹘文《玄奘传》在新疆出土,具体出土地点不明。该回鹘文文献写本落入一商人之手,后被拆散出售。其收藏情况如下:

(1) 北京国家图书馆藏本。北图本一部分由袁复礼于20世纪30年代参加西北科学考察团之西域探险时在乌鲁木齐购得,带回北京,售于北京图书馆(现国家图书馆),共242叶;一部分由海金(Joseph Hackin)在叙利亚至北京途中购得,共8叶,后交给冯·加班(A.von Gabain),现已归还国家图书馆收藏。

(2) 法国巴黎吉美(Musée Guimet)博物馆藏本。冯·加班(A. von Gabain)编号为No.47476,约123叶。据牛汝极教授描述,吉美博物馆本的回鹘文《玄奘传》有139个叶码,共275面,其中较大尺寸的残叶111件,小残片27叶54面。[①]

(3) 俄国圣彼得堡东方学研究所藏本。凡94叶。莉莉娅·吐古舍娃(Lilija Tugusheva)(1971年)发表过第十卷残叶,后来又于1980年发表第五卷之研究,1991年公开了俄藏的全部内容。

(4) 德国柏林本。德国科学院柏林分院收藏有原德国第一、二、三次吐鲁番考察团所获回鹘文《玄奘传》残片。现藏于德国科学院柏林分院。[②]

(5) 敦煌北区本。敦煌研究院石窟研究所研究人员于1988—1995年在莫高窟的北区石窟进行考古发掘,得到一批数量可观的汉、蒙、梵、叙利亚、西夏、藏、回鹘文等书写的佛教典籍残片。其中就有回鹘文《玄奘传》残片。(Yakup,2003)[③]

① 牛汝极:《回鹘佛教文献:佛典总论及巴黎所藏敦煌回鹘文佛教文献》,第277页。
② 林巽培:《回鹘文〈慈恩传〉的收藏与研究》,《民族语文》2013年第1期,第67—80页。
③ 同上书,第70页。

二、回鹘文《玄奘传》梵语借词研究

笔者钩稽回鹘文《玄奘传》梵语借词的主要材料来源：一个是林巽培《回鹘文慈恩传转写与汉字音研究》博士论文中的卷一到卷八(其论文的第95—557页)，一个是卡哈尔·巴拉提(Kahar Barat)的*Xuanzang: Ninth and Tenth Chapters*(Kahar Barat, Indiana University, Research Institute for Inner Asian Studies, Bloomington, Indiana, 2000)，还有一个是冯家昇的"回鹘文写本《菩萨大唐三藏法师传》研究报告"里的梵语借词。

回鹘文《玄奘传》第一卷梵语借词：

回鹘文《玄奘传》第一卷转写材料支离破碎，此卷可忽略不计。

bodi< Skt.bodhi(觉，得道) 07/I ①

回鹘文《玄奘传》第二卷梵语借词：

ved< Skt.veda(吠陀) Ht Pek 184b 13/II

šast(a)r< Skt.šāstra(经论) Ht Pek 184b 13/II

arhant< Skt.arhant(阿罗汉) Ht Pek 187b 52(3)/II

mančuširi< Skt.mañjuśrī(文殊师利) Ht Pek 187b 57(8)/II

bodis(a)(ta)[v]< Skt. bodhisattva(菩萨) Ht Pek 187b 57(8)/II

tužit< Skt.tuṣita(兜率天，妙足天) Ht Pek 189b 86(6)/II

abidarimkoš< Skt. abhidharmakośa(对法藏) Ht Pek 190a 91(7)/II

ačari< Skt.ācārya(法师) Ht Pek 192a 120(5)/II

pančav(a)ršïq< Skt. pañcavārṣika(无遮大会) HtPek 194a

① "/"前表示行，后罗马数字表示《玄奘传》卷数，下同。

135(4)/II

vrhar< Skt.vṛhat/ bṛhat(广大,弘)　Ht Pek 197B 143(1)/II

回鹘文《玄奘传》第三卷梵语借词：

mandal< Skt.maṇḍala(曼荼罗)　12(20)/III

kšanti< Skt.kşānti(忍,修忍)　43(24)/III

šariputre< Skt. śāriputra(舍利佛)　136(24)/III

m(a)hamay< Skt. Mahamaya(摩诃摩耶)　158(20)/III

šaqimuni< Skt.Śākyamuni(释迦牟尼)　158(20)/III

stup< Skt.stūpa(窣堵波)　185(27)/III

šala< Skt.sāla(莎罗树)　211(24)/III

nirvana< Skt. Nirvāṇa(涅槃)　223(26)/III

[abiš]ek< Skt.abhiṣeka(灌水,受职,灌顶)　245(18)/III

stup< Skt.stūpa(塔)　276(19)/III

ličavi< Skt.licchavi(仙族王种)　280(23)/III

ašoqe< Skt.Ashoka(阿输迦王,即阿育王)　298(22)/III

bimbizare< Skt.Bimbisāra(频毗娑罗王,影坚王)　300(24)/III

š(a)rir< Skt.śarīra(舍利)　309(24)/III

v(a)žir< Skt.Vajra(金刚杵)　335(22)/III

č(a)kr< Skt.cakra(轮纹)　340(27)/III

kolti< Skt.koṭi(千万,亿)　509(23)/III

ašvači< Skt.aśvajit(阿湿婆恃,马胜比丘之梵名)　582(16)/III

šortapan< Skt.śrotāpanna(入流果)　582(16)/III

[ačat]ašatru< Skt.ajātaśatru(阿阇世王)　620(19)/III

M(a)haqašip< Skt.Mahakāśyapa(摩诃迦叶波)　629(16)/III

anant< Skt.Ānanda(阿难陀)　632(19)/III

abidarim< Skt.Abhidharma(阿毗达磨藏)　682(17)/III

vaišalidaqï< Skt.vaiśālī(吠舍厘王) 730(17)/III

nalandram< Skt.Nālandā(那烂陀) 746(20)/III

sängräm< Skt. sṃghārāma(僧伽蓝,佛教僧院) 746(20)/III

bala-a[diti]< Skt. Bālāditya(婆罗阿迭多王) 748(22)/III

purna[varman]< Skt.pūrṇa-varman(满胄王)① 761(22)/III

košavrti< Skt.kośa-vartati(俱舍) 826(21)/III

vaibaš< Skt.Vibhāṣā(毗婆沙) 826(21)/III

[abider]im< Skt.Abhidharma(阿毗昙) 827(22)/III

vyaqiran< Skt.Vyākaraṇa(耶羯刺諵论)② 832(27)/III

k(a)lp< Skt.kalpa(劫) 847(23)/III

šloq< Skt.śloka(偈,颂) 849(25)/III

d(a)kšinsp(a)t< Skt.Dakšiṇāpatha(南印度) 857(9)/III

iranaparv(a)r < Skt. īraṇaparvata(伊烂拏钵伐多国) 875(26)/III

č(a)hšap(a)t< Sogd.čx'pδ< Skt.śikṣāpada(斋戒) 59(25)/III

回鹘文《玄奘传》第四卷梵语借词:

čampay< Skt.Campā(瞻波国) 003(14)/IV

karčuragir< Skt.Kajughil(羯朱嗢祇罗国) 107(15)/IV

gang< Skt.gaṅgā(恒河) 113(21)/IV

purnavartan< Skt.Pundavardhana(奔那伐弹那国) 113(21)/IV

ašoki< Skt.Ashoka(阿育王,无忧王) 129(09)/IV

avalokdišvar< Skt.Avalokiteśvara(观世音菩萨) 129(18)/IV

karunisuvarna < Skt. Karnasuvarna(羯罗拏苏伐刺那国)

---

① "pūrṇa 圆满,varman 盔甲、铠甲"。林光明、林怡馨主编:《梵汉大词典》,第 990、1391 页。

② 为梵语文法书,乃印度外道六论之一。

136(25)/IV

śRī-< Skt.Sriksetra(室利差怛罗国)　178(09)/IV

išanapur< Skt.īšānapura(伊赏那补罗国)　182(13)/IV

MAHAÇAMPA< Skt.Mahācampā(摩诃瞻波国)　184(15)/IV

yavanadivip< Skt. Yāvadvīpa(阎摩那洲国)　185(16)/IV

samadarat< Skt.Samatata(三摩怛吒国)　185(16)/IV

dimariti< Skt.Tāmralipta(耽摩栗底国)　192(23)/IV

oog-šastrïɣ< Skt.Yogācāra-bhūmi-śāstra(瑜伽论)　198(11)/IV

čaritra< Skt.Caritra(折利怛罗城)　225(20)/IV

kinguta< Skt. Kongoda(恭御陀国)　236(13)/IV

višay< Skt.viṣaya(感官之对象)①　236(13)/IV

sitavira< Skt. Sthāvira(上座部)　245(22)/IV

nikay< Skt.nikāya(部派)　245(22)/IV

kośal< Skt. Kośalā(憍萨罗国)　253(11)/IV

kanadevi< Skt.kaṇadeva(提婆,龙树的弟子)②　280(20)/IV

nagarču < n > i < Skt. Nagarjuna(龙猛,又称龙树菩萨) 284(24)/IV

antravi< Skt.Andhira(案达罗国)　313(17)/IV

arčarya< Skt.ācārya(阿折罗,西印度人)　320(24)/IV

arhant< Skt. arhant(阿罗汉)　321(25)/IV

purva-šaylak< Skt. Pūrvaśaila(弗婆势罗,东山住部) 326(12)/IV

---

① Wišay/fišay< viṣaya 感官之对象。[德]冯·加班著,耿世民译:《古代突厥语语法》,第352页。

② 龙树菩萨(梵文 Nāgārjuna bodhisattva),又译龙猛、龙胜,印度佛教史上被誉为“第二代释迦”,他发展了空性的中观学说,是领导大乘佛教复兴的伟大论师。

avara-šaylak< Skt. Aparaśaila（阿伐罗势罗，西山住部） 332(18)/IV

bovakpadi< Skt.Bhavaviveka（婆毗吠伽，菩萨名） 353(21)/IV

maytri< Skt.Maitreya（慈氏菩萨） 355(23)/IV

šulyavi< Skt. Colya（珠利耶国） 366(16)/IV

utari< Skt.Uttara（嗢怛罗，南印度珠利耶国人） 393(25)/IV

viyakyan-šastr < Skt. Vijñāpti-mātratā-siddhi-śāstra（唯识论） 393(25)/IV

sinhanadivip < Skt. Siṃhaladvipa（僧伽罗，又称狮子国） 438(16)/IV

čambudivivip< Skt. Jambūdvīpa（赡部洲） 366(16)/IV

čintan< Skt. candana（旃檀树） 474(16)/IV

nirvana< Skt.nirvāṇa（涅槃） 645(25)/IV

mahentri< Skt.Mahendra（摩醯因陀罗） 647(27)/IV

kananp(u)r< Skt.Koṅkāṇpura（恭建那补罗）[1] 745(19)/IV

kolti< Skt.koṭi（亿） 766(18)/IV

talavan< Skt.tāla（多罗树） 768(20)/IV

valukačambay< Skt.Bharukaccha（跋禄羯呫婆国） 811(25)/IV

tirti< Skt.tīrtjika（外道） 826(21)/IV

ačal< Skt.Aṭali（阿吒釐国，南印度之古国） 869(20)/IV

sarupapadi< Skt.Dhruvabhatta（杜鲁婆跋吒国） 895(23)/IV

anantapur< Skt.Anandapura（阿难陀补罗国） 908(13)/IV

surätа< Skt.Surāṣ ṭra（苏剌侘国） 908(13)/IV

kuyčira< Skt.Gurjara（瞿折罗国，西印度古王国） 915(20)/IV

---

① 又称荼建那补罗国或建那补罗国，南印度古国名。

učana< Skt.Ujayana(邬阇衍那国)　918(23)/Ⅳ

mahišvarapur < Skt. Mahesvarapura (摩醯湿伐罗补罗国) 929(9)/Ⅳ

loɤala< Skt.Laṅgala(狼揭罗国)①　945(25)/Ⅳ

sarvastivad< Skt.Sarvāstivāda(说一切有部)　954(12)/Ⅳ

avant< Skt.Avanda(阿奢荼国)　981(16)/Ⅳ

sintu< Skt.Sindhu(信度国)　1006(18)/Ⅳ

mulasapur< Skt.Mūlasthāna-pura②(茂罗三部卢)　1023(12)/Ⅳ

činaputri< Skt.Jinaputra(慎那弗怛罗,即最胜子)　1044(9)/Ⅳ

samadi< Skt. sam-matīya(正量部)　1054(19)/Ⅳ

abidarim< Skt.Abhidharma(阿毗达磨)　1056(21)/Ⅳ

magat< Skt.Magadha(摩揭陀国)　1061(26)/Ⅳ

ńalandram< Skt.Nālandā(那兰陀寺)　1062(27)/Ⅳ

kšatrik< Skt.kṣatriya(刹帝利)　1078(20)/Ⅳ

purnavarmi< Skt.pūrṇa-varman(满胄王)　1096(15)/Ⅳ

nalandram< Skt.Nālandā(那烂陀)　1139(15)/Ⅳ

mančuširi< Skt.Mañjuśrī(曼殊室利,即文殊菩萨)　1155(8)/Ⅳ

šilabadri< Skt.Shīlabhadra(尸罗跋陀罗,戒贤法师)　1327(15)/Ⅳ

sinhaprbi< Skt.siṃha-raśmi(师子光,那烂陀寺学僧)③　1333(21)/Ⅳ

šila< Skt.śīla(戒行,戒律)　1349(12)/Ⅳ

kinguta< Skt.Kongodha(恭御陀国)　1355(18)/Ⅳ

---

① 赵京:《〈大唐西域记〉主要地名发音新译》,http://www.chinavalue.net/General/Blog/2019-8-9/1818240.aspx.

② “mūlasthāna 主要地点;pura 城邑”。林光明、林怡馨主编:《梵汉大词典》,第748、988页。

③ “siṃha 狮子;raśmi 光线,光辉”。林光明、林怡馨主编:《梵汉大词典》,第1174、1019页。

ot< Skt.Udra(乌荼国)　1356(19)/IV

višay< Skt.viṣaya(感官之对象)　1356(19)/IV

akaša-pušpi< Skt.ākāśa-puṣpa(空华外道)①　1361(24)/IV

kappaliki< Skt.kāpālika(迦波梨迦派)　1371(9)/IV

dakšinapat< Skt.Dakṣsiṇāpatha(南印度)　1376(14)/IV

abišžik< Skt.abhiṣeka(灌顶)　1383(21)/IV

pratyagupti< Skt.Prajāgupta(般若毱多)　1385(23)/IV

mahaynmokšadivi< Skt.Mahāyānadeva(摩诃耶那提婆奴)②　1502(23)/IV

šakimuni< Skt.Śākyamuni(释迦牟尼)　1656(10)/IV

回鹘文《玄奘传》第五卷梵语借词：

kumari< Skt.Kumāra(鸠摩罗)　HtPar.101(12)/V

wčir< Skt.Vajra(金刚)　HtPar.101(15)/V

nigranti< Skt.Nigrantha(尼乾子)　HtPar.101(15)/V

sudur< Skt.sūtra(经,教)　HtPar.101(15)/V

čambudiwïp< Skt.Jambudvipa(南瞻部洲)　HtPar.107(172)/V

činadiš< Skt.cīna(支那,汉国,秦)③　HtPar.109(240)/V

gang< Skt.Gaṅgā(恒河)　SI Uig 3 31a(67)/V

nalandram< Skt.Nālandā(那烂陀)　SI Uig 3 46a(301)/V

mxayanadiv/i/< Skt. Mahāyānadeva(摩诃耶那提婆)④　SI Uig

---

① “ākāśa 虚空;puṣpa 花”。林光明、林怡馨主编:《梵汉大词典》,第59、998页。

② 摩诃耶那提婆奴意为“大乘天”,玄奘法师在曲女城辩经大会上所获得的有记载的两个尊称之一。

③ 一般转写前加 mxa,即 mxa-činadiš.

④ 即大乘天,是对唐代玄奘法师的专用尊称。大乘天是真正会通佛法的人圆满地解释大乘和小乘,所以才被称为“大乘天”“解脱天”,大乘天的称呼是对玄奘法师无上的尊崇。

341a(550)/V

mokšadivi < Skt. Moks! adeva (木叉提婆)① SI Uig 3 41a (555)/V

kanyakupči < Skt.Kusumapura(曲女城) SI Uig 3 54b(781)/V

sarubabadi < Skt. Dhruvabhatta (杜鲁婆跋吒) SI Uig 3 54b (793)/V

mahišvari < Skt.Maheśvara(大自在天) SI Uig 3 55a(821)/V

kaušambi < Skt.Kauśāmbī(憍赏弥国) SI Uig 3 59a(1019)/V

gosilaram < Skt.Kuśinagara(劬师罗)② SI Uig 3 59a(1022)/V

viratana < Skt. Virāṭanagara (毗罗那拏国) SI Uig 3 59b (1032)/V

sinxaprabi < Skt.Siṃha-raśmi(师子光) SI Uig 3 59b(1035)/V

sinxačan < Skt.Siṃha-candrā(师子月)③ SI Uig 3 59b(1035)/V

košnirti-šastr < Skt. Abhidharmakośa-śāstra (俱舍论) SI Uig 3 59b(1037)/V

mxayansangrx-šastr < Skt. Mahāyāna-samgraha-śāstra(摄大乘论)④ SI Uig 3 59b(1037—1038)/V

abidarïm < Skt.Abhidharma(阿毗达摩) SI Uig 3 59b(1045)/V

dkšašil < Skt.Takṣaśilā(呾叉尸罗国) SI Uig 3 60b(1086)/V

udakagant < Skt. Udākhāṇḍa (乌铎迦汉荼城) SI Uig 3 61a (1119)/V

---

① 意译“解脱天”，玄奘法师之美称。玄奘在印度时，小乘众尊之为木叉提婆，意谓已获解脱之最胜者。

② 中印度之都城或国名，乃佛陀入灭之地，又作拘尸那伽罗、拘夷那竭、俱尸那、拘尸那、瞿师罗、拘尸城等，意为“吉祥草之都城”。

③ 林光明、林怡馨主编：《梵汉大词典》，第1174页。

④ 佛教大乘瑜伽行派的基本论书，简称《摄论》。

ud/yan/< Skt.Udyāna(乌长那国) SI Uig 3 61b(1137)/V

käš /yapiyi/< Skt. Kāśyapīya(迦叶臂耶部) SI Uig 3 61b (1138)/V

nikay< Skt.nikāya(部派) SI Uig 3 61b(1139)/V

kašmir< Skt.Kaśmira(迦湿弥罗)① SI Uig 3 61b(1140)/V

kavisav/i/< Skt.Kapiśa(迦毕试国) SI Uig 3 61b(1146)/V

lampa< Skt.Lampā(蓝波国) SI Uig 3 61b(1149)/V

kugutasarp< Skt.Jāguḍa(漕矩吒国)② SI Uig 3 62b(1184)/V

antravapur< Skt. Antarava(安怛罗缚婆国)③ SI Uig 3 64a (1262)/V

mxasŋik< Skt.Mahasanghika(大众部法) SI Uig 3 64a(1266)/V

xasït< Skt.Khosita(阔悉多国)④ SI Uig 3 64a(1272)/V

/t/oxari< Skt.Tukhāra(睹货罗国) SI Uig 3 64a(1274)/V

Vahšu< Skt. Vaṅkṣu(缚刍河,恒河的支流) SI Uig 3 64a (1276)/V

xaymadari< Skt. himatala(呬摩呾罗国) SI Uig 3 64b(1298)/V

pänžü< Skt.Badakshān(钵铎创那国) SI Uig 3 65a(1316)/V

yamagan< Skt.Invakan(淫薄健国) SI Uig 3 65a(1323)/V

kurana< Skt.Kurāṇa(屈浪那国) SI Uig 3 65a(1327)/V

drmasiti/t/i< Skt. Dharmasthiti(达摩悉铁帝国) SI Uig 3 65b (1327)/V

šambi< Skt.Shangmi(商弥国) SI Uig 3 66a(1355)/V

① 又称羯湿弭罗国、迦叶弥罗国、个失蜜国,约为现在的喀什米尔地区。我国汉朝时称为罽宾,在魏晋南北朝时代称为迦湿弥罗,到隋唐时代改称为迦毕试国。

② 又有漕矩国、漕利国、谢国、诃达罗支国、社护罗萨他那国等称号。

③ 又作安呾罗缚,梵名 Andarāb。

④ 今名 Khost(霍斯特)。

kavisa< Skt.Kasha(佉沙国)　SI Uig 3 66b(1393)/V

vanta-višay< Skt.Khabandha(朅盘陀国)　SI Uig 3 1a(1408)/V

sït< Skt.sītā(徙多河,今叶尔羌河)[1]　SI Uig 3 1a(1411)/V

činadivi< Skt.Cina-deva-gotra(脂那提婆瞿怛罗,"汉日天种")[2] SI Uig 3 1a(1419)/V

/ku/maraživi < Skt. Kumārajīva(鸠摩罗什)　SI Uig 3 1a (1423)/V

dkšašil< Skt.Takṣaśila(怛叉始罗国)　SI Uig 3 1a(1424)/V

sudra< Skt.Sūtra(经)　SI Uig 3 1b(1434)/V

ašvagoši< Skt.Asvaghosa(马鸣)[3]　SI Uig 3 1b(1436)/V

divi< Skt.Deva(提婆,意译"天")[4]　SI Uig 3 1b(1437)/V

nagaržuni< Skt.Nagarjuna(龙猛)　SI Uig 3 1b(1438)/V

/arxa/nt< Skt. Arhat(阿罗汉)　SI Uig 3 2a(1455)/V

nirvda< Skt.Nirvāṇa(涅槃)　SI Uig 3 2a(1455)/V

šamabu/mi/< Skt.Samādhi(三昧)　SI Uig 3 2a(1455)/V

/dy/an< Skt.dhyāna(禅定)　SI Uig 3 2a(1456)/V

ušar< Skt.ūṣa(乌铩国,今莎车)　SI Uig 3 2a(1478)/V

kašip< Skt.Kāśyapa(迦叶波佛)　SI Uig 3 3a(1531)/V

šakimuni< Skt.Śākyamuni(释迦牟尼)　SI Uig 3 3b(1536)/V

vayširvani< Skt.Vaiśravaṇa(毗沙门天)　SI Uig 3 4b(1609)/V

---

① 马小玲:《俄藏回鹘文〈玄奘传〉一叶释读》,《伊犁师范学院学报》(社科版)2010年第2期,第52页。

② 相传古代波斯国王遣使赴唐请婚,归途至帕米尔时,因路途受阻,遂在山顶筑一宫室让公主暂居。数月后,发现公主已孕,据说乃太阳神所赐,大臣畏惧,乃在此定居。后生一男,即朅盘陀国第一代国王。因其与汉人有血缘关系,故称其始祖为"汉日天种"。迄今当地群众尚称该地一古堡为"克孜库尔干",意即"公主堡"。

③ 马鸣,古印度佛教大师、诗人、剧作家,生于婆罗门家庭,后皈依佛教。

④ 梵语 Deva 的音译,意译为"天",又称"圣天"。印度佛教中观派的创始人龙树的弟子。

udun< Skt.Kustana(于阗) SI Uig 3 9a(1823)/V

sarvabata-si < Skt. Sarvāstivada (萨婆多寺) SI Uig 3 9a (1830)/V

/va/yročani < Skt. V airocana (毗卢折那)① SI Uig 3 9a (1835)/V

Kašmir< Skt.Kaśmira(迦湿弥罗国) SI Uig 3 9a(1839)/V

ražagrx< Skt.Rājagṛha(王舍城) SI Uig 3 12b(2014)/V

kaušambi< Skt.Kauśāmbī(憍赏弥国) SI Uig 3 14b(2113)/V

uday/ani/< Skt.Udayana(邬陀衍那王) SI Uig 3 14b(2113)/V

回鹘文《玄奘传》第六卷梵语借词：

kavi< Skt.kāvya(诗) HtStp SI Uig 3 17a(7)/VI

vr/har/< Skt.vihāra(寺院) HtStp SI Uig 3 17b(34)/VI

sangram< Skt.saṃghārama(寺院) HtStp SI Uig 3 17b(39)/VI

šrir< Skt.śarira(舍利) HtStp SI Uig 3 17b(49)/VI

magat< Skt.Magadha(摩揭陀国) HtStp SI Uig 3 17b(49)/VI

puryabodigir< Skt. Praghbodi (前正觉山) HtStp SI Uig 3 17b (50)/VI

barabas< Skt. Bāraṇas (婆罗尼斯国) HtStp SI Uig 3 17b (54)/VI

/mrgadava< Skt.Mṛgadāva(鹿野苑) HtStp SI Uig 3 18a(55)/VI

drmačkr < Skt. Dharmacakra (妙法轮) HtStp SI Uig 3 18a (55)/VI

čintan< Skt.candana(旃檀树) HtStp SI Uig 3 18a(58)/VI

kaušambi< Skt. Kauśāmbī (憍赏弥国) HtStp SI Uig 3 18a

① 毗卢折那，佛教人物，国王名，译曰“遍照”。

(59)/VI

udayani< Skt.Udayana(出爱王)[1]　HtStp SI Uig 3 18a(59)/VI

vats< Skt.Kapitha(劫比他国)　HtStp SI Uig 3 18a(64)/VI

kapis< Skt.Kapiśā(褐色的)　HtStp SI Uig 3 18a(65)/VI

rağgrh< Skt.Rājagṛha(王舍城)　HtStp SI Uig 3 18a(69)/VI

grtrakut< Skt.Gṛdhrakāta(鸾峰山)　HtStp SI Uig 3 18a(69)/VI

sdrmapuntrik< Skt. Saddharma-puṇḍorīka(法华经)[2]　HtStp SI Uig 3 18a(70)/VI

/nga/grahar< Skt.Nagarhāra(那揭罗易国)　HtStp SI Uig 3 18a(74)/VI

Vayšali< Skt.Vaiśāli(巧舍厘国)　HtStp SI Uig 3 18a(78)/VI

mhayan< Skt.Mahāyāna(大乘)　HtStp SI Uig 3 18b(82)/VI

śastr< Skt.śāstra(论)　HtStp SI Uig 3 18b(84)/VI

sitaviraki< Skt.Sthavira(上座部)　HtStp SI Uig 3 18b(85)/VI

m/ha/-sangik< Skt. Mahā-Saṃghika(大众部)　HtStp SI Uig 3 18b(86—87)/VI

samiti< Skt.Sammitiya(三弥底)　HtStp SI Uig 3 18b(89)/VI

mɤiz< Skt.Mahiśāsaka(弥沙塞)　HtStp SI Uig 3 18b(91)/VI

kašyapiyi< Skt.Kāśapīya(迦叶臂耶)　HtStp SI Uig 3 18b(93)/VI

drmag/upta/< Skt. Dharmagupta(法密)　HtStp SI Uig 3 18b(94)/VI

srvastiva< Skt.Sarvāsti-vada(说一切有部)　HtStp SI Uig 3 18b(96)/VI

---

① 又称优填王、嗢陀演那王、邬陀衍那王，全称嗢陀演那伐蹉(梵 Udayana-vatsa)。

② "Saddharma 经法；puṇḍorīka 莲花，白莲"。林光明、林怡馨主编：《梵汉大词典》，第1047、986页。

vignan< Skt.Vacana(声明论)[1]　HtStp SI Uig 3 18b(100)/VI

/kapila/vastu< Skt.kapila-vastu(劫比罗城)　HtStp SI Uig 3 19b (145—146)/VI

maytri< Skt.Maytreya(弥勒佛)　HtStp SI Uig 3 19b(147)/VI

purani< Skt.pūraṇa(圆满)　HtStp SI Uig 3 19b(147)/VI

tužit< Skt.Tuṣita(兜率天)　HtStp SI Uig 3 19b(147—148)/VI

šazin< Skt.śāsana(教义)　HtStp SI Uig 3 19b(152)/VI

/kapi/lavastu< Skt.K apilavastu(迦郎罗卫城)　HtStp SI Uig 3 20a(175)/VI

vayram< Skt.vairambha(迅猛风)　HtStp SI Uig 3 21a(231)/VI

šazin< Skt.śasana(教义)　HtStp SI Uig 3 22b(302)/VI

nirvan< Skt.Nirvāṇa(涅槃)　HtStp SI Uig 3 22b(316)/VI

kavi< Skt.kāvya(诗)　HtStp SI Uig 3 23a(329)/VI

purohitisi< Skt.purohita(国师)　HtStp SI Uig 3 23a(333)/VI

bodaruči< Skt. Bodhiruci(菩提留支)　HtStp SI Uig 3 25a (439)/VI

abidarïm-šastr< Skt. Abhidharma-kośa-śāstra(阿毗达磨俱舍论) HtStp SI Uig 3 27b(563)/VI

yogačari-yiri< Skt. Yogācārya-bhūmi-śāstra(瑜伽师地论)　HtStp SI Uig 3 27b(564)/VI

darni< Skt.dhāraṇī(陀罗尼)　HtStp SI Uig 3 27a(550)/VI

kumaraživi< Skt. Kumārajīva(鸠摩罗什)　HtStp SI Uig 3 28a (600)/VI

---

① 佛教教授的五种学问,即声明(śabdavidyā)、工巧明(Silpakarmasthānavidyā)、医方明(Cikitsāvidyā)、因明(Hetuvidyā)、内明(Adhyāmavidyā)。

šakimuni< Skt. Śākyamuni（释迦摩尼） HtStp SI Uig 3 30b（730）/VI

ačravadi< Skt. Ajiravatī（阿利罗跋提河） HtStp SI Uig 3 30b（743）/VI

grtrakut< Skt.Gṛdhrakāta（鸾峰山） HtStp SI Uig 3 30b（745）/VI

subudi< Skt.Subhuti（须菩提） HtStp SI Uig 3 35a（1017）/VI

känž< Skt.kasāya（袈裟） HtStp SI Uig 3 35a（1018）/VI

vimalakirt < Skt. Vimalakīrti（维摩诘） HtStp SI Uig 3 35a（1019）/VI

grh< Skt.Graha（行星） HtStp SI Uig 3 32b（1213）/VI

čaytïr< Skt.Citrā（角宿） HtStp SI Uig 3 32b（1213）/VI

nakšatir< Skt.Nakṣatra（星座） HtStp SI Uig 3 32b（1213）/VI

回鹘文《玄奘传》第七卷梵语借词：

grtrakut< Skt.Gṛdhrakāta（鸾峰山） HtPar141（15a）（76）VII

šlok< Skt.šlok（诗句） HtPar 142（15b）（104）VII

kapilavast[u]< Skt.kapila-vastu（劫比罗城） HtPar 144（16b）（150）VII

vrhar< Skt.vīhāra（寺院） HtPar 150（19b）（310）VII

kolti< Skt.koṭi（千万，亿） Verschollenes Blatt（10b）（482）VII

sum[er]< Skt. Sumeru（须弥山） Verschollenes Blatt（10b）（482）VII

nairančan< Skt.Nairañjanā（尼连禅河） Verschollenes Blatt（10b）（484）VII

gr(a)h< Skt.Graha（行星） HtPar 154（1b）（536）VII

s'p'nys r'p'v< Skt.Asvabhāva（无性，非自性） HtPek 1a 955 VII

vasubandu< Skt.Vasubandhu（世亲） HtPek 1a 957 VII

Mahayana-sangr(a)h-šastar< Skt.Mahāyāna-saṃgraha-śāstra(摄大乘论) HtPek 1a 956—957 VII

sängräm< Skt. saṃghārāma(僧伽蓝，佛教僧院) HtPek 1b 968 VII

čäkür< Skt.cakra(轮子) HtPek 1b 971 VII

ražavrt< Skt.räjävarta(青色) HtPek 1b 987 VII

šazin< Skt.śāsana(教义) HtPek 4a 1104VII

šrir< Skt.śarira(舍利) HtPek 4a 1120VII

kšanti< Skt.kṣaṇa(刹那) HtPek 9a 1389VII

grḍakut< Skt.Gṛdhrakāta(鸾峰山) HtPek 10b 1467 VII

sansar< Skt.saṃsāra(轮回) HtPek 12a 1537VII

paramit< Skt.paramārtha(真谛) HtPek 12a 1551 VII

buyan< Skt.puṇya(福，运气) HtPek 12a 1563VII

summer< Skt. Sumeru(须弥山) HtPek 12a 1587VII

šakimuni< Skt.Śākyamuni(释迦摩尼) HtPek 13b 1621VII

stup< Skt.stūpa(窣堵波) HtPek 13b 1629VII

čäkür< Skt.cakra(轮子) HtPek 1650 VII

grdrakut< Skt.Gṛdhrakāta(鸾峰山) HtPek 15a 1710 VII

stup< Skt. stūpa(窣堵波) HtPek 16a 1772VII

k(a)lp< Skt.kalpa(劫波) HtPek16a 1776 VII

m(a)ha bodiram-sängräm< Skt.Mahābodhi-saṃghārāma(摩诃菩提寺) HtPek 16b 1792 VII

nyana[prbe]< Skt.Jñānaprabha(智光)① HtPek 16b 1793 VII

prtyadeve< Skt.Prajñādeve(慧天) HtPek 16b 1794 VII

---

① 中印度摩揭陀国人，师从戒贤法师，博学多闻，后为那烂陀寺长老。

ved< Skt.Veda(吠陀)　HtPek 16b 1800 VII

šilabadre< Skt.śīlabhadra(戒贤)[1]　HtPek 16b 1803 VII

k[a]nyakubče< Skt.Kanyākubja(曲女城)　HtPek 17a 1825 VII

dirgadrme< Skt.Dīrghadharma(法长)[2]　HtPek 17a 1834 VII

r[i]divid< Skt.Ṛg-veda(梨俱吠陀,四吠陀之一)　HtPek 17a 1835 VII

sangist(a)vre < Skt. Saṅghasthavira (僧伽上座)　HtPek 17b 1845 VII

m(a)ha-činadeš< Skt.Mahācinadeśsa(摩诃支那国)　HtPek 17b 1846 VII

sudur< Skt.sūtra(经)　HtPek 17b 1848 VII

šatra< Skt.śāstra(论)　HtPek 17b 1849 VII

mokšadeve< Skt.Mokṣadeva(木叉提婆)　HtPek17b 1851 VII

saryadate< Skt.Sūryadatta(日授)　HtPek 18a 1867 VII

drmaguptake< Skt.Dharmaguptaki(正法藏)　HtPek 19a 1924 VII

deve-bodis(a)t(v)< Skt. Deve-Bodhisattva (圣天菩萨)　HtPek 19a 1932 VII

naggarčune< Skt.Nāgārjuna(龙猛)　HtPek 19a 1934 VII

nirvan< Skt.Nirvāṇa(涅槃)　HtPek 20b 2000 VII

m(a)hakašip< Skt. Mahākāśyapa (摩诃迦叶)　HtPek 20b 2001 VII

šanavaze < Skt. Sāṇavāsa (舍那婆斯,阿难弟子)　HtPek 20b 2001 VII

---

[1] 古印度大乘佛教瑜伽行派论师。

[2] 东晋时期人,出家为僧人。

arhant< Skt.Arhān(阿罗汉)　HtPek 20b 2001 VII

urungu< Skt.Upagupta(优婆毱多,阿育王时僧人)　HtPek 20b 2007 VII

yoog-šastr< Skt.Yogācārya-bhūmi-śāstra(《瑜伽师地论》)　HtPek 20b　2018 VII

kośavrti-šastr< Skt.Abhidharma-kośa-śāstra(《阿毗达磨俱舍论》) HtPek 20b 2020 VII

nyaya-anusare-šastr < Skt. Nyāyānusāra-śāstra (《顺正理论》) HtPek 20b 2020—2021 VII

vrhar< Sogd.Brɤ'r< Skt.vihāra(寺庙)[1]　HtPek 1b 979 VII

č[a]hšapat < Sogd. čxš'pδ < Skt. śikṣāpada(斋戒)　HtPek 9b 1411 VII

p(a)ryan< TokhA. prayam< Skt. parayama(僧房)[2]　HtPek 1a 943 VII

回鹘文《玄奘传》第八卷梵语借词:

m(a)hayan< Skt.Mahāyāna(大乘)　HtStP SI Uig3 82b 96 VIII

vinay< Skt.vinaya(戒律)　HtStP SI Uig3 82b 99 VIII

sumer< Skt.Sumeru(须弥山)　HtStP SI Uig3 75a 390 VIII

vimalaqirt < Skt. Vimalakīrti(维摩诘)　HtStP SI Uig3 75b 403 VIII

vaišali< Skt.Vaiśāli(毗舍离)　HtStP SI Uig3 75b 406 VIII

šaqimuni< Skt. Śākyamuni(释迦摩尼)　HtStP SI Uig3 73a

---

① 耿世民:《回鹘文〈玄奘传〉第七卷研究》,《民族语文》1979年第4期,第255页;另 βrɤ'r/farxār/< Skt. vihāra, B. Gharib, *Sogdian Dictionary*(*Sogdian-Persian-English*), Farhangan Publications, 1995, p.108.

② 耿世民:《回鹘文〈玄奘传〉第七卷研究》,《民族语文》1979年第4期,第254页。

490 VIII

šala< Skt.śāla(莎罗树) HtStP SI Uig3 73a 493 VIII

šazin< Skt.śāsana(教义) HtStP SI Uig3 67b 672 VIII

m(a)habodi< Skt. Mahā-bodhi(大菩提) HtStP SI Uig3 67b 675 VIII

suduruɤ< Skt. Sūtra(苏妒路,即契经) HtStP SI Uig3 68a 699 VIII

kumaračive< Skt.Kumārajīva(鸠摩罗什) HtPar 175 (31a) 902

drmardi< Skt.Dharmanandin(昙摩难提) HtPar 197 (42a) 1480

bodaruči< Skt.Bodhiruci(菩提留支) HtPar 197 (42a) 1488

č[a]hšapat< Sogd.čxš'pδ< Skt.śikṣāpada(斋戒) HtStP SI Uig 82b 93 VIII

回鹘文《玄奘传》第九卷梵语借词:①

darma< Skt.dharma(妙法,教法) 1—1 a IX

bodistv< Skt.Bodhisattva(菩提萨埵) 2—1 a IX

kavy< Skt.Kāvya(作诗,赞颂) 4②—1a IX

sängräm< Skt.saṃghārama(寺院,伽蓝) 4—2a IX

šastr< Skt.śāstra(经论,经书) 15—5b IX

bodi< Skt.bodhi(菩提) 3—1 0a IX

kapilavastu< Skt.kapila-vastu(劫比罗城) 20—1 0a IX

maxayana< Skt.mahāyāna(大乘) 10—1 3b IX

kolti< Skt.koṭī(劫比罗城) 17—13b IX

---

① 第九、十卷中的借词材料来源于 Kahar Barat 的著作,即 *The Uygur-Turkic Biography of the Seventh Century Chinese Buddhist Pilgrim Xuanzang: Ninth and Tenth Chapters*, Bloomington: Indiana University, Research Institute for Inner Asian Studies, Indiana, 2000, p.325。

② 数字表示具体行,下同。

tapïɤčï< Skt.pāpīyās(波旬)[1] 2—14a IX

äržï< Skt.ṛṣi(仙,仙人) 11—15a IX

čurnï< Skt.cūrṇa(粉末) 3—20a IX

kraža< Skt.kaṣāya(袈裟) 5—20b IX

vinay< Skt.vinaya(戒律) 3—21b IX

dyan< Skt.dhyāna(禅定) 23—21b IX

gaudami< Skt.Gautamī(瞿昙弥)[2] 8—24b IX

šarïr< Skt.śarīra(舍利) 1—27a IX

somačantri< Skt.Somachattra(月盖尊者) 5—29a IX

sutavas< Skt.śuddhāvāsa(净宫,净舍) 14—30a IX

patir< Skt.pātra(容器,碗) 4—30b IX

maxa-vaybaš< Skt.mahā-vibhāṣā(大毗婆沙论) 16—31a IX

budaručï< Skt. Bodhiruci(菩提留支) 8—34a IX

bati< Skt.Bhadra(跋陀,少林寺首位住持) 10—34a IX

kalp< Skt.kalpa(劫) 10—35a IX

gantarvi< Skt.gandharva(干闼婆,乐神) 9—35b IX

ärdini< Skt.ratna(金银财宝) 16—35a IX

šazïn< Skt.śāsana(教法,圣教) 15—36b IX

čakravart< Skt.cakravartin(转轮,转轮王) 11—37a IX

dyan< Skt.dhyāna(入定,禅) 16—38a IX

lin< Skt.leṇa(室,静室) 18—38b IX

grax< Skt.graha(星) 12—39a IX

kumaracivi< Skt.kumārajīva(鸠摩罗什) 12—39a IX

---

① 印度佛教中所说之魔王,又称魔罗,经典中常作“魔波旬”。

② 释尊之姨母摩诃波阇波提(Mahaprajapati)为瞿昙弥,意译作大爱道、大胜生主、大生主、大世主,故又称之为大爱道夫人、波提夫人。

回鹘文《玄奘传》第十卷梵语借词：

sängräm< Skt.saṃghārama(寺院,伽蓝)　1—1b X

kužatrï< Skt.kṣattra(盖)　13—2b X

stup< Skt.stūpa(窣堵波)　2—3a X

grant< Skt.grantha(颂,言词)　23—3b X

racagrxa< Skt.Rājagṛha(王舍城)　23—4b X

grdrakut< Skt.Gṛdhrakāta(鸾峰山)　25—4b X

venuvan< Skt.veṇuvan(竹林)　2—5a X

maxasatva< Skt.Mahāsattva(摩诃萨埵)　18—5b X

paramït< Skt.pāramitā(波罗蜜多)　19—5b X

bodistv< Skt.Bodhisattva(菩提萨埵)　2—12b X

kšanti< Skt.kāṣnti(忍辱,安忍)　4—12b X

tužït< Skt.tuṣita(睹史多,妙足天)　20—12b X

vyakrit< Skt.vyākṛti(记,受记)　5—13a X

asanki< Skt.asaṅkhya(无数)　9—13a X

nayut< Skt.nayuta(万,千亿)　9—13a X

šlok< Skt.śloka(偈,诗节)　5—13b X

maitri< Skt.Maitreya(弥勒)　3—15a X

purnavasu< Skt.punarvasu(井宿)　10—16a X

sangadi< Skt.saṅghāṭī(长袍)　15—16b X

maxarac< Skt.mahārāja(大王,最高统治者)　9—17a X

vaïšïravanï< Skt.vaiśravaṇa(财主,毗沙门)　9—17a X

maxačinadiš< Skt.mahācīnadeśa(大汉国,即中国)①　21—18a X

sal< Skt.sāla(沙罗树)　19—20b X

① “mahā 大;cīna-deśa,汉国”。林光明、林怡馨主编:《梵汉大词典》,第 676、328 页。

sangiti< Skt.saṅgiṭī(结集)[①] 17—22b X

širi< Skt.śrī(妙相) 6—25a X

nalandram< Skt.Nālandā(那烂陀) 6—25a X

vid< Skt.veda(吠陀) 12—25a X

saptašabumi-šastr < Skt. sapta-daśa-bhūmi-śāstra(十七地论)[②] 13—25a X

maxayana< Skt.Mahāyāna(大乘) 20—25a X

šilabadri< Skt.śīlabhadra(尸罗跋陀) 17—25b X

grtrakut< Skt.Gṛdhrakāta(鸾峰山,耆阇崛山) 9—26b X

išvagoša< Skt.Aśvaghoṣa(马鸣) 13—26b X

nagarcuni< Skt.Nāgārjuna(龙树) 14—26b X

asangi< Skt.Asaṅga(无着)[③] 14—26b X

vasubantu< Skt.Vasubandhu(天亲,译曰“世亲”) 15—26b X

nikay< Skt.nikāya(宗,部派) 18—26b X

nïrvan< Skt.Nivāsana(泥洹,内衣,裹衣) 1—27a X

kapilavastu< Skt.kapila-vastu(劫比罗城) 4—27a X

nagaraxar< Skt. Nagarahāra(那揭罗曷,印度古国名) 6—27a X

kanadivi< Skt.kāṇadeva(迦那提婆) 7—31a X

čaxšapat< Sogd.čxš’pδ< Skt.śikṣāpada(斋戒) 18—8b X

本节回鹘文文献梵语借词按音序排列(如回鹘文借词拉丁字母转写不统一,这只是由于不同学者的转写不同而已,实际上是同一个借词,我们采取一种形式来排序):

[abiš]ek< Skt.abhiṣeka(灌水,澡浴,灌顶) 245(18)/III

---

① 结集,就是佛教徒举行集会,共同审定和编纂佛教经典。

② 又称《瑜伽师地论》(梵文 Yogācāra-bhūmi-śāstra)。

③ 古印度大乘佛教瑜伽行派创始人之一。

[abider]im< Skt.Abhidharma(阿毗昙)　827(22)/III

[ačat]ašatru< Skt.ajātaśatru(阿阇世王)　620(19)/III

abidarim< Skt.Abhidharma(阿毗达磨)　1056(21)/IV

abidarimkoš < Skt. abhidharmakośa (对法藏)　Ht Pek 190a 91 (7)/II

abidarïm-šastr< Skt. Abhidharma-kośa-śāstra (阿毗达磨俱舍论) HtStp SI Uig 3 27b(563)/VI

ačal< Skt.Aṭali(阿吒厘国,南印度之古国)　869(20)/IV

ačari< Skt.ācārya(法师)　Ht Pek 192a 120(5)/II

ačravadi< Skt. Ajiravatī (阿利罗跋提河)　HtStp SI Uig 3 30b (743)/VI

akaša-pušpi< Skt.ākāśa-puṣpa(空华外道)　1361(24)/IV

anant< Skt.Ānanda(阿难,阿难陀)　632(19)/III

anantapur< Skt.Anandapura(阿难陀补罗国)　908(13)/IV

antravapur < Skt. Antarava (安怛罗缚婆国)　SI Uig 3 64a (1262)/V

antravi< Skt.Andhira(案达罗国)　313(17)/IV

arčarya< Skt.ācārya(阿折罗)　320(24)/IV

ärdini< Skt.ratna(金银财宝)　16—35a IX

arhant< Skt.arhant(阿罗汉)　Ht Pek 187b 52(3)/II

ärži< Skt.ṛṣi(仙,仙人)　11—15a IX

asangi< Skt.Asaṅga(无着)　14—26b X

asanki< Skt.asaṅkhya(无数)　9—13a X

ašoki< Skt.Ashoka(阿育王,无忧王)　129(09)/IV

ašvači< Skt.aśvajit(阿湿婆恃,马胜比丘之梵名)　582(16)/III

ašvagoši< Skt.Asvaghosa(马鸣)　SI Uig 3 1b(1436)/V

avalokdišvar< Skt.Avalokiteśvara(观世音菩萨) 129(18)/IV

avant< Skt.Avanda(阿奓荼国) 981(16)/IV

avara-šaylak< Skt. Aparaśaila(阿伐罗势罗,西山住部) 332(18)/IV

bala-a[diti]< Skt. Bālāditya(婆罗阿迭多王) 748(22)/III

barabas< Skt. Bāraṇas(婆罗尼斯国) HtStp SI Uig 3 17b(54)/VI

bati< Skt.Bhadra(跋陀,少林寺首位住持) 10—34a IX

bimbizare< Bimbisāra(频毗娑罗王,影坚王) 300(24)/III

bodaruči< Skt. Bodhiruci(菩提留支) HtStp SI Uig 3 25a(439)/VI

bodi< Skt.bodhi(觉,得道) 07/I

bodis(a)(ta)[v]< Skt. bodhisattva(菩萨) Ht Pek 187b 57(8)/II

bodistv< Skt.Bodhisattva(菩提萨埵) 2—1 a IX

bovakpadi< Skt.Bhavaviveka(婆毗吠伽,菩萨名) 353(21)/IV

buyan< Skt.puṇya(福,运气) HtPek 12a 1563VII

čakravart< Skt.cakravartin(转轮,转轮王) 11—37a IX

čäkür< Skt.cakra(轮子) HtPek 1650 VII

čambudivivip< Skt. Jambūdvīpa(赡部洲) 366(16)/IV

čampay< Skt.Campā(瞻波国) 003(14)/IV

čaritra< Skt.Caritra(折利怛罗城) 225(20)/IV

čaytïr< Skt.Citrā(角宿) HtStp SI Uig 3 32b(1213)/VI

činadiš< Skt.cīna(支那,汉国,秦) HtPar.109(240)/V

činadivi< Skt. Cina-deva-gotra(脂那提婆瞿怛罗,"汉日天种") SI Uig 3 1a(1419)/V činaputri< Skt.Jinaputra(慎那弗怛罗,即最胜子)　1044(9)/IV

čintan< Skt. candana(旃檀树)　474(16)/IV

čurnï< Skt.cūrṇa(粉末)　3—20a IX

d(a)kšinsp(a)t< Skt.Dakšiṇāpatha(南印度)　857(9)/III

darma< Skt.dharma(妙法,教法)　1—1 a IX

darni< Skt.dhāraṇī(陀罗尼)　HtStp SI Uig 3 27a(550)/VI

deve-bodis(a)t(v)< Skt. Deve-Bodhisattva (圣天菩萨) HtPek19a1932 VII

dimariti< Skt.Tāmralipta(耽摩栗底国)　192(23)/IV

dirgadrme< Skt.Dīrghadharma(法长)　HtPek 17a 1834 VII

divi< Skt.Deva(提婆,意译为"天")　SI Uig 3 1b(1437)/V

dkšašil< Skt.Takṣaśilā(呾叉尸罗国)　SI Uig 3 60b(1086)/V

drmačkr < Skt. Dharmacakra (妙法轮) HtStp SI Uig 3 18a (55)/VI

drmag/upta/< Skt. Dharmagupta (法密) HtStp SI Uig 3 18b (94)/VI

drmaguptake< Skt.Dharmaguptaki(正法藏)　HtPek 19a 1924 VII

drmardi< Skt.Dharmanandin(昙摩难提)　HtPar 197 (42a) 1480

drmasiti/t/i< Skt. Dharmasthiti (达摩悉铁帝国) SI Uig 3 65b (1327)/V

dyan< Skt.dhyāna(入定,禅)　16—38a IX

gang< Skt.Gaṅgā(恒河)　SI Uig 3 31a(67)/V

gantarvi< Skt.gandharva(干闼婆,乐神)　9—35b IX

gaudami< Skt.Gautamī(瞿昙弥)　8—24b IX

gosilaram< Skt.Kuśinagara(劬师罗)　SI Uig 3 59a(1022)/V

gr(a)h< Skt.Graha(行星)　HtPar 54(1b)(536) VII

grant< Skt.grantha(颂,言词) 23—3b X

grḍakut< Skt.Gṛdhrakāta(鸾峰山) HtPek 10b 1467 VII

iranaparv(a)r< Skt. īraṇaparvata(伊烂拏钵伐多国) 875 (26)/III

išanapur< Skt.īšānapura(伊赏那补罗国) 182(13)/IV

išvagoša< Skt.Aśvaghoṣa(马鸣) 13—26b X

k[a]nyakubče< Skt.Kanyākubja(曲女城) HtPek 17a 1825 VII

kalp< Skt.kalpa(劫) 10—35a IX

kanadevi< Skt.kaṇadeva(提婆,龙树的弟子) 280(20)/IV

kananp(u)r< Skt. Koṅkāṇpura(恭建那补罗,古国名) 745 (19)/IV

kanyakupči< Skt.Kusumapura(曲女城) SI Uig 3 54b(781)/V

kapilavastu< Skt. kapila-vastu(劫比罗城) HtStp SI Uig 3 19b (145—146)/VI

kapis< Skt.Kapiśā(褐色的) HtStp SI Uig 3 18a(65)/VI

kappaliki< Skt.kāpālika(迦波梨迦派) 1371(9)/IV

karčuragir< Skt. Kajughil(羯朱嗢祇罗国) 107(15)/IV

karunisuvarna< Skt. Karnasuvarna(羯罗拏苏伐剌那国) 136 (25)/IV

käš /yapiyi/< Skt. Kāśyapīya(迦叶臂耶部) SI Uig 3 61b (1138)/V

kašip< Skt.Kāśyapa(迦叶波佛) SI Uig 3 3a(1531)/V

kašmir< Skt.Kaśmira(迦湿弥罗) SI Uig 3 61b(1140)/V

kašyapiyi< Skt.Kāśapīya(迦叶臂耶) HtStp SI Uig 3 18b(93)/VI

kaušambi< Skt. Kauśāmbī(憍赏弥国) HtStp SI Uig 3 18a (59)/VI

kavi< Skt.kāvya(诗)　HtStp SI Uig 3 17a(7)/VI

kavisa< Skt.Kasha(佉沙国)　SI Uig 3 66b(1393)/V

kavisav/i/< Skt.Kapiśa(迦毕试国)　SI Uig 3 61b(1146)/V

kavy< Skt.Kāvya(作诗,赞颂)　4—1a IX

kinguta< Skt. Kongoda(恭御陀国)　236(13)/IV

kolti< Skt.koṭi(千万,亿)　509(23)/III

kośal< Skt. Kośalā(憍萨罗国)　253(11)/IV

košavrti< Skt.kośa-vartati(俱舍)　826(21)/III

kośavrti-šastr< Skt. Abhidharma-kośa-śāstra(阿毗达磨俱舍论) HtPek 20b 2020 VII

košnirti-šastr< Skt.Abhidharmakośa-śāstra(俱舍论)　SI Uig3 59b (1037)/V

kraža< Skt.kaṣāya(袈裟)　5—20b IX

kšanti< Skt.kāṣnti(忍辱,安忍)　4—12b X

kšanti< Skt.kṣaṇa(刹那)　HtPek 9a 1389VII

kšatrik< Skt.kṣatriya(刹帝利)　1078(20)/IV

kugutasarp< Skt.Jāguḍa(漕矩吒国)　SI Uig 3 62b(1184)/V

kumaračive< Skt.Kumārajīva(鸠摩罗什)　HtPar 175 (31a) 902

kumari< Skt.Kumāra(鸠摩罗)　HtPar.101(12)/V

kurana< Skt.Kurāṇa(屈浪那国)　SI Uig 3 65a(1327)/V

kuyčira< Skt.Gurjara(瞿折罗国,西印度古王国)　915(20)/IV

kužatrï< Skt.kṣattra(盖)　13—2b X

lampa< Skt.Lampā(蓝波国)　SI Uig 3 61b(1149)/V

ličavi< licchavi(仙族王种)　280(23)/III

lin< Skt.leṇa(室,静室)　18—38b IX

loɤala< Skt.Laṅgala(狼揭罗国)　945(25)/IV

m(a)ha bodiram-sängräm< Skt.Mahābodhi-saṃghārāma(摩诃菩提寺) HtPek 16b 1792 VII

m(a)habodi< Skt.Mahā-bodhi(大菩提) HtStP SI Uig3 67b 675 VIII

m(a)hakašip< Skt.Mahākāśyapa(摩诃迦叶) HtPek 20b 2001 VII

m(a)hamay< Skt.Mahamaya(摩诃摩耶) 158(20)/III

m(a)hayan< Skt.Mahāyāna(大乘) HtStP SI Uig3 82b 96 VIII

m/ha/-sangik< Skt.Mahā-Saṃghika(大众部) HtStp SI Uig 3 18b(86—87)/VI

magat< Skt.Magadha(摩揭陀国) 1061(26)/IV

MAHAÇAMPA< Skt.Mahācampā(摩呵瞻波国) 184(15)/IV

Mahayana-sangr(a)h-šastar< Skt.Mahāyāna-saṃgraha-śāstra(摄大乘论) HtPek 1a 956—957 VII

mahaynmokšadivi-< Skt.Mahāyānadeva(摩呵耶那提婆奴) 1502(23)/IV

mahentri< Skt. Mahendra(摩醯因陀罗) 647(27)/IV

mahišvarapur< Skt. Mahesvarapura(摩醯湿伐罗补罗国) 929(9)/IV

mahišvari< Skt.Maheśvara(大自在天) SI Uig 3 55a(821)/V

maitri< Skt.Maitreya(弥勒) 3—15a X

mančuširi< Skt.Mañjuśrī(曼殊室利,即文殊菩萨) 1155(8)/IV

mandal< Skt.maṇḍala(曼荼罗) 12(20)/III

maxačinadiš< Skt.mahācīnadeśa(大汉国,即中国) 21—18a X

maxarac< Skt.mahārāja(大王,最高统治者) 9—17a X

maxasatva< Skt.Mahāsattva(摩诃萨埵) 18—5b X

maxa-vaybaš< Skt.Mahā-vibhāṣā(大毗婆沙论) 16—31a IX

maxayana< Skt.mahāyāna(大乘) 10—1 3b IX

mɤiz< Skt.Mahiśāsaka(弥沙塞,律部名) HtStp SI Uig 3 18b (91)/VI

mokšadeve< Skt.Mokṣadeva(木叉提婆) HtPek17b 1851 VII

mrgadava< Skt.Mṛgadāva(鹿野苑) HtStp SIUig 3 18a(55)/VI

mulasapur< Skt.Mūlasthāna-pura(茂罗三部卢) 1023(12)/IV

mxasŋik< Skt.Mahasanghika(大众部法) SI Uig 3 64a(1266)/V

mxayanadiv/i/< Skt.Mahāyānadeva(摩诃耶那提婆) SI Uig 3 41a(550)/V

mxayansangrx-šastr< Skt. Mahāyāna-samgraha-śāstra(摄大乘论) SI Uig 3 59b(1037—1038)/V

nagaraxar< Skt.Nagarahāra(那揭罗曷,印度古国名) 6—27a X

naggarčune< Skt.Nāgārjuna(龙猛) HtPek 19a 1934 VII

nairančan< Skt.Nairañjanā(尼连禅河) Verschollenes Blatt(10b)(484)VII

nakšatir< Skt.Nakṣatra(星座) HtStp SI Uig 3 32b(1213)/VI

nalandram< Skt. Nālandā(那烂陀) 1139(15)/IV

nayut< Skt.nayuta(万,千亿) 9—13a X

ngagrahar< Skt.Nagarhāra(那揭罗易国) HtStp SI Uig 3 18a (74)/VI

nigranti< Skt.Nigrantha(尼乾子) HtPar.101(15)/V

nikay< Skt.nikāya(部派) 245(22)/IV

nirvan< Skt.Nirvāṇa(涅槃) HtPek 20b 2000 VII

nyana[prbe]< Skt.Jñānaprabha(智光) HtPek 16b 1793 VII

nyaya-anusare-šastr< Skt. Nyāyānusāra-śāstra(顺正理论) HtPek

20b 2020—2021 VII

oog-šastrïɣ< Skt.Yogācāra-bhūmi-śāstra(瑜伽论) 198(11)/IV

ot< Skt.Udra(乌荼国) 1356(19)/IV

pančav(a)ršïq< Skt.pañcavārṣika(無遮大会) Ht Pek194a 135 (4) /II

pänžü< Skt.Badakshān(钵铎创那国) SI Uig 3 65a(1316)/V

paramit< Skt.paramārtha(真谛) HtPek 12a 1551 VII

paramït< Skt.pāramitā(波罗蜜多) 19—5b X

patir< Skt.pātra(容器,碗) 4—30b IX

pratyagupti< Skt.Prajāgupta(般若毱多) 1385(23)/IV

prtyadeve< Skt.Prajñādeve(慧天) HtPek 16b 1794 VII

purani< Skt.pūraṇa(圆满) HtStp SI Uig 3 19b(147)/VI

purnavarmi< Skt.pūrṇa-varman(满胄王) 1096(15)/IV

purnavartan< Skt.Pundavardhana(奔那伐弹那国) 113(21)/IV

purnavasu< Skt.punarvasu(井宿) 10—16a X

purohitisi< Skt.purohita(国师) HtStp SI Uig 3 23a(333)/VI

purva-šaylak< Skt. Pūrvaśaila(弗婆势罗,东山住部) 326 (12)/IV

puryabodigir< Skt. Praghbodi(钵罗笈菩提山) HtStp SI Uig 3 17b(50)/VI

r[i]divid< Skt. Ṛg-veda(梨俱吠陀,四吠陀之一) HtPek 17a 1835 VII

racagrxa< Skt.Rājagṛha(王舍城) 23—4b X

ražavrt< Skt.räjävarta(青色) HtPek 1b 987 VII

š(a)rir< śarīra(舍利) 309(24)/III

s'p'nys r'p'v< Skt.Asvabhāva(无性,非自性) HtPek 1a 955 VII

šakimuni< Skt.Śākyamuni(释迦牟尼)　1656(10)/IV

sal< Skt.sāla(沙罗树)　19—20b X

šamabu/mi/< Skt.Samādhi(三昧)　SI Uig 3 2a(1455)/V

samadarat< Skt.Samatata(三摩怛吒国)　185(16)/IV

samadi< Skt. sam-matīya(正量部)　1054(19)/IV

šambi< Skt.Shangmi(商弥国)　SI Uig 3 66a(1355)/V

šanavaze< Skt. Sāṇavāsa(舍那婆斯，阿难的弟子)　HtPek 20b 2001 VII

sangadi< Skt.saṅghāṭī(长袍)　15—16b X

sangist(a)vre< Skt. Saṅghasthavira(僧伽上座)　HtPek 17b 1845 VII

sangiti< Skt.saṅgiṭī(结集)　17—22b X

sängräm< Skt. saṃghārāma(僧伽蓝，佛教僧院)　HtPek 1b 968 VII

sansar< Skt.saṃsāra(轮回)　HtPek 12a 1537VII

saptašabumi-šastr< Skt. saptadaśa-bhūmi-śāstra(十七地论) 13—25aX

šariputre< Skt. śāriputra(舍利佛)　136(24)/III

šarïr< Skt.śarīra(舍利)　1—27a IX

sarupapadi< Skt.Dhruvabhatta(杜鲁婆跋吒国)　895(23)/IV

sarvabata-si< Skt. Sarvāstivada(萨婆多寺)　SI Uig 3 9a (1830)/V

sarvastivad< Skt.Sarvāstivāda(说一切有部)　954(12)/IV

saryadate< Skt.Sūryadatta(日授)　HtPek 18a 1867 VII

šastr< Skt.śāstra(经论，经书)　15—5b IX

šazïn< Skt.śāsana(教法，圣教)　15—36b IX

sdrmapuntrik< Skt.Saddharma-puṇḍorīka(法华经) HtStpSI Uig 3 18a(70)/VI

šila< Skt.śīla(戒行,戒律) 1349(12)/IV

šilabadri< Skt.Shīlabhadra(戒贤法师) 1327(15)/IV

sinhanadivip< Skt.Siṃhaladvipa(僧伽罗) 438(16)/IV

sinhaprbi< Skt.siṃha-raśmi(师子光) 1333(21)/IV

sintu< Skt.Sindhu(信度国) 1006(18)/IV

sinxačan< Skt.Siṃha-candrā(师子月) SI Uig 3 59b(1035)/V

sinxaprabi< Skt.Siṃha-raśmi(师子光) SI Uig 3 59b(1035)/V

širi< Skt.śrī(妙相) 6—25a X

sït< Skt.sītā(徙多河) SI Uig 3 1a(1411)/V

sitavira< Skt. Sthāvira(上座部) 245(22)/IV

šlok< Skt.śloka(偈,诗节) 5—13b X

somačantri< Skt.Somachattra(月盖尊者) 5—29a IX

šortapan< Skt.śrotāpanna(入流果) 582(16)/III

śRī-< Skt.Sriksetra(室利差怛罗国) 178(09)/IV

stup< Skt.stūpa(窣堵波) 2—3a X

subudi< Skt.Subhuti(须菩提) HtStp SI Uig 3 35a(1017)/VI

sudra< Skt.Sūtra(经) SI Uig 3 1b(1434)/V

suduruɣ< Skt. Sūtra (苏妒路,即契经) HtStP SI Uig3 68a 699 VIII

šulyavi< Skt. Colya(珠利耶国) 366(16)/IV

sum[er]< Skt. Sumeru (须弥山) Verschollenes Blatt (10b) (482) VII

surätа< Skt.Surāṣ ṭra(苏剌佗国) 908(13)/IV

sutavas< Skt.śuddhāvāsa(净宫,净舍) 14—30a IX

talavan< Skt.tāla(多罗树) 768(20)/IV

tapïɤčï< Skt.pāpīyās(波旬) 2—14a IX

tirti< Skt.tīrtjika(外道) 826(21)/IV

toxari< Skt.Tukhāra(睹货罗国) SI Uig 3 64a(1274)/V

tužit< Skt.tuṣita(兜率天,妙足天) Ht Pek 189b 86(6)/II

učana< Skt.Ujayana(邬阇衍那国) 918(23)/IV

ud/yan/< Skt.Udyāna(乌长那国) SI Uig 3 61b(1137)/V

udakagant< Skt. Udākhāṇḍa(乌铎迦汉荼城) SI Uig 3 61a (1119)/V

udayani< Skt.Udayana(出爱王) HtStp SI Uig3 18a(59)/VI

udun< Skt.Kustana(于阗) SI Uig 3 9a(1823)/V

urungu< Skt.Upagupta(优婆毱多,阿育王时僧人) HtPek 20b 2007 VII

ušar< Skt.ūṣa(乌铩国,今莎车) SI Uig 3 2a(1478)/V

utari< Skt.Uttara(嗢怛罗,南印度珠利耶国人) 393(25)/IV

v(a)žir< Skt.Vajra(金刚杵) 335(22)/III

Vahšu< Skt. Vaṅkṣu(缚刍河,恒河的支流) SI Uig 3 64a (1276)/V

vaibaš< Skt.Vibhāṣā(毗婆沙) 826(21)/III

vaišali< Skt.Vaiśāli(毗舍离) HtStP SI Uig3 75b 406 VIII

vaišalidaqï< Skt.vaiśālī(吠舍釐王) 730(17)/III

vaïšïravanï< Skt.vaiśravaṇa(财主,毗沙门) 9—17a X

valukačambay< Skt.Bharukaccha(跋禄羯呫婆国) 811(25)/IV

vanta-višay< Skt.Khabandha(朅槃陀国) SI Uig 3 1a(1408)/V

vasubandu< Skt. Vasubandhu(世亲,印度佛教论师) HtPek 1a 957 VII

vasubantu< Skt.Vasubandhu(天亲,译"世亲") 15—26b X

vats< Skt.Kapitha(劫比他国) HtStp SI Uig 3 18a(64)/VI

vayram< Skt.vairambha(迅猛风) HtStp SI Uig 3 21a(231)/VI

vayročani< Skt.V airocana(毗卢折那) SI Uig 3 9a(1835)/V

Vayšali< Skt.Vaiśāli(巧舍厘国) HtStp SI Uig 3 18a(78)/VI

vayširvani< Skt.Vaiśravaṇa(毗沙门天) SI Uig 3 4b(1609)/V

ved< Skt.veda(吠陀) Ht Pek 184b 13/II

venuvan< Skt.veṇuvan(竹林) 2—5a X

vignan< Skt.Vacana(声明论) HtStp SI Uig 3 18b(100)/VI

vimalakirt< Skt. Vimalakīrti(维摩诘) HtStp SI Uig 3 35a (1019)/VI

vinay< Skt.vinaya(戒律) 3—21b IX

viratana< Skt. Virāṭanagara(毗罗那拏国) SI Uig 3 59b (1032)/V

višay< Skt.viṣaya(感官之对象) 1356(19)/IV

viyakyan-šastr< Skt. Vijñāpti-mātratā-siddhi-śāstra(唯识论) 393 (25)/IV

vrhar< Skt.vīhāra(寺院) HtPar 150(19b)(310)VII

vyakrit< Skt.vyākṛti(记,受记) 5—13a X

vyaqiran< Skt.Vyākaraṇa(印度外道六论之一) 832(27)/III

wčir< Skt.Vajra(金刚) HtPar.101(15)/V

xasït< Skt.Khosita(阔悉多国) SI Uig 3 64a(1272)/V

xaymadari< Skt. himatala(呬摩呾罗国) SI Uig 3 64b(1298)/V

yamagan< Skt.Invakan(淫薄健国) SI Uig 3 65a(1323)/V

yavanadivip< Skt. Yāvadvīpa(阎摩那洲国) 185(16)/IV

yoog-šastr< Skt. Yogācārya-bhūmi-śāstra(瑜伽师地论) HtPek

20b 2018 VII

čaxšapat< Sogd.čxš’pδ< Skt.śikṣāpada(斋戒) 18—8b X

vrhar< Sogd.Brɤ’r< Skt.vihāra(寺庙) HtPek 1b 979 VII

p(a)ryan< TokhA. prayam< Skt. parayama(僧房) HtPek 1a 943 VII

pryan< TokhAprayām< Skt.paryayaṇa(房子) 4—22b IX

anïtyad< Tokh.B.anityāt< Skt.anityatā(不定,无常) 11—24a X

第四节 回鹘文献《慈悲道场忏法》梵语借词研究

一、回鹘文献《慈悲道场忏法》概况

回鹘文《慈悲道场忏法》(Kšanti Qılğuluq Nom Bitig)为现存最重要的忏悔文文献。研究回鹘文《慈悲道场忏法》的学者主要有德国的克劳斯·若尔本(K.Röhrborn)、英格丽德·瓦陵克(Ingirt Warnke)、彦斯·威尔金斯(Jens Wilkens),日本学者庄垣内正弘以及中国的张铁山、阿依达尔·米尔卡马力、迪拉娜·伊斯拉菲尔等学者。回鹘文《慈悲道场忏法》目前主要收藏于德国、俄罗斯与中国等国家。

下文我们摘录的梵语借词主要是采用2007年Jens Wilkens出版的本子,即*Das Buch von Dersündentilgung*, *Edition des alttürkisch-buddhistischen kšanti kilguluk Nom Bitig*一书。该文本是Jens Wilkens在K.Röhrborn、I.Warnke、庄垣内正弘以及他成果基础上的一个集大成之作。该著作分为两卷,共收4 443行回鹘文,其主要包括:一、Vorwort(前言);二、Einleitung(序言);三、Edition(编辑);四、Glossar(词汇表);

五、Transliterationen(转写);六、Tafeln(图版),等内容。

二、回鹘文献《慈悲道场忏法》梵语借词研究

下面根据 Jens Wilkens 为底本的《慈悲道场忏法》中的梵语借词主要有:①

ačari< Skt.ācārya(阇梨) 0101

adičit< Skt.ādi+citta(初,始心,心念) 1149

akar< Skt.ākāra(相,性,想) 3655

anačan< Skt.Añjana(安阇那) 3176

arhant< Skt.arhat(罗汉) 0762

arži< Skt.ṛṣi(仙) 0255

asanyik< Skt.āsaṃjñika(?) 1090

asanyik< Skt.āsaṃjñika(无想) 1090

asipṭravan< Skt.asipttravana(刀叶森林) 2244

asure< Skt.asura(阿修罗) 0492

buyan< Skt.puṇya(福乐,功德) 0088

d(a)rmaš(a)rir< Skt.dharmaśarīra(法身) 3712

dari< Skt.dhāraṇī(陀罗尼) 0257

dyanlabi< Skt.dhyānalābhin(禅定者) 0101

kesari< Skt.kesarin(狮子) 1848

kumari< Skt.kumārī(童女,孺童) 1848

maḍum(a)ntik< Skt.madhumanthaka(蜂蜜) 3709

m(a)has(a)t(a)v< Skt.Mahāsattva(摩诃萨) 3373

① Jens Wilkens, *Das Buch Von Der Sündentilgung*, Berliner Turfantexte XXV, Brepols Publisher n.v., Turnhout, Belgium, 2007.

m(a)hayan< Skt.Mahāyāna(大乘)　1230

maitri< Skt.maitrī(慈心)　0296

mančuširi< Skt. Mañjuśrī(文殊师利)　4150

manočap< Skt.manojavā(速念,咒)　4150

mora< Skt.mayūra(孔雀)　2361

muhrut< Skt.muhūrta(暂时,须臾)　0820

naivazike< Skt.naivāsika(神)　0175

namo darm< Skt.namo dharmāya(南无法)　0165

namo saŋ< Skt.namaḥ saṃghāya(南无僧)　0165

narakapalake< Skt.narakapālaka(狱卒)　2934

nayut< Skt.nayuta(千亿)　1540

p(a)dik< Skt.pādaka(章)　2115

pratikabut< Skt.pratyekabuddha(缘觉,辟支佛)　3657

S(a)d(a)rmapunḍariksudur< Skt.Saddarmapuṇḍarīka-sūtra(法华经)　0825

sarvatayan< Skt.sarvajñāna(种智)　2641

sumuk< Skt.sumukha(妙门)　4377

šarmaranč< Skt.śrāmaṇerikā(沙弥尼)　1895

šarmire< Skt.śrāmaṇera(沙弥子)　1416

šikšamane< Skt.śikṣamāṇa(式叉摩那,即沙弥尼)　1894

tištanti< Skt.tiṣṭhantika(现在)　0425

v(a)čanepale-sudur< Skt.vacanapāla-sūtra(诵经)　0751

v(a)čraupam< Skt.vajropama(金刚)　2328

v(a)čcracedak< Skt.vajracchḍikā-sūtra(金刚经)　0544

vigne< Skt.vighna(障碍)　4389

bodimant< Skt.bodhimaṇḍa(道场)　11[29]

šravak< Skt.śrāvka(声闻) 12[29]

vinayik< Skt.vināyaka(上尊) 43[89]

šuraŋgasmap(a)ti< Skt.śūragasṃāpaati(首楞严三昧) 1[8]85

anantarš< TochB.anantārś< Skt.ānantarya(无间断的) 2811

asanke< TochA.asaṃke< Skt.asaṃkhyeya(无数) 0034

bodipakšik < TochB. bodhapakṣik < Skt. bodhipakṣika (道场)[366]8

čambudivip < TochB. jambudvip/TochA. jambudvɪp < Skt. jambudvɪpa(阎浮提) 1175

čankramit< TochB.cankramit< Skt.caṅkramita(经行) 0599

čarit< TochB.carit< Skt.carita(行,所修) 0155

čar< TochA.jar< Skt.jaṭā(生,所生) 0155

čog< TochA/B.cok(威严) 0644

dežit/ḍežit< TochB.deśit/teśit< Skt.deśita(说,演说) 0012

dyan< Sogd.dy'(')n/TochA/B.dyhāṃ< Skt.dhyāna(坐禅) 0405

kalp< TochAkalp/Sogd.krp(klp)< Skt.kalpa(劫) 01080

karm(a)p(a)t< TochA/B. karmapath < Skt. karmapatha (善)[36]51

kašip< TochA/B.kāśyap< Skt.kāśyapa(迦叶) 2072

krakašunḍe/krakašunḍe < TochA. krakasundi < Skt. krakucchanda (拘留孙) 2072

kšanti< TochA/B.kṣānti< Skt. kṣānti(忏悔) 0010

kšan< TochA.kṣaṃ/TochB.kṣaṃ~kṣāṃ< Sogd.kšn< Skt.kṣaṇa(刹那) 0819

lakšan< TochA.lokṣaṃ< TochB.lokṣāṃ< Skt.lakṣaṇa(色相) 0[872]

madar< TochA.mātār/TochB.mātar< Skt.makara(水兽)　2916

m(a)habut< TochB.mahābhūt< Skt.mahābhūta(四大)　0643

maliki < TochA. Mālīkā/TochB. Mālika < Skt. Mālikā (摩利迦花)　1338

moḍgalayane/modgalayane < TochB. Maudgalyāyane < Skt. Maudgalyāyana(目连)　1409

namo< TochA.namo< Skt.namaḥ(南无)　0165

namobut < TochA. namobudha < Skt. namo buddhāya (南无佛)　0165

narayan< TochA.Nārāyaṃ< Skt.Nārāyaṇa(那罗延)　1540

nirvan < TochA/B. nervāṃ/Sogd. nyrβ'n < Skt. nirvaṇa (涅槃)　3719

panšukkul< TochB.pāṃsukūl< Skt.pāṃśukūla(粪扫)　0594

pr(a)mit< TochA/B.pāramit< Skt.pāramitā(度,到彼岸)　0718

pret< Sogd.pr'yt/TochA.pret< Skt.preta(饿鬼)　0311

rahu< TochA/B.rāhū/rāhu< Skt.rāhu(罗睺)　2432

rakšaz< TochA.rākṣäs< Skt.rākṣasa(罗刹)　2935

rasayan< TochA.rasāyaṃ< Skt.rasāyana(甘露)　2935

sadu< TochA.sādhu/Sogd.sδ'w< Skt.sādhu(善)　2057

strayastriš< TochA.strāyastriñś< Skt.trāyastriṃśa(忉利)　0210

sumer< TochA/B.sumer< Skt.sumeru(须弥山)　2902

šakimuni< TochA/B.śākyamuni< Skt.śākyamuni(释迦摩尼)　1265

šala< TochB.śāl< Skt.śāla(舍,家)　0427

šalmali< TochB.śāl< Skt.śalmalī(刺林地狱)　[23]3[3]

šarmire/šarmare< TochB.ṣarmire< Skt.śrāmaṇera(沙弥子)　1416

šastar< TochA/B.śastär< Skt.śāstra(论,因论)　3331

šazɪn< TochA/B.śāsaṃ< Skt.śāsana(教化,圣教) 1531

šäkär< TochB.śaklār/šqr< Skt.śarkara(石蜜) 14[17]

šiki< TochA.śikhin< Skt.śikhin(持髻) 2065

šlok< TochA/B.ślok/Sog.śl'wk< Skt.śloka(偈,颂) 0825

šuḍavaz< TochA/B.śuddhāvās< Skt.śuddhāvāsa(净宫) 1091

tirte< TochB.tirthe< Skt.tīrthika(外道,外学) 0369

ušnir< TochA/B.uṣṇīr< Skt.uṣṇīṣa(顶髻) 3497

v(a)čir/v(a)žir< TochB. waśīr/TochA. waśiir< Skt. vajra(金刚) 1886

vairag< TochB.vairāk< Skt.vairāga(怨恨) 0624

vipaši< Toch.Vipaśyin< Skt.Vipaśyin(妙观察) 2064

Viśvabu< TochA.Viśvabhu< Skt.Viśvabhu(毗舍浮) 2067

vyakrit< TochA/B.vyākarit< Skt.vyākṛti(授记) 1508

yantirlɪg< TochA.yantär< Skt.yantra(机关) 2336

yogačari< TochA/B.yogācāre< Skt.yogācārin(行人) 0736

bodis(a)t(a)v< Sogd.pwtystβ< Skt.bodhisattva(菩萨) 0150

čaxapat< Sogd.čxš'pδ< Skt.śikṣāpada(戒律) 0102

č(a)k(i)r< Sogd.ckkr< Skt.cakra(轮) 3790

čintamani< Sogd.cynt'm(')ny/TochA/B.cintāmaṇi< Skt.cintāmaṇi cakra(摩尼宝) 2819

d(a)rm< Sogd.drm(h)/TochA.dharm< Skt.dharma(法) 0165

m(a)harač< Sogd.mγ'r'c< Skt.mahārāja(大王) 0256

maitri< Sogd.m'ytry< Skt.maitreya(弥勒) 0178

parinirvan< Sogd.prnnnyrβ'n< Skt.parinirvāṇa(圆寂) 2951

pret< Sogd.pr'yt/TochA.pret< Skt.preta(饿鬼) 0311

saŋ< Sogd.snk/TochA.sṅk/TochB.sānk< Skt.saṃgha(僧) 0165

säŋräm < Sogd. snkr'm/TochA. saṅkrām/TochB. sankrām < Skt. saṃghārāma(佛教僧院)　0165

sansar< Sogd.sns'r/TochA/B.saṃsār< Skt.saṃsāra(生死)　0639

sudur< Sogd.swtr/TochA/B.sūtär< Skt.sutra(经)　0288

upasanč< Sogd.wp's'nch< Skt.upāsikā(优婆夷)　0440

upase< Sogd.wp's'k< Skt.upāsaka(优婆塞)　0439

virhar< Sogd.βrγ'r< Skt.vihāra(庙)　2064

yočan< Sogd.ywcn/TochA.yojam< Skt.yojana(由旬)　1174

第五节　回鹘文献《说心性经》梵语借词研究

一、回鹘文《说心性经》概况

1. 回鹘文《说心性经》简介

回鹘文《说心性经》(Xin tözin uqidači nom),1907 年斯坦因(A.Stein)在敦煌千佛洞所获,现藏于伦敦大英博物馆,编号 Or. 8212—108(第 2a—16b 叶),存 30 叶,404 行。纸质细薄,长 5.88 寸,高 7.75 寸,清晰可读。作者系一位名叫法乘(Vapšïn)或法藏(Vaptsu)的法师,现存写本的抄写者名叫 Cisuya。书中多处引用相当于汉文《首楞严经》和《华严经》的文字。

2. 回鹘文《说心性经》的来源

学术界关于回鹘文《说心性经》文献来源有不同的观点,主要有以下几种:源自回鹘文原著,西纳斯·特肯(Ş. Tekin)与鲁本(W.Ruben)在其论文 Bir Uygur filozofu hakinda(《关于一部回鹘哲学作品》)中,认为其不是翻译作品,而是回鹘文原著。[①] 阿里木·玉苏甫从题跋中的 yarat-、回鹘人特点的描写、夹写汉字的特点及佛教术语等方面论证《说心性经》并不是翻译作品,而是回鹘文原创文献。[②] 德国彼特·茨默(P. Zieme)认为其译自梵文。[③] 此外,澳大利亚学者谢德琼(J.W.De Jong)认为可能译自汉文不知名的"禅宗"文献。[④]

3. 回鹘文《说心性经》的研究概况

我国对回鹘文《说心性经》的研究主要有张铁山教授的《回鹘文佛教文献〈说心性经〉译释》(《中国少数民族文学与文献》,辽宁民族出版社,1997 年)、杨富学与张田芳的《敦煌本回鹘文〈说心性经〉为禅学原著说》(西南民族大学学报,2018 年第 1 期)、阿里木·玉苏甫的《敦煌回鹘写本〈说心性经〉研究》(中国社会科学出版社,2014 年)以及张田芳的博士论文等;[⑤]国外的学者,有阿拉特(R.R.Arat)、[⑥]鲁本(W. Ruben)、[⑦]庄垣内正弘、[⑧]彼特·茨默(P.Zieme)等。[⑨]

---

① W.Ruben, Bir Uygur filozofu hakinda, *Türk Tarih Kongresi*, Vol.III, Ankara, 1948, pp. 316—337.

② 阿里木·玉苏甫:《回鹘文〈说心性经〉来源考》,《民族语文》2010 年第 1 期,第 59—64 页。

③ P.Zieme 著,桂林、杨富学等译:《佛教与回鹘社会》,民族出版社,2007 年,第55 页。

④ 阿里木·玉苏甫:《敦煌回鹘写本〈说心性经〉研究》,中国社会科学出版社,2014 年,第 8 页。

⑤ 张田芳:《敦煌本回鹘文〈说心性经〉探原》,兰州大学博士论文,2018 年。

⑥ R.R.Arat, *Eski Türkširi*, Ankara: Türk Tarih Kurumu yayilari, 1965, p.45.

⑦ W.Ruben, Bir Uygur filozofu hakinda, *Türk Tarih Kongresi*, Vol.III, Ankara, 15~20 kasim Ig 43. Kongreye sunulan tebli gler, *Türk Tarih Kurumu yayinlanndan* Ⅸ, 3 (1948), pp.314-337.

⑧ Shogaito Masahiro, On the Uygur Manuscript Or 8212(108) in the British Museum, *Tōyō Gakuhō* 57, 1-2(1976) 17-35,(p.21).

⑨ P.Zieme, *Religion und Gesellschaft im Uigurischen Königreich von Qočo*, Abhandlungen der Rheinisch-Westfälischen Akademie der Wissenschaften, 88 Opladen: Westdeutscher Verlag (1992): 43-44.

二、回鹘文《说心性经》梵语借词研究

下面据阿里木·玉苏甫《敦煌回鹘写本〈说心性经〉研究》为底本筛选梵语借词：[1]

abipirayi< Skt.abhiprāya(意思)　74

akšar< Skt.akṣara(信书)　120

ananta< Skt.ānanda(阿难陀)　49

asurï< Skt.asura(阿修罗)　138

birätikä-but< Skt.pratyeka-buddha(辟支佛)　137

biratya< Skt.prajña(智)　342

birit< Skt.preta(饿鬼)　138

bodï< Skt.bodhi(菩提)　149

bodistw< Skt.bodhisattva(菩萨)　183

č(a)qšapat< Sogd.čxš'pδ< Skt.śikṣāpada(戒律)　326

čagirawrt< Skt.čakravartin(转轮王)　242

dyan< Skt.dhyāna(定)　296

kalp< Skt.kalpa(劫)　385

nïrwan< TochB.nervāṃ[2]< Skt.nirvāṇa(涅槃)　12

padma-lankkr< Skt.padma-alaṃ-kāra(华严经)[3]　183

paramït< TochB.pāramit[4]< Skt.pāramitā(度)　330

---

[1] 阿里木·玉苏甫：《敦煌回鹘写本〈说心性经〉研究》，第34—126页。

[2] Douglas Q. Adams, *A Dictionary of Tocharian B* (*Revised and Greatly Enlarged*), Amsterdam-New York, 2013, p.360.

[3] "padma 莲花；alaṃ-kāra 装饰，严具"。林光明、林怡馨主编：《梵汉大词典》，第825、68页。《华严经》全称为《大方广佛华严经》(梵文 Buddha-avatamsaka-nama-mahavaipulya-sutra)。

[4] Douglas Q.Adams, *A Dictionary of Tocharian B*(*Revised and Greatly Enlarged*), p.392.

partakčan< Skt.pṛthag-jana(凡人) 2

sadu< Skt.sādhu(好) 405

sansar< TochB.saṃsār< Skt.Samssāra(轮回) 9

sïrawak< Skt.śrāvaka(声闻,弟子,小乘人) 138

sïrawast< Skt.srawasti(舍卫城) 49

sudur< Skt.sudur(经) 48

surungamï< Skt.surungama(楞严经) 48

yatïndatï< Skt.Yajñadatta(诸人之名)[1] 49

第六节 回鹘文佛教论藏文献梵语借词研究

一、回鹘佛教论藏文献概况及其梵语借词研究

牛汝极在其著作中列举了回鹘佛教10部论藏文献,[2]即《阿毗达磨俱舍论》《阿毗达磨俱舍论安慧实义疏》《阿毗达磨俱舍论本颂》《金花抄》《龙树菩萨劝诫王颂》《妙法莲华经玄赞》《入阿毗达磨论》《入菩提行疏》《唯识三十论颂疏》与《诸种缘起》等。

下面选择部分回鹘论藏文献筛选梵语借词。

1.《阿毗达磨俱舍论》梵语借词研究

《阿毗达磨俱舍论》(简称为《俱舍论》),印度佛教大师世亲(400—480)著。本论的内容基本反映了当时流行于迦湿弥罗之有部

① 林光明、林怡馨主编:《梵汉大词典》,第1499页。
② 牛汝极:《回鹘佛教文献:佛典总论及巴黎所藏敦煌回鹘文佛教文献》,第142—158页。

关于世界观、人生观及修行方面的主要学说。本论的架构与有部学说的传统精神一致，是以“四谛”为纲领的。① 回鹘文《阿毗达磨俱舍论》现存残卷收藏情况如下：

（1）瑞典首都斯德哥尔摩民族学博物馆，共16叶。

（2）日本京都有邻馆，一张残叶，属于第3卷，出自敦煌千佛洞，为日本大谷探险队所得。

（3）甘肃博物馆，一叶两面，属于第8卷，编号为10561。1987年耿世民对此进行了研究，即《回鹘文〈阿毗达摩俱舍论〉残卷研究》（《中央民族学院学报》1987年第4期、《民族语文》1987年第1期）。

（4）北京图书馆，一叶两面，属于第5卷。张铁山和王梅堂合作研究了北图的这一回鹘文残卷，成果即《北京图书馆藏回鹘文〈阿毗达摩俱舍论〉残卷研究》（《民族语文》1994年第2期）。

除了回鹘文本《阿毗达摩俱舍论》外，尚有梵文本、汉文本和藏文本。回鹘文《俱舍论》系译自汉文本，但译者不详。从回鹘文译文来看，译者除有很高的汉文水平且精通佛学外，还懂得梵文。

2.《回鹘文〈阿毗达摩俱舍论〉残卷研究》中的梵语借词

（1）据原文拉丁字母转写②筛选梵语借词：

arhant< Skt.arhat（阿罗汉）　3

nirwan< Skt.nirvāṇa（涅槃）　6

udan< Skt.uddādā（摄颂）　25

slok< Skt.śloka（诗）　25

tuui< Skt.duṣī（头师，恶魔名）　45

awisi< Skt.avīci（阿鼻，无间地狱）　46

---

① 振宇：《〈俱舍论〉史略及其价值》，《法音》2008年第3期，第6—15页。

② 耿世民：《回鹘文〈阿毗达摩俱舍论〉残卷研究》，《民族语文》1987年第1期，第56—61、50页。

anantaras< TochB.anantārś[1]< Skt.ānatarya(无间罪) 56

(2) 据原文拉丁字母转写[2]筛选梵语借词：

antrabap< Skt.antarā-bhava(中阴) 11

agam< Skt.āgama(教法) 12

nikay< Skt.nikāya(部派) 16

kantrwa< Skt.gandhayva(乐神,乐师) 23

aswalayana< Skt.Āśvalāyana(掌马旋经) 11

brmana< Skt.brahmaṇa(婆罗门) 30

ksatarisk< Skt. kṣatāriya(刹帝利) 30

pancanagami< Skt. Pañca-anāgāmin(五不还)[3] 36

makisasaki< Skt.mahīśasaka(化地部) 42

3.《北京图书馆藏回鹘文〈阿毗达磨俱舍论〉残卷研究》中的梵语借词

sastīrkarï< Skt.śāstra-kāra(论书的著者) 7

upasï< Sogd.wp's'nch[4]< Skt.upāsaka(近事) 7

varsïsïk< Skt.varsïsïkï(胜论宗) 64

vïpasag< Skt.vibhāṣa(毗婆沙师) 8—9(反面)

vraqtapal< Skt.vrhatphala(广果天) 33(反面)

utrakïrap< Skt.uttarakuru(北俱卢洲) 65(反面)

---

[1] Douglas Q.Adams, *A Dictionary of Tocharian B* (*Revised and Greatly Enlarged*), p.11.

[2] 耿世民:《回鹘文〈阿毗达摩俱舍论〉残卷研究》,《中央民族学院学报》1987 年第 41 期,第 86—90 页。

[3] 指不再生还欲界限,而从色、无色界直接涅槃者所得的五种果位,即中般(在欲界死到生于色界中途入涅槃者)、生般(在色界生后入涅槃者)、无行般(生于色界,不修行而自然入涅槃者)、有行(生于色界,要修行后才涅槃者)、上流(于色界从下天进行到上天而入涅槃者)。

[4] B.Gharib, *Sogdian Dictionary* (*Sogdian-Persian-English*), p.410.

二、《ウイグル文アビグルマ論書の文獻学的研究》梵语借词研究

我们据庄垣内正弘著《ウイグル文アビグルマ論書の文獻学的研究》拉丁字母转写（据第468—745页，词汇表中标注“Skt”标注梵语）筛选的梵语借词如下：①

abasvar< Skt.ābhāsvara（光音天）　H28V57

abidarrim< Skt.abhidharma（阿毗达磨）　242

abidarmakoś< Skt. Abidharma-kośa（阿毗达磨俱舍，对法藏）248

abidarmavad< Skt.abhidharma-vāda（阿毗达磨论）　2582

abidarmaxarday< Skt.abhidharm-hṛdaya（阿毗昙心论）　2829

abidarmike< Skt.ābhidhārmika（阿毗达磨论师）　B692

abipiray< Skt.abhiprāya（意趣）　348

ačvake< Skt.Ājīvika（邪名外道）　H27R28

acdbuta-darma< Skt.adbhuta-dharma（希法）　2336

agam< Skt.āgama（教法）　1711

ekáudar-agam< Skt.ekottara-āgama（增一阿含）　415

agir< Skt.agra（顶）　1981

akaništa< Skt.akaniṣṭha（色究竟）　H27V34

akšar< Skt.akṣara（音节，字）　SG24

anand< Skt.ānanda（欢喜，阿难陀）　2511

anasiravasanvar< Skt.anāsrava-saṃvara（无漏律仪）　H31V45

① ［日］庄垣内正弘：《ウイグル文アビグルマ論書の文獻学的研究》（Uighur Abhidharma Texts: A Philological Study by Shogaito Masahiro），中西印刷株式会社出版社，松香堂，2008年2月。

ančan< Skt.añjana(眼药) B2105

anitiyat< Skt.anityatā(无常) 1441

anitiyatavarg< Skt.anityatā-varga(无常品) 2129

antrabav< Skt.antarā-bhava(中有) 2413

anušayakoš< Skt.anuśayakśa(随眠俱舍) 2413

apiramane< Skt.apramāṇa(无量) H39R36

araɤu< Skt.rāhu(罗睺) B2119

arčune< Skt.arjuna(发光的) 3337

arxant< Skt.arhant(阿罗汉) 905

aryadaze< Skt.āryadāsa(圣奴) 905

asanke< Skt.asaṃkheya(阿僧祇) 636

asanvar< Skt.asaṃvara(不律仪) H30R11

asimarta< Skt.asmṛta(无念) 8

asure< Skt.asura(阿修罗) 1422

ašay< Skt.āśaya(意乐) H33R44

aširay< Skt.āśraya(所依) B47

ašub< Skt.āśubha(不净) H39V62

aviš< Skt.avīci(无间) 2066

ästiramati< Skt.sthiramati(安慧) 1325

ästup< Skt.stūpa(窣堵波) H35V42

badiravarga< Skt.bhadra-varga(贤部) H32V52

bagavan< Skt.bhagavan(薄伽梵) 534

bavagir< Skt.bhavagar(有顶) H36R62

bimba< Skt.bimba(影像,映像) 3340

bimbasre< Skt.bimbāra(影胜王) 3338

braman< Skt.brāhmaṇa(婆罗门) 1679

braxmapuroxit< Skt.brahma-purohita(梵辅)　H35V55

buda< Skt.buddha(佛)　506

čakiravar< Skt.čakravāḍa(金刚山,铁围山)　2562

čarit< Skt.carit(行)　760

čataka /čatik< Skt.jātaka(本生)　2336

čatiškoti/čatuškoti< Skt.catuš-koṭi(四句)　3767

čodake< Skt.codaka(质问者)　29

čxšapt< Skt.śikšā-pada(戒,令其修学)　456

darmaddine< Skt.dharmadinnā(法授尼)　H32V47

darmasikandapad< Skt.dharma-skandha-pāda(法蕴足)　2548

darma-tirate< Skt.dharma-trāta(法救)　B1841

darma-vičaye< Skt.dharma-vijaya(法胜)　2829

dašagirve< Skt.daśa-grīva(十头,十首)　1421

dašáutar< Skt.daśa-uttara(十上经)　2237

date< Skt.datta(提婆达多)　3483

datukayapad-šastr< Skt.dhātukāyapāda-śātra(界身足论)　2114

datukoš< Skt.dhātu-kośa(界品)　33

devadat< Skt.devadatta(提婆达多,天授)　B1517

devašarme< Skt.devaśarman(提婆设摩)　2110

diravi< Skt.dravya(实体)　B1739

divip< Skt.dvīpa(洲,岛)　2562

dyan< Skt.dhyāna(静虑)　457

dyan-sanvar< Skt.dhyāna-saṃvara(静虑律仪)　1749

ekavičike< Skt.eka-vīcika(一闲人)　B772

gada< Skt.gāthā(讽诵)　2333

gartaman< Skt.ghṛta-maṇḍa(酥)　69

gaurvadaram< Skt.gaurava-dharmaḥ(尊重法) H32V45

gavtam< Skt.gautama(乔达摩) 3162

geyaa< Skt.geya(应颂) 2332

girant< Skt.grantha(文) B436

gunamati< Skt.guṇa-mati(德慧) 13

indrayakoš /indirayakoš< Skt.indriya-kośa(根俱舍) H25R4

iryapat< Skt.īryāpatha(威仪) H37R1

išvare< Skt.īśvara(自在天) 3935

itivritaka< Skt.itivṛttaka(本事) 2334

iyanakoš /inyanakoš< Skt.itivṛttaka(智品) D20

iyanaparastan/inyanaparastan < Skt. jñāna-prasthāna (发智论) 2334

kadgi-višanakal-pake < Skt. khaḍga-viṣāṇa-kalp (麟喻独觉) H39R24

kadyot< Skt.kha-dyota(萤) 13

kakadanta-parikš< Skt.kāka-danta-parīkṣā(相鸦齿论) 1968

kalp< Skt.kalpa(劫) 842

kapile< Skt.kapila(劫比罗) 2485

karik< Skt.kārikā(本颂) 71

karmakoš /karma-koos< Skt.karma-koś a(业俱舍) 44

kama< Skt.karṇa(耳) SE28

kašip< Skt.kāśyapa(迦叶佛) 2468

kašmir< Skt.kāśmīra(迦湿弥罗) 339

katyanaputre< Skt.kātyāyanī-putra(迦多衍尼子) 2016

katyayane< Skt.kātyāyana(迦多衍那) 2113

košavarti< Skt.kośavṛti(俱舍论) 336

kšan< Skt.kṣaṇa(刹那)　1108

kšanik< Skt.kṣaṇik(瞬间的)　3711

kušudira-pitak< Skt.kṣudra-pitaka(杂藏)　2434

lakš< Skt.lakṣa(符号,外观)　H39R55

lakśanavipak< Skt.lakṣaṇa-vipāka(妙相业)　H35V60

lokakoš< Skt.loka-kośa(世间俱舍)　D40

loka-utar< Skt.loka-uttara(出世)　2971

loka-yatanr-šastr< Skt.lokāyatana-śāstra(顺世外道论)　1966

lokik< Skt.lokika(世间)　2968

lokik-loka-utar< Skt.lokika-loka-uttara(世出世)　2968

mano-matar-šastr< Skt.mano-māstra-śāstra(意乐论)　1980

margapudgalakoš< Skt.mārgapudgala-kośa(贤圣品)　D20

martavik< Skt.mṛdvīkā(葡萄树)　H35R18

mariči< Skt.mārīči(光,焰)　922

matark< Skt.mātṛkā(少,片)　2455

maxa-širavak< Skt.mahā-śrāvaka(大声闻)　2074

maxabut< Skt.mahā-bhūta(大种)　3179

maxakalp< Skt.mahā-kalpa(大劫)　387

maxakašipe< Skt.mahā-kāśyapa(大迦叶)　2450

maxa-koštile< Skt.mahākauṣṭila(大膝)　2118

maxamodgalayane< Skt.mahā-maudgalyāyana(大目犍连)　2111

maxapračapat-gavtami < Skt. mahāprajāpati-gautami（大生主）H32V46

maxasanggike< Skt.mahāsaṃghika(大众部)　H27V32

maxešvare< Skt.maheśvara(大自在天)　1420

miširaka-xarday-šastr< Skt.miśraka-hṛdaya-śāstra(杂心论)　62

modgalayane< Skt.maudgalyāyana(目连) 919

naga< Skt.nāga(龙) 3336

naga-arčune< Skt.nāgārjuna(龙树) 3335

nidana< Skt.nidāna(缘起) 2335

nikay< Skt.nikāya(部) 2182

nirvan< Skt.nirvāṇa(涅槃) 287

niyagrod< Skt.nyagrodha(尼俱陀树) H25R50

padak< Skt.pādaka(句) 538

pančadeš< Skt.paścā-deśa(西方) B384

paramit< Skt.pāramitā(波罗蜜) 387

parmanu< Skt.paramāṇu(极微细) 3033

pirakaranapad-šastr< Skt.prakaraṇapāda-śāstra(品类足论) 3988

pirakaranasikandak< Skt.prakaraṇaskandhaka(杂蕴) 2138

pirapti< Skt.prāpti(得,至得) 709

piratapan< Skt.pratāpanan(大热) B1983

piratikabud< Skt.pratyeka-buddha(独觉) 866

pitak< Skt.piṭaka(藏) 2435

prantakotik< Skt.prānta-koṭika(边际) 2456

pratimokš< Skt.prātimokṣa(别解脱) H30R15

pratimokša-sanvar< Skt.prātimokṣa-saṃvara(别解脱戒) H33R7

pratniyapti< Skt.prājñapti(施说) 2458

pratniyaptipad-šastr< Skt.prājñaptipada-śāstra(施设足论) 2112

praxansanvar< Skt.prahāṇa-saṃvara(断律仪) H31R48

preti< Skt.preta(鬼) H27V52

pudgale< Skt.pudgala(个人) H27V52

purne< Skt.pūrṇa(满,满足) 2116

rakšaz< Skt.rākṣasa(恶魔)　1421

sa< Skt.sa-(类似,同等)　2903

sakardagam< Skt.sakṛd-āgami(一来果)　B772

samapati-koš< Skt.samāpatti-koša(定俱舍)　D21

samaz< Skt.samāsa(语释)　1922

sanke< Skt.sāṃkhya(数论师)　1974

sankiya-sapdati-šastr< Skt.sāṃkhya-saptati①-śāstra(金七十论)　1974

sampan< Skt.saṃ-panna(成就)　23

sansar< Skt.saṃsāra(生死)　1103

sanvar< Skt.saṃvara(律仪)　1744

sanggabdre/sanggabadire< Skt.saṃghabhadra(众贤)　1805

sanggit< Skt.saṃgīti(结集)　2127

sanggitapiriyay/sanggitapiryay< Skt.saṃgītiparyāya(集异门)　2127

sanggitapiryaipat< Skt.saṃgītiparyāyapāda(集异门足)　2117

sapta-bau-sudur< Skt.sapta-bhava-sūtra(七有经)　2117

sare< Skt.sāra(能量,财产)　3339

sarvaastivad< Skt.sarvāsti-vāda(说一切有,有部)　2481

sarvadyan< Skt.sarva-jñāna(一切智)　938

sasirava< Skt.sāsrava(有漏)　2902

sim< Skt.sīmā(境界)　2561

siparir< Skt.sphaṭika(水晶)　4099

sodayi< Skt.sodāyin(苏陀夷)　H32V44

sortapan< Skt.srota-āpanna(预流果)　B771

---

① “sāṃkhya 计算者,数论;saptati 七十”。林光明、林怡馨主编:《梵汉大词典》,第 1098、1131 页。

soturantike< Skt.sautrāntika(经量部) B1171

sudur/sudura< Skt.sūtra(经) B1171

šariputre/šriputre< Skt.śāri-putra(舍利子) 904

šastr/šastir< Skt.śāri-putra(论) 65

šastrakare/šastirakare< Skt.śātra-kāra(论主,法主) 16

šazin< Skt.śāsana(教) 16

šikšamani< Skt.śīkṣamāṇā(正学) H30R39

šikšamani-sanvar< Skt.śīkṣamāṇā-saṃvara(正学律仪) H30R28

širavak< Skt.śrāvaka(声闻) 630

širilate/širalate< Skt.śrīlāta(室利罗多,胜受) H36V48

šlok< Skt.śloka(颂,偈) 71

šudi< Skt.śuddhi(洁净) B1927

tripitake< Skt.tri-piṭaka(三藏) 2501

udan< Skt.udāna(集散,摄散) 2129

udan< Skt.udāna(自说,邬陀南颂) 2334

udumbar< Skt.udumbara(优昙) 1161

upadeša< Skt.upadeśa(论议) 2337

upali< Skt.upāli(近执,佛弟子名) 2284

vačrapam< Skt.vajra-upama(金刚经) 634

vačrapam-dyan< Skt.vajra-upama-dhyāna(金刚经定) 640

vačrasan< Skt.vajrāsana(金刚座) 639

vacšitasagodre-braman< Skt.vasiṣṭha-sagotra-brāhmaṇa①(最好种姓婆罗门) 1679

---

① “vasiṣṭha 最好的; sagotra 种姓”。林光明、林怡馨主编:《梵汉大词典》,第 1398、1052 页。

vastu< Skt.vastu(事)　1477

vaypulya< Skt.vaipulya(方广)　2337

vayšašike< Skt.vaiśeṣika(独特的,显著的)　3033

vazir< Skt.vajra(金刚环)　H27R8

vibačivadi-nikay < Skt. vibhajyavādin-nikāya (分别说部) H25V56

vibackti< Skt.vibhkta(分散,分隔)　547

vidyanakayapt-šastr < Skt. vijñāna-kāya-pāda-śāstra (识身足论) 2109

vinay< Skt.vinaya(律)　1797

vinayadare< Skt.vinaya-dhara(持律)　H32V8

vinaya-vaybašike< Skt.vinaya-vibhāṣika(毗婆沙师律)　H32V34

višake< Skt.viśākha(毘舍佉)　3467

višay< Skt.viṣaya(境)　H27R25

viyakiran< Skt.vyākaraṇa(文法)　578

viyakirt< Skt.vyākṛta(记别)　B611

viyduri< Skt.vaiḍūrya(琉璃)　B2218

xarday< Skt.hṛdaya(心)　62

yocan< Skt.yojana(由旬)　B1565

yogačare< Skt.yogācāra(修行,行者)　B899

yukti< Skt.yukti(理)　B2076

第五章　回鹘文摩尼教文献梵语借词研究

第一节　回鹘文摩尼教文献

摩尼教在3世纪诞生于萨珊帝国。其创始人摩尼生活在215—277年间,他创造了一种教理,把琐罗亚斯德(即拜火教,也就是汉籍中的祆教,Mazdéisme 或 Zoroastrisme)中的善恶二元论与"幼发拉底河下游的诺斯替葛的基督教"糅合在一起。[①] 摩尼教的根本教义就是所谓的"二宗三际":"二宗"是指光明与黑暗两个永远对立的基本要素;"三际"是指三个时段,即所谓的初际、中际、后际,亦即是明、暗二宗教在过去、现在、未来三个时期的不同体现。"二宗三际"的根本教义在摩尼教的创世神话中体现得十分清楚:光明与黑暗,既是两个对立的区域——明界与暗界,又是两类对立的神物——光明神灵和黑暗邪魔,同时更是两相对立的各种品性:善良与邪恶、智慧和愚蠢、魅力和丑恶、和平与战争、平静与骚乱、生命与死亡,如此等等。[②]

摩尼教于6—7世纪传入中国,到15—16世纪灭亡,在中国存在了近

---

① [法]莫尼克·玛雅尔著,耿昇译:《古代高昌王国物质文明史》,中华书局,1995年,第64页。

② 芮传明:《东方摩尼教研究》,上海人民出版社,2009年,第35页。

千年。唐代宗广德元年(763),牟羽可汗从唐朝携摩尼教四僧人返回漠北,经与四僧彻夜讨论,以摩尼教取代了原来在回鹘汗国盛行的萨满教,将其定为“国教”。摩尼教“在中国内地该宗教曾发展为第四大宗教,其地位仅次于儒、道、释,对中国历史、文化的发展产生过很大的影响”。①

回鹘文摩尼教文献研究者主要有：先驱者缪勒(F.W.K.Müller)发表了第一件由德国“普鲁士皇家吐鲁番探险队”(1902—1914)携归的摩尼教写本后,一些用中古波斯语(Middle Persian)和帕提亚语(Parthian)书写的久佚的摩尼教文献也受到重视。勒柯克(A.von Le Coq)、威里·邦格(W.Bang)、拉德洛夫(W.Radloff)、马洛夫(S.E.Malov)、冯·加班(A.von Gabain)、阿斯姆森(J.P.Asmussen)、彼特·茨默(P.Zieme)、哈密尔顿(J.Hamilton)、克林凯特(Hans-J.Klimkeit)、克拉克(L.V.Clark)等人,我国的耿世民、李经纬、②芮传明、③阿不都热西提·亚库甫等学者,④都对回鹘文摩尼教文献进行了研究。

这些出土文献中,回鹘语摩尼教文献主要有《摩尼教忏悔词》(Xuāstvānīft)、《摩尼教大赞美诗》、《二宗经》(ïki Yiltïz Nom)残片、摩尼父赞美诗、商人阿拉赞的故事、摩尼教徒忏悔文书、摩尼教历史文书(如《牟羽可汗入教记》《牟羽可汗宣教书》)及施主题跋等。这些文献有的用回鹘文书写,有的用摩尼文书写,也有的用突厥鲁尼文书写,内容非常丰富,极大地充实了古代回鹘摩尼教的文化内涵。⑤ 在

---

① 耿世民:《维吾尔古代文献研究》,第437页。

② 李经纬:《古代维吾尔文献〈摩尼教徒忏悔词〉译释》,《世界宗教研究》1982年第3期,第57—78页;桂林:《回鹘摩尼教研究》,兰州大学,2006年。

③ 芮传明:《摩尼教突厥语〈忏悔词〉新译和简释》,《史林》2009年第6期,第54—62页。

④ 阿不都热西提·亚库甫:《古代维吾尔赞美诗和描写性韵文的语文学研究》,上海古籍出版社,2015年,第65—180页。

⑤ L.V.Clark, The Turkic Manichaean Literature, P.Mirecki-J. Beduhn(eds.), *Emerging from Darkness: Studies in the Recovery of Manichaean Sources*, Leiden-NewYork-Köln, 1997, pp. 89-141; Hans-J.Klimkeit, The Significance of the Manichaean Texts in Turkish,《耿世民先生70寿辰纪念文集》,民族出版社,1999年,第225—245页;杨富学:《回鹘 (转下页)

回鹘语摩尼教写经中，最有意义的作品应为在敦煌、吐鲁番等地发现的《摩尼教徒忏悔词》。

第二节　回鹘文摩尼教文献梵语借词研究

一、摩尼教忏悔词梵语研究

《摩尼教徒忏悔词》（nihusäklärning suyïn yazuqïn öküngü hustuanvt），简称 hustuanft。据李经纬先生研究，该文献可能是先用一种古波斯语编写的，后来才译成了古代维吾尔语。但所谓的古波斯语原著至今还没有找到，而古代维吾尔语译文现有三个抄本，分别收藏在柏林、伦敦和列宁格勒的博物馆里。为了便于叙述，我们把它们简称作：伦敦抄本、柏林抄本和列宁格勒抄本。[1]

敦煌所出《摩尼教徒忏悔词》是 1907 年由英国探险家斯坦因（A. Stein）于莫高窟藏经洞发现的，现藏伦敦大英图书馆，称伦敦抄本。1911 年已由勒柯克（A. von Le Coq）刊布于世（附有原文、拉丁字转写、引文译文和注释）。[2] 柏林抄本，于 1907 年在我国的吐鲁番发现并被格伦威德尔（Albert Grünwedel）携往德国。但该抄本多为残片，已发现的就超过 20 件，部分用回鹘文书写，部分用摩尼文书写。1911

（接上页）摩尼教研究》，第 4 页；[德] 克林凯特撰，杨富学、樊丽沙译：《突厥语摩尼教写本的重要性》，《回鹘学译文集》，甘肃民族出版社，2012 年，第 137—154 页。

① 李经纬：《古代维吾尔文献摩尼教徒忏悔词译释》，《世界宗教研究》1982 年第 3 期。

② A. Von Le Coq, Dr Stein's Turkicsh Khuastuanift from Tun-huang, Being a Confession-Prayer of the Manichaean Auditores, *JRAS*（皇家亚洲学会杂志），1911, pp.277 – 314.

年亦由勒柯克(A.von Le Coq)释读刊布。[①] 列宁格勒抄本,1908 年由俄国探险家迪亚科夫(A.A.D'yakov)于吐鲁番阿斯塔那地区发现,现存圣彼得堡俄罗斯科学院东方写本研究所。写本存 160 行,用回鹘文写成,由拉德洛夫(W.Radloff)刊布(附有原文描真、德文译文和注释)。[②] 后来,威里·邦格(W.Bang)[③]和谢德尔(H.H.Schaeder)[④]也对该文献进行了研究。丹麦学者阿斯姆森(J.P.Asmussen)发表了《摩尼教徒忏悔词:摩尼教研究》。[⑤]

1. 李经纬《摩尼教徒忏悔词》

下面我们以李经纬[⑥]的拉丁字母转写筛选借词:

yäk< Skt.yakṣa(夜叉)　1/3[⑦]

buyan< Skt.punya(功德)　5/124

čaxapat< Sogd.čxš'pδ< Skt.śikṣāpada(戒律)　2/148

wusanti< Sogd.βws'anty< Skt.upavasatha(斋日)　7/175

ɤuastuanwt < Parth. xw'stw'nyft /wxāstwānift/(忏悔祈祷文)[⑧] 6/221

---

① A.von Le Coq, Chuastuanift, ein Sündenbekenntnis der Manichäischen Auditores, Gefunden in Turfan (Chineischen Turkistan), *APAW*, Berlin, 1911, 4.

② W.Radloff, *Chuastuanift*, *Das Bussgebet der Manichäer*, Sankt Petersburg, 1909, 6, p.51; W.Radloff, Nachträge zum chuastuanift (cémhuastuanvt), dem Bussgebete der Manichäer (Hörer), *Bulletin de l' Académie Impériale des sciences de St.-Pétersbourg*, 1911, S.867 - 896.

③ W.Bang, Maniche Laien-Beichtspiegel, *Le Museon* 35, 1923, S.137 - 242.

④ H. H. Schaeder, *Der Manichäismus nach neuen Funden Forschungen*, Morgenland 28, Lepzig, 1936, S.80 - 109.

⑤ J.P.Asmussen, *XUĀSTVĀNĪFT STUDIES IN MANICHAEISM*, Copenhagen, 1965.

⑥ 李经纬:《古代维吾尔文献〈摩尼教徒忏悔词〉译释》,《世界宗教研究》1982 年第 3 期,第 57—78 页。

⑦ "/"后数字表示所处行,"/"前数字表示词位置。

⑧ Desmond Durkin-Meisterernst, *Dictionary Manichaean Middle Persian and Parthiant*, Brepols Publishers, Turnhout, Belgium, 2004, p.348, 366.

2. 彼特 · 茨默（P. Zieme）Manichäisch-türkische Texte 中的 Xvāstvānīft(《摩尼教徒忏悔词》)，[1]我们据其拉丁字母转写筛选梵语借词：

（1）X^{v}āstvānīft(《摩尼教徒忏悔词》)[2]

（2）TIIY59(Mainz 39)[3]

该文献尺寸 17×14 cm。

kšanti< Skt.kṣānta(忏悔)　3/34

（3）TIIY54(Mainz 373)[4]

该文献第 7 行 ökünüp bošunup kšanti qïlïp：

kšanti< Skt.kṣānta(忏悔)　3/43

二、摩尼教赞美诗梵语借词研究

1. 回鹘语《摩尼教大赞美诗》

回鹘语《摩尼教大赞美诗》(以下简称《摩尼大赞》)是一本用摩尼文书写的贝叶书(也称梵策式书)的一部分，德国第三次吐鲁番探险队于 1906 年 11 月在木头沟(Muruq)获得。原书多达 50 叶，但现在只有 38 叶残叶。《摩尼大赞》是目前为止发现的篇幅最长的回鹘语摩尼教文献之一，对于研究古代维吾尔语言文学、宗教具有重要的价值。[5]

下面我们以《摩尼大赞》中的拉丁字母转写筛选梵语借词：[6]

---

① P.Zieme, *Manichäisch-türkische texte*, Berliner Turfan Texte V, Berlin, 1975, S.19－31.

② Ibid., S.20－21.另参阅 Peter Zieme, The Manichaean Turkish Texts of the Stein Collection at the British Library, *JRAS*, Third Series, Vol.20, No.3 (JULY 2010), pp.255－266.

③ P.Zieme, *Manichäisch-türkische texte*, Berliner Turfan Texte V, S.22.

④ Ibid., S.22－23.

⑤ 阿不都热西提 · 亚库甫：《古代维吾尔语赞美诗和描写性韵文的语文学研究》，第 97 页。

⑥ 同上书，第 109—151 页。

farnibran< Skt.parinirvāṅa(般涅槃)　032

sansar< Skt.aṃsāra(轮回)　039

nirvan< Skt.Nirvāṇa(涅槃)　052

sumer< Skt.Sumeru(须弥山)　054

aviš< Skt.Avīci(阿鼻地狱)　058

afyakirt /avyakirt< Skt.avyākṛta(无记,未授记)　086

pat< Skt.pāta(死亡)[1]　088

buyan< Skt.puṇya(福,功德)　105

arhant< Skt.arhat(罗汉)　161

višay/fišay< Skt.viṣaya(感官之对象)　161

č(a)hš(a)p(a)t< Sogd.čxš'pδ< Skt.śikṣāpada(戒律)[2]　174

2. 回鹘语《公正梅禄》

回鹘语《公正梅禄》是用摩尼文书写的摩尼教诗歌残片,由德国第二次吐鲁番探险队 1904—1905 年在高昌古城 K 遗址发现,编号为 U 34(TII 178D),现藏柏林勃兰登堡科学院吐鲁番学研究所。该残片两面书写,正反面各有 12 行摩尼文,纸张规格为 14.1×13.9 cm。下面我们以《公正梅禄》中的拉丁字母转写筛选梵语借词:[3]

yäk< Skt.yakṣa(夜叉)　r06(背面)

3.《胡威达曼》回鹘语残片

《胡威达曼》是摩尼教流传最为广泛的赞美诗之一,到目前为止

---

① "这里倾向于源自梵语 pāta(死亡),克拉克认为源自粟特语 p'δδ(箭)",[日] 荻原云来编纂,过直四郎监修:《梵和大辞典》,第 773 页;B.Gharib, *Sogdian Dictionary* (*Sogdian-Persian-English*), FarhanganPublications, 1995, p.257.

② "čxšapt ay 可以与汉语中的'戒月'或'律月'相对应",参阅[日] 森安孝夫(MORIYASU Takao)著,杨富学、计佳辰译《回鹘语 čxšapt ay 和摩尼教在中国东南的传播》,杨富学编著:《回鹘学译文集新编》,甘肃教育出版社,2015 年,第 171 页。

③ 阿不都热西提 · 亚库甫:《古代维吾尔语赞美诗和描写性韵文的语文学研究》,第 85—91 页。

在吐鲁番的摩尼教遗址发现了该诗的帕提亚语、粟特语、回鹘语和汉语等多种语言版本。《胡威达曼》古代维吾尔语本残片 U 71(TM 278/TI)最初由勒柯克(A.von Le Coq)刊布,但未能确定其内容,之后又有不同学者对该文献进行研究。

下面我们主要以《胡威达曼》(TM 278/TI)拉丁字母转写筛选梵语借词:①

buyan< Skt.puṇya(福,功德) 20(219)

4.《对四神的祈求》

《对四神的祈求》这一赞诗最初由勒柯克(A.von Le Coq)转写、刊布。之后威里·邦格(W.Bang)、冯·加班(A.von Gabain)、阿拉特(R.R.Arat)、克林凯特(Hans-J. Klimkeit)、彦斯·威尔金斯(Jens. Wilkens)等学者均对该文献作过研究。

我们以阿不都热西提·亚库甫研究《对四神的祈求》拉丁字母转写筛选,②无梵语借词。

5. 彼特·茨默(P.Zieme) Manichäisch-türkische Texte V (Berlin, 1975)中的四件回鹘语摩尼教赞美诗研究,③我们根据其拉丁字母转写筛选梵语借词:

(1) TIDx17(U219a, b)。④ 该文献共 2 叶,皆为回鹘文,规格:U219a,11×7.5 cm;U219b,6.5×6.5 cm。

buyan< Skt.puṇya(福,功德) 2/401(反面)

① 阿不都热西提·亚库甫:《古代维吾尔语赞美诗和描写性韵文的语文学研究》,第 162—176 页。

② 同上书,第 71—73 页。

③ P.Zieme, *Manichäisch-türkische texte*, Berliner Turfan Texte V;王菲:《四件回鹘语摩尼教赞美诗译释》,《新疆大学学报》(社科版)2000 年第 2 期,第 109—112 页。

④ P.Zieme, *Manichäisch-türkische texte*, Berliner Turfan Texte V, S.46－48.

（2）M111 II。[①] 亨宁（W.B.Henning）和博伊斯（Mary Boyce）都对该回鹘文文献作过研究，无梵语借词。

（3）TII 1457（Ch/U 6874）v。[②] 该文献正面为汉文，反面为回鹘文，规格：25.5×17 cm，无梵语借词。

（4）TID（U 251a，b）。[③] 回鹘文，共 2 叶，使用摩尼文标点。规格：U 251a，11.8×11 cm；U 251b，7.3×10 cm。筛选该文献，无梵语借词。

6.《突厥语诗歌选》残片

《突厥语诗歌选》残片由德国第二次探险队 1904—1905 年在吐鲁番高昌古城 K 遗址发现，编号为 MIK III 200，1（TIID 169，1 = So 144411），现藏柏林亚洲艺术博物馆。最初刊布该文献的研究者是德国学者勒柯克（A.von Le Coq），之后还有威里·邦格（W.Bang）、阿拉特（R.R.Arat）、冯·加班（A.von Gabain）、彼特·茨默（P.Zieme）、彦斯·威尔金斯（Jens Wilkens）、克拉克等（L.V.Clark）。

我们主要以《突厥语诗歌选》残片（MIK III 200，1）转写拉丁字母为底本进行筛选，[④]无梵语借词。

三、回鹘皈依摩尼教和传说故事梵语借词研究

1. 回鹘文《牟羽可汗入教记》残卷

回鹘文《牟羽可汗入教记》残卷是德国第一次吐鲁番探险队于高昌故城发现的，残片 2 叶，藏于柏林德国国家图书馆，编号 U73（TM

---

① P.Zieme, *Manichäisch-türkische texte*, Berliner Turfan Texte V, S.58 – 60.

② Ibid., S.49 – 50.

③ Ibid., S.63 – 65.

④ 阿不都热西提·亚库甫：《古代维吾尔语赞美诗和描写性韵文的语文学研究》，第 71—73 页。

276a）和 U72（TM 276b），存文字 96 行。文献记述了牟羽可汗皈依摩尼教之事。回鹘文《牟羽可汗入教记》最早由威里·邦格（W.Bang）和冯·加班（A.von Gabain）刊布。[①] 后来，土耳其学者萨待特·恰合台（S.Çagatay）将该文献转录于自己的著作当中。[②] 有众多学者对该文献进行过研究，我国的主要有杨富学、[③]牛汝极，[④]国外的主要有阿斯姆森（J. P. Asmussen）、[⑤]克林凯特（H. J. Klimkeit）[⑥]和克拉克（L.V.Clark）等。[⑦] 我们主要以杨富学拉丁字母转写为底本进行筛选，[⑧]无梵语借词。

2. 摩尼文回鹘语《牟羽可汗宣教书》文献研究

摩尼文回鹘语《牟羽可汗宣教书》（U111 a/TIID 180）文献，现存残片 2 叶，大者 11.4×23.3 cm，存文字 38 行；小者规格未知，存文字 8 行。我们以拉丁字母转写材料为底本进行筛选，[⑨]无梵语借词。

3. 回鹘文摩尼教 81TB10：06—3 文献研究

回鹘文摩尼教文献 81TB10：06—3 含一大一小两个写本小残片，1981 年出土于吐鲁番柏孜克里克石窟，其内容主要讲述牟羽可汗信奉摩尼教后，亲自迎请三名慕阇。慕阇的到来使得摩尼教在回

---

① W.Bang& A.von Gabain, *Türkische Turfan Texte 2*, 1929, P.411.

② Saadet S.Çagatay, *Türk Lehçeleri Örnekleri I*, Ankara, 1950, S.11 - 15.

③ 杨富学、牛汝极：《牟羽可汗语摩尼教》，《敦煌学辑刊》1987 年 2 期，第 86—93 页。

④ 牛汝极：《回鹘文〈牟羽可汗入教记〉残片译释》，《语言与翻译》1987 年 2 期，第 43—49 页。

⑤ J.P.Asmussen, *Xuāstvānīft-Stidies in Manichaeism* (*Acta Theol. Danica. 7*), Kopenhagen, 1965, pp.147 - 148.

⑥ H.J.Klimkeit, *Gnosis on the Silk Road: Gnosis Texts from Central Asia*, San Francisco, 1993, pp.364 - 368.

⑦ L. V. Clark, The Conversion of Bügü Khan to Manichaeism, *Studia Manichaica IV*, *Internationaler Kongreβ zum Manichäismus*, Berlin, 14 - 18 Juli 1997, Berlin, 2000, pp.84, 90, 99, 101 - 106.

⑧ 杨富学：《回鹘文〈牟羽可汗入教记〉残卷译释》，《回鹘摩尼教研究》，中国社会科学出版社，2016 年，第 39—47 页。

⑨ 同上书，第 47—52 页。

鹘汗国正式传播开来,从而变为"国教"。我们以拉丁字母转写材料为底本进行筛选,①无梵语借词。

4. 回鹘文摩尼教 Mainz 345 文献研究

该文献现藏于柏林国家图书馆,无原编号。系纸质写本,规格:11.4×13.3 cm,双面书写,正反面各 10 行。Mainz 345 文献的内容,正面大致为"安史之乱"爆发后,唐玄宗出逃后向回鹘借兵的事情;背面则为平息"安史之乱"后,牟羽可汗与摩尼僧主教慕阇接触的事情。

我们以拉丁字母转写材料为底本进行筛选,②无梵语借词。

5. 回鹘文摩尼教残卷《摩尼与王子的比赛》

《摩尼与王子的比赛》是一份回鹘文摩尼教残卷,是 1980 年吐鲁番文管所工作人员在清理柏孜克里克千佛洞前下层被积沙埋着的一些小的洞窟时发现的。③ 该文献已由耿世民和克林凯特(Hans-J. Klimkeit)、劳特(Jens Peter Laut)联合研究发表了拉丁文转写和汉文译本。④

我们以拉丁字母转写材料为底本筛选梵语借词:⑤

mani< MP.m' ny(摩尼教创始人)　2/14

6. 回鹘文摩尼教《三王子故事》残卷文献

回鹘文摩尼教《三王子故事》残卷(编号: 80.T.B.I: 524),现存吐鲁番地区文物管理所,大小尺寸约为 25.5×11 cm。该文献残卷大

---

① 杨富学:《回鹘摩尼教研究》,第 56—58 页。

② 同上书,第 53—56 页。

③ 关于柏孜克里克千佛洞这次清理情况,《文物》1985 年第 8 期,第 49—65 页。关于千佛洞的布局,参见新疆博物馆编《新疆石窟 · 吐鲁番柏孜克里克石窟》,上海人民美术出版社,1990 年。A.Gruenwedel, *Altbuddhistische Kultstaetten in Chinesisch-Turkestan*, Berlin, 1912, S.224, 226, 228; A.Stein, *Innermost Asia*, Vol.IV, repr. New Delhi, plan 30; F.H. Andrews: *Wall Paintings from Ancient Shrines in Central Asia*, London, 1948, Plate C.

④ Geng Shimin, Hans-Joachim Klimkeit, Jens Peter Laut, *Manis Wettkampf mit dem Prinzen*, *ZDMG* (《东方学会刊》137 卷), 1987, pp.44 – 58.

⑤ 耿世民:《维吾尔古代文献研究》,第 454—455 页。

概写于10世纪。残卷开始讲的是关于三王子的故事(1—88行)。从89—93行知道,每位王子都在“使者”(回鹘文yalawač,即摩尼)和国王巴格达(Baɤtad,可能是他们的父亲)的朝臣面前说了话。89—121行是关于“使者”的事。残卷末尾(122—124行)是对故事的解释,即可能对三王子和使者的故事作出说明,可惜这部分没有保存下来。

此残卷由耿世民先生和克林凯特(Hans-J.Klimkeit)、劳特(Jens Peter Laut)用德文发表在德国《东方学会刊》(*Zeitschrift der Deutschen Morgenlaendischen Gesellschaft*)1989年139卷第328—345页。我们以耿世民先生拉丁字母转写材料为底本进行筛选,①无梵语借词。

7. 回鹘文摩尼教《一份传教故事残卷》

此残卷是彼特·茨默(P.Zieme)所著《柏林吐鲁番文书》第五卷中第21号的残卷,这是一份传教故事残卷,共两片,编号为U23(TIIK x9)7和U296(D)。回鹘文书写,规格:12.5×13.5 cm。

我们以P.Zieme拉丁字母转写材料为底本筛选,②无梵语借词。

8. 回鹘文摩尼教《贪与嗔》故事

回鹘文摩尼教《贪与嗔》的故事,编号为TIID 178[b] 180,出土于高昌故城,现藏德国。威里·邦格(W.Bang)和冯·加班(A.von Gabain)于1929年曾研究刊布。③ 该文献的外貌很特别:尺寸较一般文献大,为23×33 cm。所用文字为摩尼文,双面书写,每一面又分作两栏。从内容上看,该文献讲述了因为贪欲而死亡的小偷的故事,陈述贪与嗔对人的危害,告诫人们要禁贪欲,戒怨嗔。

---

① 耿世民:《维吾尔古代文献研究》,第467—473页。
② P.Zieme, *Manichäisch-türkische texte*, Berliner Turfan Texte V, pp.50-52.
③ W.Bang & A.von Gabain, *Türkische Turfan-Texte II*, pp.423-429.

我们以王菲的拉丁字母转写材料为底本筛选梵语借词：[①]

sansar< Skt.aṃsāra(轮回)　2/39(正面第二栏)

四、摩尼教徒书信梵语研究

1. 日本学者森安孝夫回鹘文书信考释[②]

(1) 书信 D(81TB65：4),无梵语借词。

(2) 书信 E(81TB65：5),梵语借词：

šrmï< Skt.śrāmaṇera(沙弥子)　2/13

(3) 书信 F(81TB65：6),无梵语借词。

(4) 书信 G(81TB65：7),无梵语借词。

(5) 书信 H(81TB65：8),无梵语借词。

2. 德国学者彼特·茨默(P.Zieme)回鹘文书信考释[③]

(1) TM 107(U 5281)

这封书信的上部分用回鹘文书写,尺寸为 30×16.5 cm。残片在第一行之后,以下三行的右(或上)半部分为空白(参见黄文弼表86)。我们主要以彼特·茨默(P.Zieme)转写拉丁字母为底本进行筛选,[④]无梵语借词。

(2) TII897(U5503)

这封书信的残片用回鹘文斜体书写。该书信残片尺寸为 13.5×14 cm。我们主要以彼特·茨默(P.Zieme)转写拉丁字母为底本进行筛选,[⑤]无梵语借词。

---

① 王菲:《回鹘语摩尼教故事一则》,《西北民族研究》2002 年第 2 期,第 161—163 页。

② “借词是以柳洪亮主编书中的拉丁字母为底本而筛选借词”,柳洪亮:《吐鲁番新出土的摩尼教文献》,文物出版社,2000 年,第 200—212 页。

③ P.Zieme, *Manichäisch-türkische texte*, Berliner Turfan Texte V, S.65 - 72.

④ Ibid., S.65 - 66.

⑤ Ibid., S.66 - 68.

(3) TII122(Ch/U 6854)

这封书信用回鹘文斜体书写,尺寸为 26.5×22.5 cm。我们主要以彼特·茨默(P.Zieme)转写拉丁字母为底本进行筛选,[①]无梵语借词。

(4) TIVx505(U 5928)

这封书信粗纤维纸的上部分是用回鹘文斜体书写,部分被毁。残片尺寸为 26×15 cm。我们主要以彼特·茨默(P.Zieme)转写拉丁字母为底本进行筛选,[②]无梵语借词。

(5) U 6069

信函的其余部分(或信函草稿)用回鹘文斜体书写,尺寸为 21.5×12 cm。没有保留位置签。我们主要以彼特·茨默(P.Zieme)转写拉丁字母为底本进行筛选,[③]无梵语借词。

(6) TIII T338(Ch/U 6890)v

信函的其余部分用回鹘文斜体书写,书信尺寸为 24.5×15 cm。我们主要以彼特·茨默(P.Zieme)转写拉丁字母为底本进行筛选,[④]无梵语借词。

五、回鹘文摩尼教寺院文书梵语借词研究

1.《回鹘文摩尼教寺院文书》系黄文弼先生在新疆进行考古时所得,原件现存中国国家博物馆,编号为总 8782T,82。该文书为卷子形式,现存部分长 270 cm、高 29.5 cm,前面部分残缺,只存 125 行。

---

① P.Zieme, *Manichäisch-türkische texte*, Berliner Turfan Texte V, S.68 – 69.
② Ibid., S.69 – 70.
③ Ibid., S.70 – 71.
④ Ibid., S.71 – 72.

下面我们以耿世民先生拉丁字母转写材料为底本，筛选梵语借词：①

acari< Tokh.aśari< Skt.ācārya（法师） 5/120

2. 一件吐鲁番出土的摩尼教寺院被毁文书的研究

保存在德国汉堡大学前亚研究所伊兰组的一封粟特语书信（编号 M112）的背面写有一件回鹘文摩尼教文书。该文献内容大致为：摩尼教僧人对寺院生活的回忆，致力于寺院的修复，以及对寺院被破坏而深感痛苦。

下面我们以耿世民拉丁字母转写材料为底本筛选梵语借词：②

wwrxar< Skt.vihāra（寺） 1/16

3. 高昌 α 寺遗址所出摩尼教、佛教寺院回鹘文帐历研究

高昌 α 寺遗址 U9271 的写本应是一件向一所摩尼寺布施作为流通货币的官布的帐历记录。

下面我们以松井太拉丁字母转写材料为底本筛选梵语借词：③

labï< Skt.lābha（捐赠，供养）④ 3/r2

šazïn< Skt.śāsana（教法，圣教） 1/v3

acari< Tokh.aśari< Skt.ācārya（法师） 2/v9

sučaḍi< Tokh. sujāte < Skt. sujātā（具有尽善的品性，美丽）⑤ 1/v9

① 耿世民：《回鹘文摩尼教寺院文书研究》，《考古学报》1978 年第 4 期，第 497—516 页。

② 耿世民：《维吾尔古代文献研究》，第 444—449 页。

③ ［日］松井太：《高昌 α 寺遗址所出摩尼教、佛教寺院回鹘文帐历研究》，《中山大学学报》（社会科学版）2019 年第 2 期，第 100—107 页。

④ “财物，所得，但这里有‘捐赠、供养’之义”。林光明，林怡馨：《梵汉大辞典》，第 647 页。

⑤ M.Monier-Williams, *A Sanskrit-English Dictionary*, Oxford, 1899, p. 1223; Douglas Q. Adams, *A Dictionary of Tocharian B* (*Revised and Greatly Enlarged*), p.760.

六、回鹘文摩尼教其他文献梵语研究

除了上述文献之外，回鹘文摩尼教还有其他一些文献值得关注，如诵习文书、布施文书、歌颂统治者文书、摩尼教徒写给摩尼教教主的书信等文献。

1. 回鹘文摩尼教文献 TID 20（U 262）

该文献书写书页残片，页下边缺失，红色标点加注，页边褪色。尺寸 17.5×22.5 cm。下面我们主要以回鹘文摩尼教 TID 20（U 262）转写拉丁字母为底本筛选梵语借词：①

vžir< Skt.vajra（金刚）②　6/187

2. 回鹘文摩尼教文献 Ch/U 6818 v

该文献为回鹘文斜体字，已褪色，无摩尼文标点法。尺寸：12.5×12.5 cm。我们主要以回鹘文摩尼教 Ch/U 6818 v 转写拉丁字母为底本进行筛选，③无梵语借词。

3. M126+M502+M201 号补遗文献

该文献由各个片段组成，斜体手稿。博伊斯（Mary Boyce）曾研究过，该文献尺寸 11.8×10.5 cm。我们主要以 M126+M502+M201 号补遗文献转写拉丁字母为底本进行筛选，④无梵语借词。

4. TID25（U196），TID231（U197），TIHI x1（U198）

这三片内容上互相关联的残片是两份不同手稿中的几部分：a. U197和 U198；b. U196。TID25（U196）为一份回鹘文书写书页的上部分，尺寸 10×10.5 cm；TID231（U197）为一份回鹘文书写书页的上

① P.Zieme, *Manichäisch-türkische texte*, Berliner Turfan Texte V, S.31－33.
② 林光明、林怡馨主编：《梵汉大辞典》，第 1378 页。
③ P.Zieme, *Manichäisch-türkische texte*, Berliner Turfan Texte V, S.33.
④ Ibid., S.35.

部分,尺寸 10×9 cm;TIHI x15(U198)为一份回鹘文书写书页的上部分,尺寸 10×9 cm。

我们主要以彼特·茨默(P.Zieme)转写拉丁字母为底本进行筛选,①无梵语借词。

5. TM161(U 297);TIα(U 241a),U 241b, TIID(U 241c)

回鹘文书写。这几份残片虽然发现地各异,但字体相似,很可能属于同一份残卷。TM161(U297)尺寸为 14.5×13 cm,文本区域 10 cm。有行线,但无边线。红色标点法圈边,部分褪色。TIα(U 241a)尺寸为 8×10.5 cm。U241b 尺寸为 7.3×7.5 cm。TIID(U 241c)尺寸为 5.3×6 cm。

下面我们主要以彼特·茨默(P.Zieme)转写拉丁字母为底本筛选梵语借词:②

yäk< Skt.yakṣa(夜叉)　1/279

mitri< Skt.Maitreya(弥勒佛)　1/296

6. TIα x32(U266a, b)

一份写本手稿中的两块残片,用回鹘文书写。残片破损很严重,其内容不完整。从摩尼文标点法的外表来看,这是一份摩尼教文献。a. 尺寸为 15×15 cm,左边及边缘线保留较好;b. 尺寸为 9×9 cm。

下面我们主要以彼特·茨默(P.Zieme)转写拉丁字母为底本筛选梵语借词:③

yäk< Skt.yakṣa(夜叉)　2/355

7. TID3(MIII 29 号) 和 TII1398(Ch/U 6618)

TII1398(Ch/U 6618)包括一份汉文卷轴,背面书写的是回鹘文,

① P.Zieme, *Manichäisch-türkische texte*, Berliner Turfan Texte V, S.36–38.

② Ibid., S.39–43.

③ Ibid., S.43–45.

它与勒柯克(A.von Le Coq)刊布的 TID3 残卷(MIII 29 号,疑为丢失)同属一份文献。鉴于此,MIII 29 号的第 1 行应与 Ch/U 6618 的第 2 行为一行文字。Ch/U 6618 尺寸为 27.5×6.3 cm。

我们主要以彼特·茨默(P.Zieme)转写拉丁字母为底本进行筛选,[①]无梵语借词。

8. TIIK+ TIα(U257)和 TIIK(U255a)

尽管有不同的登记号,但两份残卷 TIIK 和 TIα 仍能拼凑为一份(U257),尺寸为 11.3×11.5 cm。残卷 TIIK(U255a)是该手稿的另一个残片,尺寸为 6.6×11.3 cm。

我们主要以彼特·茨默(P.Zieme)转写拉丁字母为底本进行筛选,[②]无梵语借词。

9. TM 154(M364)

册页上部为残片,摩尼文书写(参阅 Boyce 25),黑色标点符号。

我们主要以彼特·茨默(P.Zieme)转写拉丁字母为底本进行筛选,[③]无梵语借词。

本节回鹘文摩尼教文献梵语借词按音序排列(如回鹘文借词拉丁字母转写不统一,这只是由于不同学者的转写不同而已,实际上是同一个借词,我们采取一种形式来排序):

afyakirt/avyakirt< Skt.avyākṛta(无记,未授记) 086

arhant< Skt.arhat(罗汉) 161

aviš< Skt.Avīci(阿鼻地狱) 058

buyan< Skt.puṇya(福,功德) 105

farnibran< Skt.parinirvāṅa(般涅槃) 032

① P.Zieme, *Manichäisch-türkische texte*, Berliner Turfan Texte V, S.54 – 55.

② Ibid., S.60 – 62.

③ Ibid., S.62 – 63.

kšanti< Skt.kṣānta(忏悔)　3/34

labï< Skt.lābha(捐赠,供养)　3/r2

mitri< Skt.Maitreya(弥勒佛)　1/296

nirvan< Skt.Nirvāṇa(涅槃)　052

pat< Skt.pāta(死亡)　088

sansar< Skt.aṃsāra(轮回)　039

šazïn< Skt.śāsana(教法,圣教)　1/v3

šrmï< Skt.śrāmaṇera(沙弥子)　2/13

sumer< Skt.Sumeru(须弥山)　054

višay/fišay< Skt.viṣaya(感官之对象)　161

vžir< Skt.vajra(金刚)　6/187

wwrxar< Skt.vihāra(寺)　1/16

yäk< Skt.yakṣa(夜叉)　1/279

čaxapat< Sogd.čxš’pδ< Skt.śikṣāpada(戒律)　2/148

wusanti< Sogd.βws’anty< Skt.upavasatha(斋日)　7/175

acari< Tokh.aśari< Skt.ācārya(法师)　2/v9

sučaḍi< Tokh.sujāte< Skt.sujātā(具有尽善的品性,美丽)　1/v9

第六章　回鹘文景教文献梵语借词研究

第一节　景教与回鹘文景教文献

一、景教概况

景教(Nestoriansm),即基督教之聂斯脱里派(The Nestorian Christanity),它是一门世界性的宗教。该教派以其创始人聂斯脱里(Nestorius)而得名。景教又称东方亚述教会(Assyrian church of the East)。因该教派主张耶稣基督具有人与神的二重性(即主张耶稣基督具有神和人两个本性,这两个本性不能视为合二为一的本体),在431年的以弗所(Ephsus)宗教会议上被斥为异端。后为罗马皇帝所逐,其教徒流亡东方。古代贯通于东西方的丝绸之路不仅是条商贸之路,也是条宗教信仰之路,景教的传播与商贸来往便交织在一起。虽然贸易路线将中国与今天的阿富汗、印度、波斯、叙利亚甚至罗马联系起来,进行商品交易,但也将文化和宗教内容从一个地区传达给了另一个地区。因此,在中亚,几乎所有亚洲人民都相遇(非洲大陆东南部的人民除外),几乎所有东方宗教都在这里相遇。[①] 关于景教在我国东传的过程,冯承钧先生考证说:“景教徒之行程,盖由大夏经巴达克山(Badakshan)、葱岭(Pamirs)、蒲黎(Tashkurgan)而至和阗(Khotan),遵玄奘之归途而至长安。”[②]宋代的景教实力主要局限于高昌地区,到了元代,景教迅速扩大到喀什、叶尔羌、哈密、吐鲁番、乌鲁木齐、和田、库车和巴里坤等地。[③]景教徒们于12世纪的蒙古可汗宫廷中亦有一定的影响,马可·波罗指出在“回鹘斯坦”(Inguristan)存在着许多景教徒:“也有一些信仰景教教法的基督教徒。”[④]高昌遗址已经揭示了许多具有特殊风格的壁画,其中画有成斧形分四枝的铁制十字架,这是西域景教的典型特征,它们都归于景教徒。在回鹘人时代,吐鲁番以北山脉分支中的葡萄沟(Boulayïg)小山沟似乎也曾被景教徒们占领过。因此,我们掌握的证据足以说明,在吐鲁番地区,不仅那些传教士和外国商人们信仰景教,当地那些操突厥语的居民也崇仰之。[⑤]

二、回鹘文景教文献

至于景教何时传入至回鹘人,目前还不为人所知。景教在回鹘人中的流行,可通过回鹘文景教文献得到证明。回鹘人接受景教,确切资料可寻的,当为西迁高昌以后。回鹘人建立了高昌王国,他们在信仰上,除了保留原有的宗教萨满教、摩尼教外,同时也接受了当地

---

① H. J. Klimkeit, Christentum und Buddhismus in der innerasiatischen Religionsbewegung, *Zeitschrift für Religious und Geistesgeschichte*, 35, 1983, p.208.

② 冯承钧:《景教碑考》,商务印书馆,1935年,第58页。

③ 杨富学:《宋元时代维吾尔族景教略论》,《新疆大学学报》(社科版)1989年第3期,第35页。

④ [法]韩百诗(L.Hambis):《马可·波罗的〈世界志〉》,巴黎,1955年,第71页。

⑤ [法]莫尼克·玛雅尔著,耿昇译:《古代高昌王国物质文明史》,中华书局,1995年,第68页。

数百年间就流行着的祆教、佛教、景教等。① 另有一种说法，回鹘人应当比中原更早接触到景教。语言学家们根据从敦煌问世的景教经典中的两三个名词源于粟特语的音译。② 西方学术界认为，大致在 5—6 世纪时，新疆就已经有了波斯和叙利亚景教徒的分布。③ 7—10 世纪，聂斯脱里派教会在中国十分兴盛，称大秦景教。元代景教始称也里可温教。突厥—回鹘语记作 ärkägün，该词在中亚和蒙元时代专指"基督教"。④

现在所知的回鹘文景教文献约有三四十件，大都出自吐鲁番北边葡萄沟的一所寺庙遗址。20 世纪初叶，德国探险队在这里发现了大批用叙利亚文、福音体文、中古波斯文、粟特文和回鹘文书写的景教文献，内容相当丰富，既有圣经，也有赞美诗、祈祷文，更有箴言、布道书和其他著述。在中亚及我国各地发现的回鹘景教碑铭也不少。在中亚七河流域、喀什、阿力麻里故城（今新疆霍城县）等地发掘出的 600 余方叙利亚文景教徒墓碑中，至少有 13 方用回鹘语写成，时代在 13—14 世纪。⑤此外，我国其他地方（如福建泉州、江苏扬州、内蒙古自治区赤峰等地）也有用回鹘文书写的景教碑刻。

国外回鹘文景教文献主要集中在中亚的七河流域。大约在 7 世纪中叶，景教就已传至中亚七河地区，为操突厥语的部族所信仰。但

---

① 杨富学：《回鹘文献与回鹘文化》，第 231 页。

② 田卫疆：《高昌回鹘史稿》，新疆人民出版社，2006 年，第 188 页。

③ T.E.Cearter, *The Invention of printing in China and Its Spread Westward*, New York, 1925, pp.104, 120.

④ 牛汝极：《十字莲花：中国元代叙利亚文景教碑铭文献研究》，上海古籍出版社，2008 年，第 2 页。

⑤ 杨富学：《回鹘文献与回鹘文化》，第 66—70 页；D.Chwolson, Syrische Grabin schriften aus Semirjetsche, *Memoires de l'Académie Imperiale des science de St. Petersbourg*, ser.7, Vol, 33 - 4, 1886; Syrisch-nestorianische Grabin schriften aus Semirjetsche, *Memoires de l'Académie Imperiale des science de St.Petersbourg*, ser.7, Vol.34 - 8, N.F., 1890, 1897.

到了 14 世纪中叶，中亚七河地区居民逐步皈依了伊斯兰教，景教也随之走向衰亡。

目前绝大多数的回鹘文景教写本文献，都收藏在德国国家图书馆。① 我国一些地方单位也收藏有回鹘文景教文献。景教文献总体数量不多，回鹘文景教文献就更少，因此回鹘文景教文献价值更大。

第二节　回鹘文景教文献梵语借词研究

我们知道，回鹘文景教文献的形式主要有碑铭、写本和题记三种。以下回鹘文景教文献梵语借词研究，遵循回鹘文景教文献出土地而逐一展开，即由“内”（即国内从新疆维吾尔自治区、内蒙古自治区、江苏、福建等地）而“外”（国外，如中亚七河流域等地）展开研究。

一、新疆维吾尔自治区回鹘文景教文献梵语借词研究

新疆出土的回鹘文景教写本文献及墓碑文献共计 13 件。其中写本为 11 件，墓碑为 2 通。②

1. 回鹘文献《巫师的崇拜》

《巫师的崇拜》又译为《三个波斯僧超白伯利恒的故事》。该回鹘文献由德国第二次吐鲁番探险队于新疆吐鲁番盆地北边葡萄沟的布拉依克（Bulayik）地方发现。德国收藏编号为 U9176（TIIB29），现

---

① 荣新江：《吐鲁番文书总目欧美收藏卷》，武汉大学出版社，2007 年，第 477—691 页。
② 何湘君：《回鹘景教文献研究》，第 23 页。

存80行回鹘文,原件藏于德国柏林。国外学者进行过相关研究的主要有：最先刊布此文的德国学者缪勒(F.W.K Müller)(1908年)、[1]威里·邦格(W.Bang)(1926年)、[2]马洛夫(S.E.Malov)(1951年)、[3]耿世民(1978年)、[4]李经纬(1983年)、[5]阿里木·朱玛什(1983年)[6]以及卡哈尔·巴拉提(1986年)等。[7] 据拉丁字母转写梵语借词筛选,[8]无梵语借词。

2. 回鹘文献请求信U321(TIII B99c)

1905—1907年,德国探险队第三次到新疆吐鲁番布拉依克景教寺院遗址考察时获得。德国编号为U321(TIII B99c),目前收藏于德国国家图书馆吐鲁番中心。德国彼特·茨默(P.Zieme)曾刊布。[9] 据拉丁字母转写材料筛选梵语借词：[10]

buyan< Skt.puṇya(福禄,功德) 3/9

3. 回鹘文献《圣乔治殉难记》

1905年,德国第二次探险队于吐鲁番葡萄沟发现了回鹘文《圣乔治殉难记》。该残片现藏于柏林,其收藏编号为U320(TIIB1)。对

① F.W.K Müller, Die Anbetung der Magier, ein christliches Bruchstick, in uigurica I, *APAW*, Berlin, 1908, pp.3-10.

② W.Bang, Türkische Bruchstücke einer Nestorianischen Georgspassion, *Le Museon*, 1926, pp.41-75.

③ S.E.Malov, Pamyatniki Drevnetyurkskoy Pis'mennosti.M.L, 1951, pp.131-138.

④ 耿世民:《古代突厥文献选读》,第43—66页。

⑤ 李经纬:《回鹘文景教文献残卷〈巫师崇拜〉译释》,《世界宗教研究》1983年第2期,第143—151页。

⑥ 阿里木·朱玛什:《高昌回鹘王国时代景教残卷研究》,《新疆社会科学》1983年第18期,第12—15页。

⑦ 卡哈尔·巴拉提:《基督教在新疆的传播及其文物》,《新疆大学学报》1986年第3期,第58—83页。

⑧ 何湘君:《回鹘景教文献研究》,第36—52页。

⑨ P.Zieme, *Altuigurische Texte der Kirche des Ostens aus Zentralasien*, New Jersey: Gorgias Press, 2015, pp.85-91.

⑩ 何湘君:《回鹘景教文献研究》,第57-61页。

该文献进行研究的学者主要有勒柯克(1909 年)、[①]威里·邦格(1926 年)、[②]卡哈尔·巴拉提(1982 与 1986 年)等。[③] 据拉丁字母转写材料筛选梵语借词,[④]无梵语借词。

二、内蒙古自治区回鹘文景教文献梵语借词研究

内蒙古自治区共计有四个地区发现回鹘文景教文献,其数量大致是：写本 1 份、墓碑碑铭 29 通、题记 4 处。包头市出土景教回鹘语碑铭 55 行,赤峰市碑铭 10 行,额济纳旗写本 121 行,呼和浩特市题记 10 行、碑铭 2 行,乌兰察布市碑铭 8 行,合计 206 行。[⑤]

1. 内蒙古包头市敖伦苏木古城墓碑(1974 年)

此墓碑 1974 年发现于敖伦苏木古城东北角的一处废墟,发现时已经断为两截,此废墟被认为是景教教堂遗址。[⑥] 该碑前两行为叙利亚文景教徒墓碑的固定格式,其后为突厥语,最后一行是否为叙利亚语,因图版不清无法判定。据拉丁字母转写材料筛选梵语借词,[⑦]无梵语借词。

2. 内蒙古包头市百灵庙镇古墓墓碑

内蒙古包头市百灵庙镇东北方向有一处古墓,墓北有一不

① A.von Le Coq, Ein christliches und ein manichaichaisches Manuskriptfragment in Türkischer Sprache aus Turfan, Berlin, *Sitzungsberichte der Koniglich Preussischen Akademie der Wissenschaften*, 1909, pp.1202 - 1218, pl.VIII-XIV.

② W.Bang, Türkischer Bruchstücke einer nestorianischen Georgspassion, *Le Museon*, 1926, 39, pp.41 - 75.

③ 卡哈尔·巴拉提:《新疆日报》1982 年 7 月 17 日;《新疆大学学报》1986 年第 3 期,维吾尔文。

④ 何湘君:《回鹘景教文献研究》,第 71—73 页。

⑤ 同上书,第 87 页。

⑥ EGAMI, NAMIO, 1952. Olon-Sume et la découverte de l'église Catholique Romaine de Jean De Montecorvino, *JA*, Tome CCXL, No2, pp.155 - 167.

⑦ 牛汝极:《十字莲花：中国元代叙利亚文景教碑铭文献研究》,第 72—75 页。

规则条形石碑。石碑高 120 cm,宽 40 cm,上刻两行字:"亡化年三十六岁,泰定四年六月二十四日。"此碑旁有一残碑,高 130 cm,宽 85 cm,碑首呈三角状,墓碑底部残缺,十字架(40×40 cm)和莲花座(26×20 cm)在碑的上部,十字架第 1、2 象限有圆圈,圆圈内有动物图案;十字架和莲花座下为文字部分,碑文自左至右依次为叙利亚文(4 行)、回鹘文(6 行)、汉文(4 行)三种文字,该碑文几乎每行字都有若干字词的残缺。据拉丁字母转写材料筛选梵语借词(无梵语借词),有叙利语借词如下:①

qabra< Syr.kawra(坟墓)② 2/1

3. 内蒙古赤峰景教徒墓砖铭文

此回鹘文景教墓砖现存于赤峰市松山区文管所,该砖长 47.2 cm,宽 39.5 cm,厚 6 cm。十字架上方的两边各有一行叙利亚文。在十字架下方的两边各有 4 行回鹘文。据拉丁字母转写材料筛选梵语借词,③无梵语借词。

4. 内蒙古自治区额济纳旗写本

该文献出土于内蒙古自治区额济纳旗黑水城(又称黑城),蒙古语称为哈拉浩特(Karahoto 或 Xaraxoto)。现存 120 行,其内容是关于马太布道,德国彼特·茨默(P.Zieme)曾刊布研究。④ 据拉丁字母转写材料梵语借词筛选,⑤无梵语借词。

---

① 牛汝极:《十字莲花:中国元代叙利亚文景教碑铭文献研究》,第 67—72 页。

② J.Payne Smith, *A Compendious Syriac Dictionary*, Reprint, Oxford, 1979, 489a.

③ [法] James Hamilton、牛汝极:《赤峰出土景教墓砖铭文及族属研究》,《民族研究》1996 年第 3 期,第 78—83 页。

④ P.Zieme, *AltuigurischeTexte der Kirche des Ostens aus Zentralasien*, NewJersy: Gorgias Press, 2015, pp.151 - 164.

⑤ 何湘君:《回鹘景教文献研究》,第 108—121 页。

5. 呼和浩特白塔回鹘文题记

建于辽代的呼和浩特白塔位于辽、金、元三代丰州城址，七层八面。塔内至今仍保留有包括汉文、叙利亚文、回鹘文、蒙古文、八思巴文等在内的一批金、元、明等代的游人题记。白塔回鹘文题记多以蒙元时期常见的草书体回鹘文写成，推测题记应属于晚期（大体与蒙元时期接近）。据拉丁字母转写材料筛选梵语借词，[①]无梵语借词。

三、江苏省扬州市回鹘文景教碑梵语借词研究

1989 年，王勤金先生刊发《元延祐四年也里氏八墓碑考释》："此碑出土于扬州城西扫垢山南端，为农民挖土时发现。"[②]但是耿世民先生认为该碑出土的具体地点不是"西扫垢山"，而是扬州城西扫垢山南端。[③] 该碑高 29.8 cm，宽 25.8 cm，厚 4 cm，现存扬州博物馆。据拉丁字母转写材料筛选梵语借词，[④]无梵语借词。

四、福建泉州市回鹘文景教文献梵语借词研究

福建泉州曾是东西交通和海上丝绸之路的重要港口，摩尼教、景教、伊斯兰教等外来宗教曾在此地盛极一时，并留下了大量不同语文的碑铭、文献等遗物，这些遗物成为我们研究东西文化交流的珍贵资料。[⑤]

1. 泉州池店附近新发现一方景教徒墓碑（2002 年）

2002 年 5 月于泉州池店附近新发现一方景教徒墓碑，现藏泉州

① 白玉冬：《丝路景教与汪古源流——从呼和浩特白塔回鹘文题记 Text Q 谈起》，《中山大学学报》（社会科学版）2018 年第 2 期，第 141—153 页。

② 王勤金：《元延祐四年也里氏八墓碑考释》，《考古》1989 年第 6 期，第 553—573 页。

③ 耿世民：《古代突厥语扬州景教碑研究》，《民族语文》2003 年第 3 期，第 44 页。

④ 同上书，第 42—44 页。

⑤ 牛汝极：《泉州叙利亚—回鹘双语景教碑再考释》，《民族语文》1999 年第 3 期，第 33 页。

南建筑史博物馆。第4—21行为回鹘语。据拉丁字母转写材料筛选梵语借词,[①]无梵语借词。

2. 泉州仁风门外东教场景教徒墓碑(1943年)

1943年,该碑于泉州仁风门(东门)外东教场附近的园圃中获得,现藏泉州海外交通史博物馆。该碑高36厘米,宽30厘米。碑上刻一个十字架,但没有天使、火焰、莲花、云片等装饰雕刻。碑中第1行为叙利亚文,其余10行为回鹘语。据拉丁字母转写材料筛选梵语借词,[②]无梵语借词。

3. 泉州市北门城基墓碑(1945年)

1945年出土于泉州市北门城基上掘得一方叙利亚文青冈石石刻,现藏泉州海外交通史博物馆。该碑高25厘米,长63厘米。碑中刻19行叙利亚文,其中大部分是叙利亚文拼写回鹘—突厥语。据拉丁字母转写材料筛选梵语借词,[③]无梵语借词。

4. 泉州市东门城基墓碑(1941年)

1941年,该石碑出土于泉州市东门城基,是须弥座祭坛式石墓的组件之一,1955年移入厦门大学人类学博物馆。泉州海外交通史博物馆不存此碑原件,仅存一复制品,原碑现下落不明。该碑高29厘米,宽66厘米。该碑横额下阴刻叙利亚文21行,阴刻8行回鹘文。据拉丁字母转写材料筛选梵语借词,[④]无梵语借词。

五、中亚七河流域回鹘文景教碑梵语借词研究

中亚七河地区是指巴尔喀什湖以南,河中以东,以伊塞克湖、楚

① 牛汝极:《十字莲花:中国元代叙利亚文景教碑铭文献研究》,第152—156页。
② 牛汝极:《泉州叙利亚—回鹘双语景教碑再考释》,《民族语文》1999年第3期,第33—34页。
③ 牛汝极:《十字莲花:中国元代叙利亚文景教碑铭文献研究》,第130—134页。
④ 同上书,第156—158页。

河为中心的广大区域。19 世纪末，在楚河流域偶然发现了 600 余件景教徒墓志铭，揭开了元代突厥语部族景教信仰的神秘面纱。俄国学者丹尼尔·施沃尔森（D.Chwolson）最早破译了这批铭文，确定碑文使用的文字为古典叙利亚文福音体，是碑文的唯一书写形式，采用的语言是中世纪叙利亚语—突厥语双语形式。[①] 卡哈尔·巴拉提等曾研究之。[②] 据拉丁字母转写材料筛选梵语借词，[③]无梵语借词。

本节回鹘文景教文献梵语借词按音序排列（如回鹘文借词拉丁字母转写不统一，这只是由于不同学者的转写不同而已，实际上是同一个借词，我们采取一种形式来排序）：

buyan< Skt.puṇya（福禄，功德）　3/9

---

① 牛汝极：《中亚七河地区突厥语部族的景教信仰》，《中国社会科学》2012 年第 7 期，第 164 页。

② 卡哈尔·巴拉提：《基督教在新疆的传播及其文物》，《新疆大学学报》（维文版）1986 年第 3 期，第 72—83 页。

③ 何湘君：《回鹘景教文献研究》，第 160—162 页。

第七章 回鹘文社会经济文书梵语借词研究

第一节 回鹘文社会经济文书概况

19 世纪末 20 世纪初,西方列强掀起了一股争赴新疆、敦煌等地考古探险的热潮,这些考古探险队获得一批回鹘文文书。这类文书不同于宗教(佛教、摩尼教、景教)文献,是官府或个人为了各种目的书写下的世俗文书。这些文书对研究中世纪维吾尔社会历史、经济等问题具有重要的意义。这种公私文书,最早的属于 8 世纪,但现存文书的大多数都属于 13—14 世纪,也就是说属于蒙古统治时期(晚期)。遗憾的是,大部分文书都不能确定其绝对年代,只能从纸质和语言上区别是属于较古时期抑或属于后期。虽然目前对回鹘文文书的研究还很不充分(如许多专门术语的具体意义不清楚等),但根据已经取得的成绩,人们可以看出回鹘王国时期,特别是吐鲁番地区居民的日常生活情况。①

西域、敦煌出土的回鹘文社会经济文书约有 400 来件。② 回鹘文

① 耿世民:《回鹘文社会经济文书研究》,第 28 页。
② 杨富学:《回鹘文献与回鹘文化》,第 81 页。

文书自被发现以来，便引起国内外专家、学者们的研究热情。俄罗斯的主要有拉德洛夫（W.Radloff）、马洛夫（S.E.Malov）等。拉德洛夫在D.Klementz中发表的回鹘文文书《1898年俄国科学院吐鲁番考察队报告》（Altuigurische Sprachproben aus Turfan，In：D. Klementz，*Nachrichten über die von der Kaiserlichen Akademie der Wissenchaft zu St. Petersburg im Jahre 1898 ausgerüstete expedition nach Turfan*，St.Peterburg，1899，pp.35－83），他于1906年在A.Grünwedel上发表的《1902—1903年冬天德国考古队在高昌及其附近的考古工作报告》（Uigurische Schriftstücke，in Text und Übersetzung，In：A. Grünwedel，*Bericht über archäologische Arbeiten in Idikutschari und Umgebung im Winter 1902－1903*，München，1906，pp.181－195）。1928年，马洛夫（S.E.Malov）将拉德洛夫的遗著整理为《回鹘文献汇编》（*Uigurische Sprachdenkmaeler*）于列宁格勒出版刊行。1916年，日本学者羽田亨发表《回鹘文葡萄园卖渡文书》（《东洋学报》卷6，2期）。1960年，日本学者护雅夫发表题为《回鹘文葡萄园卖渡文书》（《东洋学报》卷42，4期）。1961年，山田信夫发表《大谷探险队将来回鹘文买卖贷借文书》（《西域文化研究》，4）。山田信夫著，小田寿典、梅村坦、森安孝夫、P.Zieme编成《ウイグル文契约文书集成》（大阪大学出版社，1993年）。1918年，德国勒柯克（A. von Le Coq）刊布《吐鲁番出土的回鹘文文书》（*Handschriftliche uigurische Urkunden aus Turfan*，Turan，Budapest，1918）。1919年，他又发表了《回鹘文导论》（Kurze Einfuehrung in die uig. Schriftkunde，Meiteilungen d. Seminars fuer Orientalische Sprache，*Os*. XXII，1919）。1974年，彼特·茨默（P.Zieme）发表《木头沟出土的一件土地买卖文书》等一系列回鹘文书研究的论文。芬兰著名阿尔泰学家兰司铁（G. J. Ramstedt）发表了《四件回鹘文书》（Four Uigurian Documents，载C.G.

Mannerheim, *Across Asia from West to East in 1906—1908*, II, Helsinki 一书)。土耳其的阿拉特(R.R.Arat)1964 年发表《古代突厥法律文书》(Eski Turk Hukuk Vesikalari, *Journal de la Societe Finno-Ougrienne*, 65, Helsinki, 1964)。1969 年,法国哈密尔顿(J. Hamilton)发表了《交河出土一件回鹘文卖地契》(Un acte ouigour de vente terrain provenantde Yar-Khoto, *Turcica* I, 1969)。[①] 我国的研究者主要有:冯家昇教授发表了《元代畏兀儿契约二种》(《历史研究》1954 年第 1 期)、《回鹘文斌通(善斌)卖身契三种》(《考古学报》1958 年第 2 期)、《回鹘文契约二种》(《文物》1960 年第 6 期)等论文,耿世民先生的《回鹘文社会经济文书研究》(中央民族大学出版社,2006 年)与李经纬先生的《吐鲁番回鹘文社会经济文书研究》(新疆人民出版社,1996 年)、《回鹘文社会经济文书研究》(新疆大学出版社,1996 年)、《回鹘文社会经济文书辑解》(甘肃民族出版社,2012 年)等著作。此外,还有牛汝极、[②]杨富学、[③]刘戈、[④]伊斯拉菲尔·玉素甫等。[⑤]

① 耿世民:《回鹘文社会经济文书研究》,第 30—32 页。

② 牛汝极:《敦煌出土早期回鹘语世俗文献译释》(《敦煌研究》1994 年第 4 期)、《四封 9—10 世纪回鹘文书信译考》(《新疆大学学报》1989 年第 2 期)、《四件敦煌回鹘马文书信文书》(《敦煌研究》1989 年第 1 期)、《六件 9—10 世纪敦煌回鹘文商务书信研究》(《西北民族研究》1992 年第 1 期)等。

③ 杨富学:《元代畏兀儿税役》(《西北民族研究》1988 年第 2 期)、《吐鲁番出土回鹘文借贷文书概论》(《敦煌研究》1990 年第 1 期)、《沙州回鹘及其文献》(甘肃文化出版社,1995 年)、《敦煌出土早期回鹘语世俗文献译释》(《敦煌研究》1994 年第 4 期)、《一件珍贵的回鹘文寺院经济文书》(《西北民族研究》1992 年第 1 期)、《德国新刊布的几件回鹘文租佃契约》(《文史》第 39 辑,中华书局,1994 年)、《回鹘文买卖契约译注》(中华书局,2006 年)等。

④ 刘戈:《从格式与套语看回鹘文买卖文书的年代》(《西域研究》1998 年第 2 期)、《回鹘文买卖文书纪年日月研究》(《民族研究》1998 年第 5 期)、《回鹘文契约文书初探》(台湾五南图书出版公司,2000 年)。

⑤ 伊斯拉菲尔·玉素甫:《回鹘文领钱收据一件》(《内陆アジア言語の研究》第 10 号,1995 年)、《回鹘文文献二种》(《中国民族古文字研究》第 4 辑,天津古籍出版社,1994 年)。

第二节　回鹘文社会经济文书梵语借词研究

以下基于小田寿典等编《ウイグル文契约文书集成》(第二卷)为底本,①进行梵语借词筛选。

本章节回鹘文社会经济文书文献梵语借词按音序排列(如回鹘文借词拉丁字母转写不统一,这只是由于不同学者的转写不同而已,实际上是同一个借词,我们采取一种形式来排序):

ačari/šäli< Chin.(阿阇梨,阇梨)< Skt.ācārya(法师)　WP06—8/Ex03—9

ačari/šäli< Skt.ācārya(法师)　WP06—8/Ex03—9

buyan< Skt.puṇya(功德)　WP02—10

čaxapat< Sogd.čxš'pδ< Skt.śikṣāpada(斋戒,斋月)　Mi15—1

maxarač< Skt.mahārāja(大王,大天王)　WP02—17

paḍïr< Skt.pātra(钵,碗)　Em01—7

Saurïyaširi< Skt.Sauryaśrī(萨乌里雅西里,人名)　Lo29—2

šazïn< Skt.śāsana(教义)　Em01—3

šila/šila< Skt.śīla(戒律,佛僧)　Sa27—32

šilavanti< Skt.śīlava(n)t(喜拉万提,人名)　Ad02—5

sngisdvri< Skt.Samghasthavira(长老)　Ex03—6

---

① [日]山田信夫著,小田寿典、梅村坦、森安孝夫、P.Zieme 编:《ウイグル文契约文书集成》(第二卷),大阪:大阪大学出版社,1993 年。汉语借词部分,参见朱国祥《回鹘文世俗文书中汉语借词对音研究——以山田信夫和李经纬著版本为例》,《江西教育学院学报》(综合)2013 年第 6 期,第 154—158 页。

Somaširi< Skt.Somaśrī(索玛奇里,人名) Lo27—2

Surïyaširi/Suryaširi< Skt.sūryaśrī(苏里雅西里,人名) Lo26—4

vrxar< Skt.vihāra(寺院,僧院) Ex03—6

Yogäširi< Skt.yogaśrī(尤革喜里,人名) Ex03—6

第八章　回鹘文献语言文字与文学梵语借词研究

第一节　回鹘文献语言文字梵语借词研究

在回鹘文文献中，专门的语言文字作品极少，回鹘文文献《高昌馆杂记》则是迄今发现的最为重要的语言文字类文献。除了占有相当大比例的宗教经典外，居于第二位的就要算文学作品了。① 下面我们从语言文字与文学两大类回鹘文文献来研究其借词，不过限于篇幅，我们只能选择部分回鹘文文献来进行借词研究。

一、《高昌馆杂字》概况

高昌馆是明王朝为担任外事和国内边疆民族事务翻译工作而建立的"四夷馆"（清顺治元年改名为"四译馆"）中的一个馆。明代高昌馆来文，就我们目前看到的，有三种版本：(1) 日本东洋文库藏的《高昌馆来文》仅收 15 篇，中央民族学院图书馆藏有该版本的晒蓝本；(2) 匈牙利人李盖提(L.Ligeti)在《东方学报》(*Acta Oriontalia*)发

---

① 张铁山：《突厥语族文献学》，第 180 页。

表的来文,收 41 篇;(3) 北京图书馆藏《高昌馆课》的来文,共 89 篇,有回鹘文译文的 85 篇,这是高昌馆来文中篇数最多的一种版本。通过这些文书,可以看出明代中央政府与新疆各地在政治、经济等方面的密切关系,对我们研究明代维吾尔族的历史是有帮助的。此外,由于每篇来文后都附有回鹘文译文,这对研究当时的维吾尔族的语言、文字也是很宝贵的材料。因此我们说,明代高昌馆来文具有重要的学术价值。①

《高昌馆杂字》是明代编辑的一部汉文、回鹘文对照的分类词汇集。明代编纂民族语文的文献和辞书始于明洪武年间,洪武十五年(1382),翰林院侍讲火源洁与编修马抄亦黑奉命编纂《华夷译语》。由此,一般认为《华夷译语》可分成四种: 甲种本是指明洪武年间编的那一册书,乙种本是永乐五年设立四夷馆后编的一批书,丙种本是明末会同馆所编的十多种译语,丁种本则是清会同四译馆所编纂的一套汉文与民族文字相对照的杂字。② 因此,这些《来文》《译语》和《杂字》等不仅是我们了解当时各民族社会历史文化的绝好材料,也是进行语言文字研究的宝贵材料,它们具有弥足珍贵的价值。

二、《高昌馆杂字》梵语借词研究

《高昌馆杂字》是明代编辑的一部回鹘文与汉文对照的分类词汇集,每一词条由回鹘文、汉文和回鹘文的汉字注音对照构成的,分天文、地理、时令、花木、鸟兽、人物、身体、宫室、器用、衣服、珍宝、饮食、文史、方隅、声色、数目、人事兼通用、续增等 18 门,各不同版本统计

---

① 胡振华、黄润华:《明代高昌馆来文及其历史价值》,《中央民族学院学报》1982 年 01 期,第 47—50 页。

② 胡振华、黄润华:《明代汉文回鹘文分类词汇集〈高昌馆杂字〉》,《民族语文》1983 年第 3 期,第 59 页。

共 1 002 条最常用的词语。

明抄本《高昌馆杂字》每半页四个单词，分上下两排。每个单词有三行，从右至左竖写。第一行回鹘文原文，第二行汉文词义，第三行回鹘文汉字译音。明抄本《华夷译语·高昌馆杂字》文史门之一页如下：

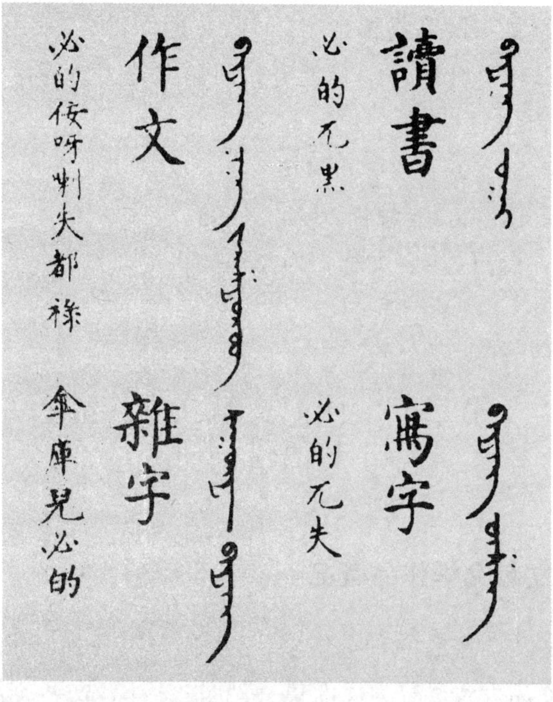

* 资料来源：胡振华、黄润华整理：《高昌馆杂记》，民族出版社，1984 年，前言页。

《高昌馆杂字》词条数目虽不多，但基本上涉及当时社会生活的各个方面。《高昌馆杂字》编纂于明永乐五年（1407），这一时期高昌地区的回鹘人尚未信奉伊斯兰教，所以词汇中基本没有阿拉伯语和波斯语词汇，因而较好地反映了前伊斯兰时期高昌地区回鹘语的原貌。汉语借词的大量使用，说明了当时新疆地区与中原地区在政治、经济和文化等方面的关系是十分密切的。

《高昌馆杂记》梵语借词筛选材料以胡振华与黄润华整理的《高昌馆杂记》(民族出版社，1984 年)为底本。不过需要注意的是，胡振华与黄润华整理的《高昌馆杂记》版本中的一些转写仍有不妥之处，我们在充分利用相关文献和已有成果的基础上，[①] 认真比勘原文，对《高昌馆杂字》回鹘文再作转写，采用国际通用的拉丁字母转写符号(即“标元音式回鹘文拉丁转写字母”)。梵语借词如下：

ärdini< Skt.ratna(珍宝) 476

buyan< Skt.puṇya(福禄，功德) 698

garaša< Skt.kasāya(袈裟) 992

第二节 回鹘文献文学作品梵语借词研究

一、回鹘文献文学作品概况

回鹘文文学作品的种类很多，学者们分类各异。张铁山认为回鹘文学作品大致可分为民歌集、诗歌集、传说、故事、剧本等。这其中既有翻译作品，也有原创作品，如《弥勒会见记》《乌古斯可汗的传说》《佛教诗歌集》《常啼和法上的故事》《观音经相应譬喻谭》

---

① 陈宗振：《关于〈高昌馆杂记〉标音问题的探讨》，《民族语文》2003 年第 1 期，第 44—45 页；祈宏涛：《高昌馆杂记》，中央民族大学博士论文，2013 年。

等。[1] 杨富学在其论著《回鹘文献与回鹘文化》中论述回鹘文学成就时，从回鹘文通行前的回鹘文学、回鹘经典翻译的文学特征、宗教文学、文学创作、戏剧及民间文学等方面来论述。[2] 耿世民认为回鹘文学作品大致可分为诗歌、格言谚语、剧本和故事等，诗歌则包括民歌、挽歌、赞美诗、其他宗教诗歌和史诗等。[3] 阿不都热西提·亚库甫（Abdurishid Yakup）在其论著中，把古代维吾尔诗歌分为八种语体类型，即口头诗歌、宗教内容诗歌和韵文、其他内容赞美诗、诗体题跋和题记、伊斯兰时期的诗歌、反映宗教间冲突的诗歌、描写历史事件和历史人物的诗歌及世俗韵文等。[4]

为了便于本课题的研究，并结合上述各家对回鹘文学作品的分类，我们认为回鹘文学作品大致可作如下分类：

1. 诗歌。这里需要说明的是，回鹘文学诗歌的语体类型和内容比较宽泛，在学界难以取得一致的观点。因此，我们不作学理上的分类归属讨论。同时，迫于回鹘文学诗歌类作品获得之困难，下文的研究只尽可能选择部分有代表性的回鹘文诗歌来研究。

2. 故事。这类包括《观音经相应譬喻故事》《高昌王及王后的故事》《佛本行故事集》《须达拏本生故事》《毗般达罗本生故事》《佛本生故事》《常啼菩萨的求法故事》回鹘文本《五卷书》及《伊索寓言》等。

3. 传说。其中，流行于古代回鹘散文体的英雄史诗《乌古斯可汗的传说》堪称典范。

---

① 张铁山：《突厥语族文献学》，第 180 页。

② 杨富学：《回鹘文献与回鹘文化》，第 266—313 页。

③ 耿世民：《维吾尔古代文献研究》，第 37—38 页。

④ 阿不都热西提·亚库甫：《古代维吾尔语赞美诗和描写性韵文的语文学研究》，第 13—57 页。

4. 戏剧。目前所知仅有佛教内容的《弥勒会见记》(Maitrisimit)可能具有剧本的性质。有的学者认为长诗《富乐智慧》也是一种诗剧。① 前文《弥勒会见记》已作研究,此处不赘述。

5. 格言谚语。格言谚语最古的见于突厥碑铭和《突厥语大词典》中。② 成书于11世纪的《突厥语大词典》收录了270余条当时流行的谚语。③ 值得注意的是,限于篇幅,我们只选择部分回鹘文学作品来研究。

二、回鹘文献文学作品梵语借词研究

(一) 诗歌类回鹘文学作品梵语借词研究

1. 摩尼教赞美诗梵语借词研究

(1)《摩尼赞》

在一件用早期回鹘文书写的摩尼教诗歌开头,有用红墨书写的题目[ ]aprinčor [tegin kügi t]aqšutları py tywd',可译作"阿普林啜·[特勤的曲子和]诗词",文末又有红墨书写的[t]ükädi[a]prinčor təgin kügi("阿普林啜·特勤的曲子结束了")一句。最初刊布这首诗的勒柯克曾指出,该诗明显仿照佛教诗歌而创作。④ 该诗频繁使用的梵文来源词语和把摩尼比作大象,就充分说明该诗作者创作的佛教背景。⑤ 据拉丁字母转写材料筛选梵语借词:⑥

---

① 耿世民:《维吾尔古代文献研究》,第38页。
② 同上。
③ 刑欣、廖泽余:《维吾尔词汇演变研究》,新疆大学出版社,1997年,第175页。
④ A. von Le Coq, 1919. *Türkische Manichaica aus Chotscho. II. Nebst einem chiristlichen Bruchstück aus Bulayïq.*, Berlin: Verlag der Akademie der Wissenschaften (*APAW*, 1919; *Philosophische Klasse*, 1919, No.3.), p.4.
⑤ 阿不都热西提·亚库甫:《古代维吾尔语赞美诗和描写性韵文的语文学研究》,第93页。
⑥ 同上书,第94—96页。

rädni< Sogd.rtny< Skt.ratna（珍宝）　01

（2）吐火罗语 B—回鹘语双语赞美诗

1958 年出版的《突厥语吐鲁番文献》（*Türkische Turfantexte*）第九卷可以看作是关于该诗的最初研究成果，它包括威纳·温特（Werner Winter）对于该诗吐火罗语 B 部分的研究论文和冯·加班（A. von Gabain）对其回鹘语部分的研究。最近，法国吐火罗语专家乔治·让·皮诺（Georges-Jean Pinault）对该诗的吐火罗语 B 部分重新进行研究，完整地构拟出全诗的原始面貌，将关于该诗的研究推进不少。①拉丁字母转写材料筛选梵语借词：②

čɪntamani< Skt.cintāmaṇi（如意宝珠）　07

nirvan< Skt.Nirvāṇa（涅槃）　15

2. 佛教赞美诗梵语借词研究

（1）《圣尊弥勒赞》

该文献编号为 Ch/U 7570（TIII M228）。1905—1907 年，德国第三次吐鲁番探险队在木头沟所获，现藏德国柏林勃兰登堡科学院吐鲁番研究所，是一部完整的小册子。《圣尊弥勒赞》主要描述弥勒降生前后的方方面面，描写他的宫殿及宫殿之美，也通过一些独特的方式赞颂弥勒。据拉丁字母转写材料筛选梵语借词：③

mitrɪ< Skt.Maitreya（弥勒佛）　002

tužit< TochB.tuṣita< Skt.tuṣita（兜率天，妙足天）　002

učidavač< Skt.uccadhvaja（高幢，宫殿名）　003

bodis(a)(ta)[v]< Skt.bodhisattva（菩萨）　006

---

① Georges-Jean Pinault, Bilingual hymn to Mani: Analysis of the Tocharian B parts, *SIAL* XXIII, *Papers in honour of Professor Takao Moriyasu on his 60th birthday*, 2008, pp.93 - 120.

② 阿不都热西提·亚库甫：《古代维吾尔语赞美诗和描写性韵文的语文学研究》，第 154—161 页。

③ 同上书，第 190—219 页。

mahakalp< Skt.mahākalpa(大劫) 008

sarvadyan< Skt.sarvajña(一切智) 032

uday< Skt.udaya(邬陀耶山) 033

kšanti< Skt.kṣānti(忏悔) 047

oom< Skt.oṃ(唵,咒语) 053

svaha< Skt.Svāhā(婆婆诃,祝福) 054

tanasanbadi< Skt.Dhanasaṃmata(多财王) 076

darmaruči< Skt.Dharmaruci(达摩流支国) 078

arnašɪkɪ< Skt.Ratnaśɪkhɪn(宝髻佛) 081

šakimuni< Skt.Śākyamuni(释迦牟尼) 082

abišek< abhiṣeka(灌水,澡浴,灌顶) 083

aviš< Skt.Avīci(阿鼻地狱) 093

sansar< Skt.saṃsāra(生死轮转) 096

nirvan< Skt.Nirvāṇa(涅槃) 097

dyan< Skt.dhyāna(禅定) 105

indiranidil< TochB. indranīl[①]< Skt. indranīla(因陀罗宝,蓝宝石) 110

darmahariki< Skt.dharmāhāraka(法食) 117

kolti< Skt.koṭi(千万,亿) 117

darmarača< Skt.Dharmarāja(法王) 121

ḍarmačay< Skt.Dharmoccay(法集宫) 123

v(a)idir< Skt.vaiḍūrya(琉璃宝,琉璃珠) 123

kurekar< Skt.kūṭāgāra(宫殿) 132

apsarɪ< TochA.aptsar< Skt.apsara(天女) 149

---

① Douglas Q.Adams. *A Dictionary of Tocharian B*(*Revised and Greatly Enlarged*), p.68.

arsɪyan< Skt.rasāyana(妙药) 149

siṅh(a)r(a)n č< Skt.siṃharāja(包容) 152

sɪparir< TochB.spharir[1]< Skt.sphaṭika(水晶,玉) 154

sipargki< Skt.svargika(天使的,天界的)[2] 155

tridɪtlɪɣ-tɪy< Skt.tridhātu-śṛṅga(三分式喇叭) 155

bɪlag-lɪɣ< Skt.bhilag/śakrabhilagna-ratnaṃ(毘楞伽宝) 162

biligšmaṅi< Skt.plakṣamaṅi(波叉宝珠) 163

šɪbar< Skt.śiva(常乐,吉祥之事) 166

č(a)hš(a)p(a)t< Sogd.čxš'pδ< Skt.śikṣāpada(戒律) 169

čɪntamaṅi< Sogd. cynt'm'ny/TochA/B. cintāmaṇi< Skt. cintāmaṇi (如意宝珠) 171

garudi< Skt.Garuḍa(金翅鸟) 172

čivačivak< Skt.jivakajīvaka(命名鸟) 172

kalavangki< TochA. kavaliṅk< Skt. kavaliṅka(迦陵频伽,鸟名) 172

čitri< Skt.citrā(孔雀) 173

čɪntanlɪɣ< Sogd.cntn< Skt.candana(有旃檀的) 174

mahabodi< Skt.mahābodhi(大觉,大菩提) 208

mahaširavak< Skt.mahāśrāvaka(释迦牟尼的弟子) 209

arayadan< Skt.āraṅyadhāni(寺庙) 216

bahušurudi< Skt.bahuśruta(博学,多闻) 225

brahsapadi< Skt.Bṛihaspati(神祇,木星) 226

---

[1] Douglas Q.Adams, *A Dictionary of Tocharian B(Revised and Greatly Enlarged)*, p.790.

[2] Sir Monier Monier-Williams, M.A, K.C.I.E, *A Sanskrit-English Dictionary: Etymologically and philologically arranged with special reference to cognate Indo-European languages*, Oxford: Clarendon Press, 1899, p.1281.

kedumati< TochA. Ketumati< Skt.Ketumatī(翅头末城) 232

kesari< Skt.kesari(狮子王) 233

čahšap(a)t< Sogd.čxš’pδ< Skt.śikṣāpada(斋戒,斋月) 169

mišha< Sogd.mašyh’/mš’yh’h[1]< Syr.mšyha(弥赛亚主) 211

(2)《弥勒赞》两首

编号为 Mainz 100(TIIIM138)。该文献草书体系德国第三次吐鲁番探险队(1905 年 12 月—1907 年 4 月)在木头沟所获,现藏德国柏林勃兰登堡科学院吐鲁番研究所。据学者研究,该文献属于晚期回鹘语时期,是 13—14 世纪的作品。柏林藏 Ch/U 8170(TII1467, MIK031747)是另一件弥勒赞残片。据拉丁字母转写材料筛选梵语借词:[2]

šlok< Skt.śloka(偈,诗节) 01

buyan< Skt.puṇya(福,运气) 03

mitrɪ< Skt.Maitreya(弥勒佛) 03

sansar< Skt.saṃsāra(生死轮转) 04

(3)《善法明赞》残片

德国柏林勃兰登堡科学院吐鲁番研究所收藏的两个回鹘文残片[编号为 Ch/U 7372 和 Mainz 219(TIIIM186.500)],简称柏林残片。俄罗斯科学院东方文献研究所藏一个回鹘语残片(编号为 SIJ Kr IV 403,简称圣彼得堡残片)可以确定为《妙法莲华经》第四卷所提到的善净国法明佛的赞颂。彼特·茨默(P.Zieme)教授首次研究柏林残片,并将其收录在《回鹘人的佛教内容头韵诗》一书(BT XIII,26 号和 37 号文献)中。据拉丁字母转写材料

---

① B.Gharib, *Sogdian Dictionary* (*Sogdian-Persian-English*), p.219.

② 阿不都热西提 · 亚库甫:《古代维吾尔语赞美诗和描写性韵文的语文学研究》,第 220—225 页。

筛选梵语借词：①

sansar< Skt.saṃsāra(生死轮转)　04

paramit< Skt.pāramıtā(彼岸)　13

adıčıt< Skt.ādicitta(初)　11

asanke< Skt.asaṅkhya(无数)　15

nirvan< Skt.Nirvāṇa(涅槃)　39

(4)《观音菩萨赞》

德国柏林勃兰登堡科学院吐鲁番研究所收藏编号为 U4707(TIIIM187)的印本残片和 Ch/U 6399(TIIS 32a)、Ch/U 6321(TIIS 32a,1005)、U5865(TIIIM132,501)、U 5369(TI578)等 4 件回鹘文写本残片。日本龙谷大学图书馆藏编号为 Ot.Ry.7019 的写本残片和圣彼得堡藏编号为 SIJ Kr.7 的写本残片。以上可以确定为观音菩萨赞。据拉丁字母转写材料筛选梵语借词：②

padma< Skt.padma(莲花)　07

sansar< Skt.saṃsāra(生死轮转)　26

asanke< Skt.asaṅkhya(无数)　30

kšan< Skt.kṣaṇa(刹那)　31

bodis(a)(ta)[v]< Skt.bodhisattva(菩萨)　42

posat< TochB.posāt< Skt.poṣatha(忏悔)　47

šarakı< Skt.Sāraka(沙拉奇,人名)　50

avalokıtešvare< Skt.Avalokiteśvara(观世音菩萨)　53

asdab< Skt.stava(赞颂)　64

buyan< Skt.puṇya(福,运气)　67

---

① 阿不都热西提·亚库甫:《古代维吾尔语赞美诗和描写性韵文的语文学研究》,第 229—234 页。

② 同上书,第 237—247 页。

(5)《千手千眼观音菩萨赞》

德国柏林勃兰登堡科学院吐鲁番研究所藏4个回鹘文残片出自《千手千眼观音菩萨赞》。彼特·茨默(P.Zieme)教授首次曾进行研究。据拉丁字母转写材料筛选梵语借词:①

paramit< Skt.pāramıtā(彼岸) 01

sanpad< Skt.saṃpad(圆满,成功) 03

sadarmavabaṣa< Skt.Saddharmāvabhāsa(善法光明) 03

nirvan< Skt.Nirvāṇa(涅槃) 05

sanpad< Skt.saṃpad(合致) 05

abida< Skt.Amitābha(阿弥陀佛) 12

poḍala< Skt.potalaka(补陀罗伽善) 14

bodis(a)(ta)[v]< Skt.bodhisattva(菩萨) 23

tiršul< Skt.triśūla(三杵) 35

3. 其他内容赞美诗梵语借词研究

(1)《速来蛮王赞》

《速来蛮王赞》用草书体回鹘文写成,现存54行。据《北京大学图书馆藏敦煌文献》所提供的信息,该残片高22.5 cm,卷心高19.3 cm,天头3.3 cm,地脚3 cm,采用黄麻纸。② 据北大D154V拉丁字母转写材料筛选梵语借词:③

buyan< Skt.puṇya(福,运气) 02

(2)《玉女赞》

日本东京大学附属图书馆藏回鹘文《玉女赞》是一部用晚期回鹘

① 阿不都热西提·亚库甫:《古代维吾尔语赞美诗和描写性韵文的语文学研究》,第248—258页。

② 《北京大学藏敦煌文献》(二),上海古籍出版社,1995年,第22页。

③ 阿不都热西提·亚库甫:《古代维吾尔语赞美诗和描写性韵文的语文学研究》,第261—268页。

语创作的诗歌作品，用草体回鹘文写成，共 49 行，长 41.5 cm，宽 9.5 cm。[1] 至今我们发现的《玉女赞》抄本共有三种：柏林藏抄本两种和东京藏抄本，其中东京藏抄本比较完整，但也不完全，还有许多抄写错误。回鹘文《玉女赞》至少由 14 段四行诗构成。据拉丁字母转写材料筛选梵语借词：[2]

anavatapte< Skt.anavatapta(无热池)　02

vasuki< Skt.vāsuki(广财子，龙王名)　03

ažay< TochB.āśai< Skt.āśaya(心性，意向)　39

aryasaṅg< Skt.ārya-saṅgha(圣僧)　41

ärdini< Sogd.rtny< Skt.ratna(宝)　10

(3)《回鹘可汗和回鹘汗国赞》

德国柏林勃兰登堡科学院吐鲁番研究所藏一件回鹘文佛教文献《长老尼偈经》编号 U 1864(TIIY 22)的背面写有 17 行头韵诗，为回鹘汗国可汗赞。该文献包含 23 个诗行，构成 5 个结构不同的诗段。彼特·茨默(P.Zieme)教授首次对该诗进行研究。据拉丁字母转写材料筛选梵语借词：[3]

bodis(a)(ta)[v]< Skt.bodhisattva(菩萨)　13

(4)《元成宗铁穆耳可汗及其家族赞》

有两部回鹘文诗作赞颂元成宗铁穆耳及其家族。其中，编号为 U 4688(TIIS 63)的回鹘语残片由德国第二次吐鲁番探险队(1904 年 11 月—1905 年 8 月)获取，现藏德国柏林勃兰登堡科学院吐鲁番研

---

[1] 东京大学附属图书馆编：《东京大学所藏佛教关系贵重书展——展示资料目录》，东京：东京大学附属图书馆，2002 年，第 20—21 页。

[2] 阿不都热西提·亚库甫：《古代维吾尔语赞美诗和描写性韵文的语文学研究》，第 280—299 页。

[3] 同上书，第 300—308 页。

究所（下称柏林残片）。第二件回鹘文残片只存一个阿拉特保存的图片，现藏土耳其伊斯坦布尔大学文学部图书馆。该残片由德国第三次吐鲁番探险队获取，编号为＊U 9192（下称阿拉特残片）。据U 4688（TIIS 63）与＊U 9192（TIIIM182）拉丁字母转写筛选梵语借词：①

četan< Skt.cetanā（志，志向）　06

agiramakiši< Skt.agra-mahisī（王后妃，皇后）　04

akaš< TochA.ākāś< Skt.ākāśa（虚空，天空）　09

mahasanpadi< Skt.Mahāsaṃmata（大三末多）　11

buyan< Skt.puṇya（福，运气）　14

čambudivivip< Skt.Jambūdvīpa（赡部洲）　15

abiyas< Skt.abhyāsa（勤修）　18

（5）《丰收歌》两首

有3件回鹘语文书反映13—14世纪之间吐鲁番地区畏兀儿农民的农耕生活，属回鹘人晚期原创诗歌作品。其中一件藏德国柏林勃兰登堡科学院吐鲁番研究所，编号U 5337（D 131），长卷，双面书写；另两件现藏日本京都龙谷大学附属图书馆，编号为Ot.Ry.11052和Ot.Ry.7116，是同一卷的两个残片。《丰收歌》在回鹘语文献当中比较独特，在回鹘诗歌研究、回鹘语言史研究、回鹘农业社会研究、吐鲁番地区农耕技术研究和吐鲁番地区文化交流史研究等方面占有重要的参考价值。据拉丁字母转写筛选梵语借词：②

tanyadevi< Skt.Dhanadeva（财神）　66

---

① 阿不都热西提·亚库甫：《古代维吾尔语赞美诗和描写性韵文的语文学研究》，第309—318页。

② 同上书，第319—358页。

4. 描写性诗歌梵语借词研究

(1)《三宝的描写》

根据彭金章等编《敦煌莫高窟北区石窟》(第一卷)一书提供的信息,文献有回鹘文那一页高 19.8 cm、宽 30.8 cm,文面规格为 16.0×10.9 cm,行间距离为 1.1 cm。[①] 据拉丁字母转写筛选梵语借词:[②]

aṣta-sahsira< Skt.aṣṭa-sahasra(八千)[③] 15

(2)《五蕴的烦恼》

彼得·茨默(P.Zieme)在其《回鹘人的佛教内容头韵诗》一书刊布一首柏林藏佛教内容诗歌(见 BTT XIII 第 17 号文献),共 15 行。后来,阿不都热西提·亚库甫认为,刊于《北京大学藏敦煌文献》(第二卷)第 316 页下面左边编号为北大附 C29V 的小残片属于同一诗歌,便把二者缀合成前后连贯的诗文,发表在《言语学研究》杂志第 17—18 号。[④] 该诗主要解释由色、受、想、行、识等在物质和肉体构成的人间,即"五蕴假组合"。据拉丁字母转写(Ch/U 7503V+Beida Fu C 29V)筛选梵语借词:[⑤]

sansar< Skt.saṃsāra(生死轮转) 04

(3)《佛教与伊斯兰的对话》

德国柏林国家图书馆藏一件婆罗米文残片(编号:SHT 794,原编号X1755)的一面有 14 行草书体回鹘文,反映佛教徒对伊斯兰教

---

① 彭金章、王建军、敦煌研究院编:《敦煌莫高窟北区石窟》(第一卷),彩版一九(XIX'-XX')。

② 阿不都热西提·亚库甫:《古代维吾尔语赞美诗和描写性韵文的语文学研究》,第 359—368 页。

③ "aṣṭa 八;sahasra 千"。[日] 荻原云来编纂,过直四郎监修:《梵和大辞典》,第 162、1453 页。

④ Abdurishid Yakup, Two Alliterative Uighur Poems from Dunhuang, *Linguistic Research* 17-18: 1-25, 1999.

⑤ 阿不都热西提·亚库甫:《古代维吾尔语赞美诗和描写性韵文的语文学研究》,第 369—373 页。

某些关键教义的批评，在研究佛教与伊斯兰的接触和冲突方面具有重要价值。据拉丁字母转写筛选，①无梵语借词。

5. 回鹘文史诗(《罗摩衍那》)梵语借词研究

《罗摩衍那》(Rāmāyaṇa)是印度著名的两大史诗之一，另一部史诗即为《摩诃婆罗多》(Mahābhārata)。现知的回鹘文《罗摩衍那》写本有两件：其一，卷子式残片1叶，规格：30×95 cm。该写卷系德国第二次吐鲁番考察队于吐鲁番西交河故城所获，存文字34行，编号Mainz734b(TII Y47)；其二，写本残片1叶，存文字14行，编号U1000(TIII 86—64)，1905—1907年德国第三次吐鲁番考察队(1905年12月—1907年4月)于吐鲁番某地所得。该文献现藏柏林德国国家图书馆，均由德国学者彼特·茨默(P.Zieme)刊布。② 根据德国学者彼特·茨默的研究，整个回鹘文罗摩故事写卷大致可划为下列几个层次：

(1) 对原先的罗摩故事进行总结。

(2) 对罗摩的英雄行为，神人同感欣悦。

(3) 过去的智者为了新年而制定了下列的法令：普通教徒应对僧人进行施舍，僧人应给予普通教徒以精神享受。

(4) 阐述理由，僧人(及第一个月？)为何被称为ram。③

下文借词材料来自《〈罗摩衍那〉在回鹘中的传译》。据拉丁字母筛选梵语借词：④

siza< Skr.Sītā(悉多，罗摩之妻) 3/3

tašagirvi< Skr.daśagrīva(十首) 1/4

① 阿不都热西提·亚库甫：《古代维吾尔语赞美诗和描写性韵文的语文学研究》，第378—383页。

② P.Zieme, Ein Uigurisches Fragment der Rāma-Erzählung, *Acta Orientalia Academiae Scientiarum Hungaricae* 32, 1978, S.23-32.

③ Ibid., S.30.

④ 杨富学：《印度宗教文化与回鹘民间文学》，民族出版社，2007年，第252—267页。

yäk< Skr.yakṣa(小鬼,夜叉)　4/4

Nantasuntu< Skr.Nalasetu(那罗桥)　2/12

xulumi< Skr.Hanumān(圣猴哈奴曼)　4/13

lankuri< Skr.Lankāpura(楞迦城)　3/14

upasi< Skr. upāsaka(优婆塞)　4/28

U1000(TIII 86—64)中拉丁字母转写材料借词有:

Rami< Skr.Rāma(罗摩)　3/11

Likšamani< Skr.Laksmana(罗什曼那)　4/11

Dumrakši< Skr.Dhūmrākṣa(杜姆罗伽耶)　5/12

Intrači< Skr.Indrajit(因陀罗耆)　4/12

Kumbankrmi< Skr.Kumbhakarṇa(鸠槃羯叻拿)　3/12

《罗摩衍那》除有回鹘文本外,还有其他语言的译本:

(1) 于阗语写卷。现知该文献写卷计有3件,均出自敦煌莫高窟,编号分别为P.2801、P.2781、P.2783。英国学者贝利(Sir Harold Walter Bailey)最早对其研究。[1]

(2) 吐蕃文写卷。敦煌出土的吐蕃文《罗摩衍那》写卷共有6件,其中四件藏伦敦印度事务部图书馆,编号分别为I.O.737A、I.O.737B、I.O.737C、I.O.737D,由托马斯(F.W.Thomas)研究刊布。[2]另两件藏巴黎国立图书馆,编号为P.T.981和P.T.983,由拉露、狄庸、柳存仁等研究。[3]

---

① H.W.Bailey, Rāma, *Bulletin of the School of Oriental and African Studies*, X-2, 1939, pp.365-376(Text); X-3, 1940, pp.559-598 (Translation & Commentary).

② F.W.Thomas, A Rāmayana Story in Tibetan from Chinese Turkestan, *Indian Studies in Honor Charles Rockwell lanma*, Cambridge, 1929, pp.193-212.

③ Marcelle Lalou, L'histories de Rāma en Tibétain, *Journal Asiati-que* 193, pp.560-562; J.W.de Jong, An old Tibetan Version of the Rāmayāna, *T'oung Pao* 68, 1972, pp.190-202; 柳存仁:《藏文本罗摩衍那本事私笺》,郑阿财主编:《庆祝潘石禅先生九秩华诞敦煌学特刊》,(台北) 文津出版社,1996年,第1—36页。

（3）吐火罗文写卷。新疆出土的甲种吐火罗文（即焉耆文）写本，现知的写卷是一个尺寸很小的残片，内容为《福力太子因缘经》（Ruṇyavanta）的一部分，是木师与华师的一段插话，其中提到了罗摩（Rāma）为解救悉多（Sita）而率兵围攻楞迦城的内容。[①] 根据学者杨富学的研究，回鹘文《罗摩衍那》至少应是参考了于阗文本或吐火罗文本的。[②]

6. 其他内容韵文诗梵语借词研究

（1）《字母诗》

阿拉特（R.R.Arat）的《古代突厥语诗歌》（*Eski Türk Şıiiri*）一书中以 Alfabe Sırasına Göre 为题刊布了一则回鹘文字母诗。该字母诗共 21 段 84 行，以四行诗的形式，按照回鹘字母表的顺序，以字母表中的音作为诗歌的头韵。据拉丁字母转写筛选梵语借词：[③]

vinay< Skt.vinaya（戒律，教化） 05

vičidiramal< Skt.vicitra-amala（种种阿末罗） 05

vyakiyan< Skt.vyākhyāna（解释，论） 06

vitiš< Skt.vidhi-jña（知，解） 05

akšar< Skt.akṣara（文字） 07

vigṅi< Skt.vighna（障碍） 08

vinayiki< Skt.vināyaka（困难，障碍） 08

vayrapan< Skt.vajra-pāṇi（金刚力士） 08

vayduri< Skt.vaiḍūrya（毗琉璃宝） 13

① E.Sieg, Übersetzungen aus dem Tocharischen. 1, *APAW*, 1943, nr. 16, Berlin, 1944, S.13－14；季羡林：《〈罗摩衍那〉在中国》，见《印度文学研究集刊》第 2 辑，上海译文出版社，1986 年，第 33—34 页。

② 杨富学：《印度宗教文化与回鹘民间文学》，第 264 页。

③ 阿依达尔·米尔卡马力：《回鹘文诗体注疏和新发现敦煌本韵文研究》，上海古籍出版社，2015 年，第 44—61 页。

vašave< Skt.vaśa-vartin(自在天)　14

vayram< Skt.vasirambha(毗岚风)　15

vasuṅdare< Skt.vasuṃ-dharā(女神)　15

vandami< Skt.vandana(敬礼,供养)　16

v(a)rkše-aržɪ< Skt.vṛkṣa-rṣi(稠林女魔)　16

satvalok< Skt.sattva-loka(人世间)　16

sanggadi< Skt.saṅghātī(九品大衣)　20

xartay< Skt.hṛdaya(心)　21

qasta< Skt.kaṣṭa(难行)　21

čantɪq< Skt.chandika(爱欲)　30

margamaya< Skt.mārgamāyā(摩诃摩耶)　38

maq̈alaq< Skt.mahallaka(衰迈)　38

mani< Skt.maṇi(摩尼,宝珠)　39

masdaki< Skt.mastaka(尖,顶)　39

mati< Skt.mati(觉知)　40

maxarač< Skt.mahā-rāja(觉知)　40

nalant< Skt.nālanda(那烂陀)　41

nasuta< Skt.nāśita(灭,失)　41

nandā< Skt.ṅaṅti(难陀)　41

sanggadiz< Skt.saṃgha(僧众)　47

sarvadyan< Skt.sarva-dhyāna(一切静虑)　48

čanta< Skt.caṇḍa(恶,暴)　53

avrakit< Skt.avyākṛta(无记)　57

aryasang< Skt.āryâsaṅga(无著,圣)　59

ratnašiki< Skt.ratna-śikhin(宝王)　60

šatvarge< Skt.ṣaḍ-vargikā(六群比丘)　62

satke< Skt.śāṭikā(衣服) 57

šat-ayadan< Skt.ṣaḍ-āyatan(六根) 63

šanta< Skt.śānta(寂灭) 64

lalan< Skt.lalanā(动脉) 69

šarir< Skt.śarīra(舍利) 74

arži< Skt.ṛṣi(仙) 75

šardule< Skt.śārdūla(狮子) 75

šat-paramit< Skt.ṣaḍ-pāramit(善波罗蜜) 76

manggal< Skt.maṅgalā(吉祥) 78

manu< Skt.manu(摩奴) 80

(2)《千字文》梵语借词研究

《千字文》最早是由南朝周兴嗣奉皇帝命从王羲之书法中选取1 000个汉字编撰成的韵文诗。庄垣内正弘(2003 年)发表了圣彼得堡藏两件残片(编号分别为 SI 3Kr.14 和 SI 3Kr.15),该残片的特点与前四片略有不同:先以回鹘文音写四字韵语,后附上其回鹘文译文。《千字文》翻译成的回鹘语不仅忠实于原文,而且朗朗上口,便于诵读。据拉丁字母转写筛选梵语借词:①

garax< Skt.graha(宿,星) 03—06

(3)《菩萨修行道》中的韵文梵语借词研究

现藏法国巴黎国家图书馆的回鹘文抄本 Pelliot Ouïgour 4521 包含两个回鹘文佛教文献,其中,第 1—20 叶讲述《常啼菩萨的求法故事》,第 21—30 叶为《菩萨修行道》的内容。

《菩萨修行道》共 299 行,前 72 行为押头韵的诗歌,后面部分则

① 阿依达尔·米尔卡马力:《回鹘文诗体注疏和新发现敦煌本韵文研究》,第 62—70 页;庄垣内正弘:《ロシア所藏ウイグル語文献の一ウイゲル文字表記漢文とウイグル語仏典テキスト一.ユーラシア古語文献研究叢書》1,京都,2003 年,第 116—125 页。

为散文体。该文献的诗歌部分主要讲述听大乘正法的两种利益，并解释佛教中的本性住种性和习所成种性，讲述法菩提心得的重要性。据拉丁字母筛选梵语借词：[1]

darmakdiki< Skt.dhārma-kathika（说法者）　05

ašay< Skt.āśaya（净心，意乐）　13

atičid< Skt.ādicitta（菩提心）　18

anaz< Skt.anātha（无助的）　22

marim< Skt.marman（肢体）　25

pratikabt< Skt.pratyekabuddha（缘觉）　52

avɪš< Skt.Avīci（阿鼻地狱）　54

akaništa-babvan< Skt.akaniṣṭha-bhavana（色究竟天）[2]　54

čakravart< Skt.cakravartin（转轮，转轮王）　59

gang< Skt.gaṅgā（恒河）　63

nom< Sogd.nwm（经，法）　01

upasi< Sogd. 'wp'sy< Skt.upāsaka（男居士）　05

upasanč< Sogd.'wp's'nč< Skt.upāsikā（女居士）　05

（4）新发现的敦煌本佛教韵文诗梵语借词研究

A. 莫高窟北区石窟新发现的韵文长诗 B128：18

该文献回鹘文部分用草书体写成，共 183 行，其中 162 行抄在汉文《大般若波罗蜜多经》的背面，其余 21 行抄在正面汉文文献行间。[3] 据拉丁字母转写筛选梵语借词：[4]

---

① 热孜娅·努日：《巴黎藏回鹘文诗体般若文献研究》，上海古籍出版社，2015 年，第 173—184 页。

② “akaniṣṭha 色究竟；bhavana 天宫”。林光明、林怡馨主编：《梵汉大词典》，第 57、263 页。

③ 彭金章、王建军：《敦煌莫高窟北区石窟》第二卷，第 18 页。

④ 阿依达尔·米尔卡马力：《回鹘文诗体注疏和新发现敦煌本韵文研究》，第 174—201 页。

čitan< Skt.cetanā(意志,精神) 02

buyan< Skt.puṇya(福,运气) 10

čakrawart< Skt.cakravartin(转轮王) 39

bavagɪr< Skt.bhavāgra(有顶天) 40

avɪš< Skt.Avīci(阿鼻地狱) 41

pančavrsik< Skt.pañcavarṣika(无遮大会,五年一大聚会) 70

čädit< Skt.chātida(被覆盖的) 82

iryapadi< Skt.īryāpatha(行道) 98

suravsuriš< Skt.sura-ṛṣi(天仙)① 98

višaka< Skt.Viśākhā(维莎卡,śaṅkha 王之妻子) 103

tužit< Skt.tuṣita(兜率天) 105

šakimuni< Skt.śākyamuni(释迦牟尼佛) 116

šazɪn< Skt.śāsana(教法) 117

mančuširi< Skt.Mañjuśrī(曼殊室利,即文殊菩萨) 125

tarmakadike< Skt.dharmakathika(法师) 136

uday< Skt.sudaya(出离) 140

padɪr< Skt.pātra(碗) 148

sansar< Skt.saṃsāra(生死轮转) 165

aryagar< Skt.ārya-kāra(神圣的事) 181

B. 山西博物院藏《八阳经》等佛经韵文题跋

回鹘文《天地八阳神咒经》跋文现存山西省博物院。和其他多数跋文用楷书体不同,此跋文用回鹘文草书体书写,共 24 行。据拉丁字母筛选梵语借词:②

① "sura 神,天;ṛṣi 仙人"。林光明、林怡馨主编:《梵汉大词典》,第 1238、1032 页。

② 阿依达尔·米尔卡马力:《回鹘文诗体注疏和新发现敦煌本韵文研究》,第 202—210 页。

padɪr< Skt.pātra(碗)　06

sudur< Skt.Sūtra(经)　07

parakaś< Skt.prakāśa(明,光明)　07

pančavrsik< Skt.pañcavarṣika(无遮大会,五年一大聚会)　19

(二)故事类回鹘文学作品梵语借词研究

1. 譬喻故事

“譬喻”梵语为 avadāna,是佛陀说法的常用形式之一。释迦牟尼用打比方或讲故事来传授佛教教义,以便佛门弟子、善男信女更好地理解。譬喻故事一般多为优美动人、寓意深刻、诙谐风趣而富于教育意义的童话、笑话与寓言故事等。

现知回鹘文文献属于佛教譬喻故事的数量不少,归纳起来大致有如下四种:①

其一,大型佛教故事集品《十业道譬喻鬘》(梵文作 Daśakarmapathāvadānamāla),其性质类似古代印度的《五卷书》和阿拉伯的《一千零一夜》,具有很高的文学价值。②

其二,《天神譬喻》(梵文作 Divyāvadāna)的一部分——《舍头谏譬喻》(梵文作 Śārdūlakarṇāvadāna),其内容是对印度种姓制度的抨击。故事讲述一纯洁少女钵吉帝(Prakṛti)在布施佛弟子阿难(Ananda)时产生了爱意,受佛陀指点而皈依佛门。此举引起婆罗门与刹帝利阶层的震怒,佛陀于是讲述了钵吉帝(Prakṛti)与阿难(Ananda)前世的姻缘,藉以抨击种姓制度。该文献之回鹘文译本于20世纪初出土于吐鲁番胜金口,用婆罗迷文回鹘语书写,现藏柏林,编号 Mainz 616(TIIS 20)。遗憾的是,写本仅存一叶,而且相当残破,

① 杨富学:《印度宗教文化与回鹘民间文学》,第154—159页。
② 耿世民:《维吾尔古代文献研究》,第301页。

规格为 11.2×12.1 cm，只有 6 行文字。①

其三，《观音经相应譬喻谭》（梵文作 Avalokiteśvara Sūtra）。该文献出土于敦煌莫高窟，现藏伦敦大英博物馆，编号 Or.8212—75A。该文献共 15 叶，346 行。《观音经相应譬喻谭》含有三个譬喻故事：第一个故事（5—75 行），讲一对夫妻去世后，其子为报父母恩而广行善事，佛依其现世之功德，授其将来成 čaytasukï 佛；第二个故事（76—239 行），讲苏达利舍那城（Sudaršan）受到敌人的大举进攻，宝日佛（Ratna-surya）以法力拯救之，城中君臣皈依佛门；第三个故事（241—346 行），讲述波斯匿王臣时善待沙门，佛以其供养之功，授其将来成空王佛（šūnyarāja）。

其四，回鹘文《折吒王的故事》。我国学术界过去常译之为《恰希塔那王的故事》。回鹘文《折吒王的故事》主要讲述善与恶的斗争。

上述四种譬喻故事宣扬的都是佛教的基本理论和伦理规范，以讲故事的形式颂扬诚实、仁慈、善良、布施、牺牲、禁欲等高尚品格，同时鞭挞那些恩将仇报、不讲信义务、贪婪凶残的恶人与小人。

（1）回鹘文《十业道譬喻鬘》。已知的该文献已达 200 叶（件）以上。其中，20 世纪初德国吐鲁番考察队在吐鲁番山前坡地、葡萄沟废寺遗址、高昌故城、交河故城、胜金口和木头沟等地发现的计有百余叶（件），现均藏柏林德国国家图书馆和印度艺术博物馆。② 另

① D.Maue, *Alttürkisches Handschriften*, *Teil 1: Dokumente in Brah-mī und Tibetischer Schrift*, Stuttgart, 1996, S.76－80.

② F.W.K.Müller, Uigurica, *Abhandlungen der Preussischen Aka-demie der Wissenschaften*, Berlin, 1908, Nr.2, S.36－45; F.W.K.Müller, Uigurica II, *Abhandlungen der Preussischen Akademie der Wissenschaften*, Nr.3, Berlin, 1910, S.20－27; F.W.K.Müller, Uigurica III, *Abhandlungen der Preussischen Akademie der Wissenschaften*, Nr.2, Berlin, 1920; F.W.K.Müller-A.von Gabain, *Uigurica* IV, *SPAW*, *Phil-hist. Klasse* 24, Berlin, 1931, S.675－727; J.P. Laut, Zwei Fragmente eines Höllenkapitels der uigurischen Daśakarmapathāvadānamālā, *Ural-Altaischer* N.F.4, 1984, S.118－133.

有 80 叶(件)系俄罗斯探险队于 20 世纪在吐鲁番发现的,现藏圣彼得堡东方学研究所。[1] 1959 年,在哈密市天山铁木尔图的一个洞窟中,又发现了 16 叶属于该文献的残卷,[2]现均庋藏于乌鲁木齐新疆维吾尔自治区博物馆。[3] 据拉丁字母筛选梵语借词:[4]

kumut< Skr.kumuda(白莲花)　3/19(第 8 叶)

yutik< Skr.yūthika(玉提迦树之花)　4/3(第 8 叶反面)

purwantaklp< Skr.pūrvantakalpa(过去劫)　1/7(第 10 叶)

wimanta< Skr.vimana(天宫)　2/10(第 10 叶)

tark< Skr.tarka(逻辑学)　5/17(第 10 叶)

wyak(a)ran< Skr.vyākaraṇa(语法学)　1/18(第 10 叶)

mayi< Skr.māyā(法术)　5/22(第 10 叶)

wishwk(a)mi< Skr.visvakaɪman(工巧天)　4/23(第 10 叶)

mahakalp< Skr.mahā-kalp(大劫)　3/3(第 10 叶反面)

naiwasanyan< Skr. naivasaṃjñā(非想非非想)　2/4(第 10 叶反面)

dyan< Skr.dhyāna(禅定)　1/14(第 10 叶反面)

mahabaram< Skr.Mahā-brahma(大梵天)[5]　2/14(第 10 叶反面)

---

① [日] 庄垣内正弘、L. トゥゲーシェワ、藤代节:《ゥィゲル文 Daśakarmapathāvadānamālā の 研究——サンクィパテルブルゲ 所藏ゥィゲル文〈十业道物语〉——》,京都:松香堂,1998。

② "在德国、俄国和中国的写本残卷约 200 叶,德国的约 100 叶,俄国的约 80 叶,中国的约 20 叶",见耿世民《回鹘文〈十业道譬喻故事花环〉哈密本残卷研究》,中央民族大学学报(哲学社会科学版)2008 年第 1 期,第 133 页。

③ Geng Shimin, H.-J.Klimkeit, J.P.Laut, Prolegomena zur Edition der Hami-Handschrift der Uighurischen Daśakarmapathāvadāna-mālā, *Türk Dilleri Arastirmalari* 3, 1993, S. 213 - 230.

④ 耿世民:《回鹘文〈十业道譬喻故事花环〉哈密本残卷研究》,《中央民族大学学报》(哲学社会科学版)2008 年第 1 期,第 132—138 页。

⑤ 林光明、林怡馨主编:《梵汉大词典》,第 677 页。

washawarti< Skr.vaśavartin(自在天) 3/23(第 10 叶反面)

kamadatu< Skr.kāmadhātu(欲界,他化天) 3/26(第 10 叶反面)

kameshware< Skr.Kāmeśvara(欲王) 3/27(第 10 叶反面)

再据耿世民先生另篇论文:①

(asan)ki< Skr.asaṃkhyeya(无数) 5/2(正面)

baranas< Skr.Benares(印度城市之名) 1/22(正面)

pr(a)tamarati < Skr. Prathamaratha(普罗陀摩罗陀) 6/23(正面)

santani< Skr.Saṃdhāna(散达那) 6/26(正面)

suparagi< Skr.Supāraga(苏婆罗嘎) 2/1(反面)

(pr)adyumi< Skr.Pradyumna(爱神,令人欢喜者;普罗丢摩神)② 1/7(反面)

čintamani< Skr.cintāmaṇi(如意宝珠) 4/28(反面)

附录二叶:③

maxabodi< Skr.mahābodhi(大菩提) 2/1(正面)

w(a)čr-azan< Skr.vajra-āsana(金刚座) 2/1(正面)

kšan< Skr.kṣaṇa(刹那) 3/3(正面)

kolti< Skr.koṭi(亿) 3/3(正面)

čkrwrt< Skr.cakravartī(转轮王) 1/11(正面)

maxakarun< Skr.mahā-karuṇā(大慈大悲) 2/12(正面)

nirwan< Skr.nirvāṇa(灭度,寂灭) 5/2(反面)

čintamani< Skr.cintāmaṇi(如意宝珠) 4/4(反面)

---

① 耿世民:《哈密本回鹘文〈十业道譬喻鬘〉》,载《古代维吾尔文献研究》,第 299—311 页。

② 林光明、林怡馨主编:《梵汉大词典》,第 907 页。

③ 序章残卷,为卡拉(G. Kara)教授祝寿论文发表于《突厥学研究》(*Türk Dilleri Arastirmalari*)(土耳其)卷一〇,2000 年。

四叶：

asub< Skr.aśubha（不净观） 1/6（正面）

anapanasmarti< Skr.ānāpānasmṛti（息念） 2/6（正面）

dyan< Skr.dhyāna（禅定） 1/7（正面）

šazin< Skr.śāsana（圣教，教戒） 3/8（正面）

aryaw（a）ns< Skr. aryavaṃśa（圣贤之行，乘教理） 1/16（正面）

sanrančani< Skr. saṃrañjana（欢喜法） 3/16（正面）

dutagunta< Skr.dhūtaguṇa（乐于头陀） 1/17（正面）

krmapt< Skr.karmapatha（业道） 1/19（正面）

sanwir< Skr. saṃvara（威仪，禁戒） 3/19（正面）

aryapt< Skr.īryā-patha（端正的举止，威仪） 3/23（正面）

č（a）itr（a）k< Skr. caitra-rathavana（帝释天花园之名） 4/26（正面）

šuḍawas< Skr.śuddhāvāsa（净宫，净光天） 2/29（正面）

br（a）xmalok< Skr.brāhmaloka（梵世，梵天世界） 1/2（反面）

strayastrïš< Skr.trāyastriṃśa（忉利天，三十三天） 1/4（反面）

čmbudwip< Skr.jambūdvīpa（赡部洲） 2/6（反面）

d（a）kšinaki< Skr.dakṣināpatha（南天竺） 1/9（反面）

k（a）lpawrakš< Skr.kalpavṛkṣa（如意树） 5/15（反面）

p（a）tm（a）k< Skr.padmaka（松树） 3/16（反面）

b（a）dragati< Skr.bhadraghaṭā（抽签瓶，贤瓶） 4/16（反面）

（2）《观音经相应譬喻故事》

《观音经相应譬喻故事》，1907 年斯坦因发现于敦煌，现藏伦敦大英博物馆，编号 Or.8212—75A（旧编号 Ch.xix001）。写本共 15 叶，用汉字标注叶码 1—16，其中缺 4、5 两叶，另外叶数不明的 1 叶，存 346 行。自该文献写本被发现以来，对其进行研究的中外学者主要有羽田亨、[1]西纳斯·特肯(Ş.Tekin)、[2]庄垣内正弘、[3]赵永红、[4]张铁山等。[5] 据拉丁字母筛选梵语借词：[6]

čakravart< Skt.cakravartin(转轮,转轮王) 79

čaramabavıkı< Skt.carama-bhavika(现身得,补处) 80

raḍna-surya< Skt.ratna-surya(宝日) 80

čambu< Skt.jambū(阎浮树) 80

čambudıvıp< Skt.jambudvīpa(赡部提) 80

kıšarı< Skt.keśara(转轮,转轮王) 82

arxant< Skt.arhat(阿罗汉) 89

sudaršan< Skt.sudarśana(善见) 90

tıršul< Skt.triśūla(三叉戟) 100

šakḍı< Skt.śakti(刀,戈) 100

lakšan< Skt.lakṣaṇa(妙相) 106

kolti< Skt.koṭi(千万,亿) 108

sanggatı< Skt.samghati(僧祇支) 126

krаša< Skt.kasaya(袈裟) 126

badır< Skt.patra(钵) 132

---

① 羽田亨：《回鹘译本安慧的俱舍论实义疏》,载《白鸟博士还历纪念东洋史论丛》,东京：岩波书店,1925 年,第 745—792 页。

② Ş. Tekin, *Abhidharma-kośa-bhāsya-tīkā Tattvārtha-nāma – The Uigur translation of Sthirmati's Commentary on the Vasubhandu's Abhidh-armakośaśāstra*, New York, 1970, pp.ix – x.

③ 庄垣内正弘：《回鹘语写本·观音经相应——与观音经有关的譬喻谭》,载《东洋学报》(第 58 卷,1—2 号),1976 年,第 258—222 页。

④ 赵永红：《回鹘文佛教诗歌〈观音经相应譬喻谭〉研究》,载《中国少数民族文学与文献论集》,辽宁民族出版社,1997 年,第 372—396 页。

⑤ 张铁山：《古代维吾尔诗体故事、忏悔文及碑铭研究》,上海古籍出版社,2015 年,第 12—26 页。

⑥ 同上。

šad-parɪškar< Skt.sat-parɪskara（六器皿） 132

šravnɪ< Skt.sravana（听闻） 133

čaxšapat< Sogd.čxš'pδ< Skt.śikṣāpada（戒律） 133

budɣɪl< Skt.pudgala（确实） 158

iryapat< Skt.iryapatha（威仪） 171

čakɪr< Skt.cakra（法轮） 173

tarma-rača< Skt.dharma-raja（法王） 209—210

asanke< Toch.asaṃke< Skt.asaṃkhyeya（无数） 218

sxasɪra-čandɪrɪ< Skt.sahasra-candra（千光） 232

maytri< Skt.Maitreya（弥勒佛） 232

parmit< Skt.pāramit（波罗蜜多） 237

（3）回鹘文《折吒王的故事》

该文献之写本残卷由德国第三次吐鲁番考察队发现，现藏柏林德国国家图书馆，其编号如下：

TIII 84—82, Mainz 670（1—72 行）；

TIII 84—45, Mainz 784（73—125 行）；

TIII 84—46, Mainz 775（126—175 行）；

TIIY 60—t, Mainz 811（176—227 行）；

TIII 84—43, U 452（228—299 行）；

TIIY 58, Mainz 58（300—312 行）；

TIIM 7, U 451（313—318 行）。

该文献最早由德国学者缪勒（F.W.K.Müller）与冯·加班（A.von Gabain）联合刊布。① 据拉丁字母筛选梵语借词：②

---

① F.W.K.Müller, A.von Gabain, *Uigurica* IV, *SPAW*, *Phil.-hist. Klasse* 24, Berlin, 1931, pp.680－699.

② 耿世民：《古代维吾尔文献教程》，第 152—162 页；杨富学：《回鹘文献与回 （转下页）

učayan< Skr.ujjayanī(城市之名,“最胜城”)① 4/1

yäk< Skr.yakṣa(小鬼,夜叉) 5/4

drz-ul< Skr.triśūla(三叉戟) 3/9

kšatrik< Skr.kṣatriya(刹帝利) 1/16

urumuki< Skr.urumukha(夜叉之名) 5/47

kalašotari< Skr.kalaśodara(垂腹夜叉) 5/88

uru< Skr.uru(极恶罗刹之名) 7/110

ägnikiši< Skr.agnikeśa(火发罗刹) 3/111

dušta< Skr.duṣṭā(极恶罗刹之名)② 6/137

rakšasa< Skr.rākṣasa(罗刹) 1/173

strayastrïš< Skr.trāyastriṃśa(忉利天,三十三天) 1/197

kawšiki< Skr.kauśika(帝释,天主) 1/211

kisari< Skr.kesarin(狮子) 2/217

yašomaitri< Skr.yaśomatī(耶舍蜜多,菩萨名) 4/217

bodistw< Skr. bodhisattva(菩萨) 5/217

wrunï< Skr.varuṇa(水神) 3/229

kamrakkti< Skr.kāma-rakta(迦摩罗羯陀)③ 3/229

bintipal< Skr.bhindipāla(矛) 3/237

citrawiri< Skr.citra-vārya(胜勇) 4/241

intradanu< Skr.indradhanu(因陀罗神之弓) 2/243

btraklp< Skr.bhadra-kalpa(贤劫,极长时间一大劫) 5/262

(接上页)鹘文化》,第 501—523 页;杨富学:《印度宗教文化与回鹘民间文学》,第 159—211 页。

① 林光明、林怡馨主编:《梵汉大词典》,第 1325 页。

② B.Gharib, *Sogdian Dictionary*, p.437.

③ “kāma-rakta”为两个梵语词,“kāma”有“爱欲、贪欲”义,“rakta”有“染、贪执”义。林光明、林怡馨主编:《梵汉大词典》,第 555、1013 页。

sansar< Skr.saṃsāra(轮回) 3/264

sit satan< Skr.siddhi sādhana(成就)① 2—3/269

nïrwan< Skr.nirvāṇa(涅槃) 5/278

maitri< Skr.maitreya(弥勒) 5/291

satagiri< Skr.sātagiri(娑多山) 1/300

xaimawadi< Skr.haimavata(雪山) 2/300

pančiki< Skr.pāñcika(夜叉鬼之名) 3/300

2. 本生故事

本生故事(梵文、巴利文均作 Jātaka),讲述释迦牟尼累世修行的故事。释迦牟尼生前曾经是国王、王子、长者、贤士、善神、天人,或是动物中的羚羊、鹿猕猴、大象、狮子等,经过无数次的善行转世,最后成佛。

(1)回鹘文《善恶两王子故事》。现知写本有三:其一出自敦煌千佛洞,藏于法国国民图书馆,编号 P.Chinois3509。其形状为一册子卷,由 21 叶长方形对折的文书组成,用一根皮条装订,计 40 叶 80 面,每面存回鹘文字 7—8 行,有许多边缘已残损。1904 年,阿尔(Cl. Huart)最早刊布了 P.3509 号写本——回鹘文《善恶两王子故事》,题为《用突厥语回鹘文字写成的两兄弟的佛教故事》。同年五月,伯希和(P.Pelliot)在《通报》上也发布了此文书,题作《善恶两王子故事的回鹘文写本》。其二同出自敦煌千佛洞,现藏伦敦大英图书馆东方写本与图书部,编号 Or.8212—118,其原编号 Ch.00291,残片 1 叶,双面书写,存文字 22 行。② 其三出自吐鲁番交河故城,残片 1 叶,写本,规

① "siddhi",有"成就"义,"sādhana"也有"成就"义。林光明、林怡馨主编:《梵汉大词典》,第 1048、1169 页。

② J.Hamilton, *Le conte bouddhique du Bon et du Mauvais Prince en version ouïgoure. Mission Paul Pellion. Documents conservés a la Bibliothèque Nationale, III, Manuscrits ouïgoures de Touen-houang*, Paris, 1971, pp.203 - 204.

格：17×28 cm，存文字 22 行，现藏柏林，编号 U 120（TIIY 1）。[1] 据原文拉丁字母转写材料筛选梵语借词：[2]

čintämäni< Skr.cintāmaṇi（摩尼宝珠） 7/14

čïmbudwïp< Skr.Jambudvīpa（阎浮州） 1/44

baranas< Skr.bārāṇasī（都城之名，波罗奈斯）[3] 2/44

ïršï< Skr. ṛṣi（神仙、仙人）[4] 1/59

（2）回鹘文《陶师本生》。德国第三次探险队（1905 年 12 月—1907 年 4 月）于吐鲁番木头沟发现，编号 Mainz 700（TIIIM 194），该文献先藏柏林民俗博物馆，1947 年转移到美因茨（Mainz）科学院收藏。写本为菩提叶式长卷，1 叶，双面书写，正面存回鹘文 36 行，背面存 34 行。1982 年由德国学者艾勒斯（G.Ehlers）研究刊布。[5] 据拉丁字母筛选梵语借词：[6]

bur< Toch.pät< Skr.Buddha（佛） 1/8（“/”前数字表位置，后为行数）

badrakalp< Skr.bhadrakalpa（贤劫） 2/10

baranas< Skr.Bārānasī（波罗那斯） 3/10

branan< Skr.brāhmana（波罗门，即“净行梵志”义） 3/11

kašip< Skr.Kāśyapa（迦叶佛） 4/12

---

① P.Zieme, Ein uigurisches Turfanfragment der Erzählung von guten und vom bösen Prinzen, *Acta Orientalia Academiae Scientiarum Hungaricae*, 28, 1974, S.263 – 268.

② ïršï 可能为一借词，词义不清，笔者查证，其实该词源来自梵语，即“神仙、仙人之义”。牛汝极：《回鹘佛教文献——佛典总论及巴黎所藏敦煌回鹘文佛教文献》，第 283—319 页。

③ 林光明、林怡馨主编：《梵汉大词典》，第 247 页。

④ 同上书，第 1032 页。

⑤ G.Ehlers, Ein alttürkisches Fragment zur Erzählung vom Töpfer, *Ural-Altaische Jahrbücher* N.F, 1982(2), 175 – 185.

⑥ 杨富学：《回鹘文〈陶师本生〉及其特点，《中南民族大学学报》（人文社科版）2009 年第 5 期，第 66—70 页。

utari< Skr.Uttra(优多罗,即“胜上”义)　2/18

baybatavan< Skr.Vaibhidngī(鞞婆陵耆村)　4/31

nandipala< Skr.Nandipāla(陶师之名)　2/32

rišvartan< Skr.rśī-vattana(仙人堕处,即鹿野园)　3/46

asanki< Skr.Asamkhyeya(阿僧祇劫, 即“无数”义)　1/69

(3) 回鹘文《兔王本生》。该文献现存印本残片 3 件: 其一,断为两块,可拼合为一件,版口有回鹘文页码。出自吐鲁番绿洲,存文字 71 行,编号 U977+ U979(TIII 84—59)。其二,残片 1 叶,吐鲁番绿洲出土,存文字 56 行,编号 U450(TIII 84—36);印本残片 1 叶,回鹘文页码标明 73 页,葡萄沟废寺遗址出土,存文字 17 行,编号 U1047(TIIIBTV 51—d)。

德国学者冯·加班(A.von Gabain)对回鹘文《兔王本生》做过研究,识别出其中的内容为:“一个婆罗门、一只猴子、一只兔子和一只鹿。”[①]文献全文由缪勒(F.W.K.Müller)和冯·加班(A.von Gabain)合力进行了研究,据拉丁字母筛选梵语借词:[②]

braman< Skr.brāhma(婆罗门)　1/112

orohitk< Skr.rohita(红色的,鱼的一种)[③]　5/119

strayastriš< Skr.trāyastriṃśa(忉利天,三十三天)　3/139

(4) 回鹘文《阿烂弥王本生故事》。回鹘文《阿烂弥王本生故事》文献出土于敦煌莫高窟,现藏巴黎法国国立图书馆,编号

① A.von Gabain, Die Drucke der Turfan-Sammlung, *Sitzungsberi-chte der Deutschen Akademie der Wissenschaften*, Berlin, 1967, Nr.1, S.25.

② F.W.K.Müller, A.von Gabain, *Uigurica* IV, *Sitzungsberichte der Preussischen Akademie der Wissenschaften*, *Phil-hist. Klasse* 24, Berlin, 1931, S.716－724. *Pāli-Jātaka*, No.316, E. B. Cowell(ed), *The Jātaka or Stories of the Buddha's Former Births*, Vol.3, Delhi, 1994, p.34—38;郭良鋆、黄宝生译:《佛本生故事选》,人民文学出版社,2001 年,第 188—191 页;杨富学:《印度宗教文化与回鹘民间文学》,民族出版社,2007 年,第 123—137 页。

③ 林光明、林怡馨主编:《梵汉大词典》,第 1031 页。

P.Ouïgour 1。原写本分为3叶,存文字119行,其中67行为阿烂弥王本生故事,其余52行为题记。据拉丁字母梵语借词筛选:①

säntür< Skr.Suntra(音译人名,散突尔) 2/3

paramït< Skr.pāramitā(六度,到彼岸) 2/6

bodïsawat< Skr.bodhisattva(菩萨) 3/14

braman< Skr.brāhma(婆罗门) 5/20

ärtürmüki< Skr.Rundramuka(音译人名) 2/23

wačar< Skr.vajra(金刚,金刚杵) 4/8′

amač< TochB.amāc< Skr.amātya(大臣)② 6/35

ačari< TochB.ašari< Skr.ācārya(阿阇梨,导师) 3/10′

(5)《须达拏本生故事》

须达拏梵文(Sudāna)译音,意译"善牙",是佛之前身,行布施。《须达拏本生故事》是佛典中著名的本生故事之一。德国吐鲁番文献中心和日本龙谷大学图书馆保存有9件刻本残片和3叶梵夹装残片,但这些残片所根据的原本目前尚不清楚。该文献彼特·茨默(P. Zieme)曾作过研究。③ 据拉丁字母筛选梵语借词:④

rasiyaṅ< Skt.rasāyana(仙丹) 49

maṅdari< Skt.Mādrī(曼陀罗,须达拏之妻) 55

višvantari< Skt.Viśvantara(须达拏王子) 55

avič< Skt.avici(阿鼻狱) 58

(6)《毗般达罗本生故事》

毗般达罗是须达奴太子之别名,意译为"众异"。《毗般达罗本

① 杨富学:《回鹘文〈阿烂弥王本生故事〉》,《西北民族研究》1994年第2期,第89—101页。

② W.Thomas, *Tocharisches Elementarbuch*, Bd. II, Heidelerg: Texte und Glassar, 1964, S.163.

③ P.Zieme, Buddhistische Stabreimdichtungen der Uiguren, *BTT* XIII, Berlin, 1985, pp.44-48.

④ 张铁山:《古代维吾尔诗体故事、忏悔文及碑铭研究》,第51—55页。

生故事》是讲述须达奴太子本生的著名故事之一。德国科学院吐鲁番学研究中心和日本龙谷大学图书馆保存有 9 件印刷品残件和 3 件梵夹式残叶，但其所依据的底本目前尚不清楚。该文献主要研究者有德国的冯·加班（A.von Gabain）、[1]彼特·茨默（P.Zieme）[2]以及日本学者熊谷宣夫（Kumagai Nobuo）。[3] 据拉丁字母筛选梵语借词：[4]

maṅdari< Skt.Mādrī（曼陀罗，须达拏之妻） 37

bodɪstv< Skt.bodhisattva（菩萨） 38

viyakara< Skt.vyākarā（授记） 86

braman< Skt.brahma（婆罗门） 87

divadat< Skt.Devadatta（提婆达兜） 123

arxant< Skt.arhat（阿罗汉） 125

višvandari< Skt.Viśvantara（毗湿饭怛，须达拏太子之别名） 127

（7）《佛本生故事》

德国科学院吐鲁番学中心藏有 10 余印本残叶，1985 年由德国的彼特·茨默（P.Zieme）将其整理发表。[5] 据拉丁字母筛选梵语借词：[6]

avič< Skt.avici（阿鼻狱） 013

manggalɪ< Skt.maṅgalya（吉祥） 021

sarvtyni< Skt.sarvajñā（一切智） 022

sanyiti< Skt.Saṃiti（人名） 024

---

① A.von Gabain, Die Druke der Turfan-Sammlung, *SDAW* No.1, 1967, pp.25 - 26.

② P.Zieme, Buddhistische Stabreimdichtungen der Uiguren, *BTT* XⅢ, pp.39 - 48.

③ Kumagai Nobuo, Fragment of Wood-blockprint of Viśbantara-Jātaka from Turfan, *Monimenta Serindica* 5, 1962, pp.99 - 101.

④ 张铁山：《古代维吾尔诗体故事、忏悔文及碑铭研究》，第 51—55 页。

⑤ P.Zieme, Buddhistische Stabreimdichtungen der Uiguren, *BTT* XⅢ, pp.31 - 38.

⑥ 张铁山：《古代维吾尔诗体故事、忏悔文及碑铭研究》，第 61—67 页。

kimavant< Skt.himavat(雪山,喜马拉雅山) 025

dyan< Skt.dhyāna(入定,禅) 026

tiši< Skt.Tiṣya(底沙,佛名) 027

včir< Skt.vajra(金刚) 042

parviš< Skt.pariveṣa(光轮) 049

mxa-puru[š]< Skt.maxā-puruṣa(无上人) 049

mitrakanyaki< Skt.maitrakanyaka(因缘) 131

3.《高昌王及王后的故事》

回鹘文献《高昌王及王后的故事》现藏德国国家图书馆东方部(编号 Mainz 713v-TIIY58),为 1904—1905 年德国第二次吐鲁番考察队在雅尔湖所得。原件残损严重,碎为 2 片,尺寸分别为 25.5×45.5 cm、25.1×15.3 cm,背面残存回鹘文 71 行,正面为汉文 28 行,内容属于《大般涅槃经》卷十。据拉丁字母筛选梵语借词:①

jñapaka< Skt. jñapaka(诚证) 01

avḍan< Skt.avadāna(譬喻) 01

parmit< Skt.pāramitā(波罗蜜多) 04

ja-na-pa-di< Skt.janapada(众生) 05

čambu< Skt.jambū(阎浮树) 06

a-ti-pa-ti-pal< Skt.adhipatiphala(增上果) 07

ašay< Skt.āśaya(意乐) 08

reṇu< Skt.reṇu(令奴,国王名) 08—09

pra-bha-va-ti< Skt.prabhāvatī(提婆跋提,王后之名) 11

kṣe-ma-ṅka-re< Skt.Kṣemaṅkara(差摩,佛名) 11

a-va-śya-ka-raṃ< Skt.avaśyakaraṇa(定作) 17

---

① 张铁山:《古代维吾尔诗体故事、忏悔文及碑铭研究》,第 27—37 页。

vayneke< Skt.vainayika(善行)　18

ā-rya-sa-ṅgh< Skt.āryasaṅgha(圣僧众)　22

bakčan< Skt.bhaktaṣaṇa(食物)　23

viyakrit< Skt.vyākṛta(记别,有记)　26

kšatirik< Skt.kṣatriyaka(刹帝利)　30

kumut< Skt.kumuda(莲花)　31

mandakini< Skt.mandākīnī(曼那吉尔河)　31

inḍre< Skt.indra(因陀罗神)　35

mahešvare< Skt.maheśvara(大自在天神)　37

kunale< Skt.kuṇāla(好眼鸟)　37

arambi< Skt.Rambhā(拉姆毕,女子名)　37

partagčan< Skt.prthagjana(凡夫)　48

badr(a)k(a)lp< Skt.Bhadrakalpa(贤劫)　48

4.《佛本行故事集》

《佛本行故事集》(回鹘文 budačarit)主要叙述释迦牟尼及其弟子的前世、今世、传道三期活动,今存梵文、汉文、藏文、回鹘文等文本。研究该文献的学者主要有拉德洛夫(W.Radloff)、马洛夫(S.E. Malov)①以及彼特·茨默(P.Zieme)等。② 据拉丁字母筛选梵语借词:③

čakravart< Skt.cakravartin(转轮,转轮王)　007

kumut< Skt.kumuda(莲花)　020

gösar< Skt.gosāra(檀木)　022

---

① W.Radloff, *Uigurische Sprachdenkmäler*, *Materialen nach dem Tode des Verfassers mit Ergänzungen von S.Malov herausgegeben*, Leningrad, 1928, pp.19 - 199.

② P. Zieme, Buddhistische Stabreimdichtungen der Uiguren, *BTT* XIII, pp.51 - 62, Facsimiles: plates XIV - XIX.

③ 张铁山:《古代维吾尔诗体故事、忏悔文及碑铭研究》,第 39—51 页。

kalavink< TochA.kalaviṅk< Skt.kalaviṅka(妙音鸟) 99

parmit< Skt.pāramitā(波罗蜜多) 053

asanki< Toch.asaṃke< Skt.asaṃkhyeya(无数) 53

čadïk< Skt.jātaka(本生) 054

utari< Skt.uttara(优多罗) 091

višay< Skt.viṣaya(界限) 220

5.《常啼菩萨的求法故事》

回鹘文《常啼菩萨的求法故事》是伯希和(P.Pelliot)在敦煌发现的一部佛教文献。该文献现存巴黎国家图书馆,编号为 Pelliot Ouïgour 4521。册子式,尺寸为 25×18 cm,共 30 叶 60 面,叶数用汉字书写,每页有 15—19 行不等,字体为回鹘文草体,其间常杂写汉字。回鹘文《常啼菩萨的求法故事》主要描述萨陀波伦菩萨(也作常啼菩萨)为求索般若波罗蜜多相应之法而踏上艰辛的旅程。据拉丁字母转写筛选梵语借词:①

piratya< Skt.prajña(般若,智慧) 03

parmit< Skt.pāramitā(波罗蜜多) 03

čatïk< Skt.jātaka(本生) 03

sadapira-urudita< Skt.sadā-prarudita(萨陀波伦,常啼) 08

arhant< Skt.arhant(阿罗汉) 09

karaža< Skt.kasāyā(袈裟) 09

bodisatv< Skt.bodhisattva(菩萨) 11

maha< Skt.Mahā(大) 13

maha-mehašuvare< Sktmahāmeghasvare(大云自在天) 11

iryapat< Skt.īryāpatha(威仪) 22

① 热孜娅·努日:《巴黎藏回鹘文诗体般若文献研究》,第 25—131 页。

mahayan< Skt.mahāyāna(大乘) 30

yočan< Skt.yojana(由旬) 67

sugandapur< Skt.sugandha-pura(香城)① 68

čintamani< Skt.cintā-maṇi(如意珠) 71

čudamani< Skt.cūdā-maṇi(五髻文殊) 71

biliŋgam(a)ni< Skt.bhilagna-maṇi(随色摩尼) 71

brahmamani< Skt.brāhma-maṇi(随色摩尼) 71

tal< Skt.tāla(柳树) 74

vayduri< Skt.vaiḍūrya(琉璃) 80

teva< Skt.ḍeva(天神) 87

bakdi< Skt.bhakti(敬重) 87

kalav(i)nk< TochA.kalaviṅk< Skt.kalaviṅka(妙音鸟) 99

čivačivak< Skt.jīvaṃjīvaka(雉) 99

kapinč(a)l< Skt.Kapiñjala(榛鸡) 99

darma-udgati< Skt.ḍhārma-kathika(法涌菩萨) 109

tušita< Skt.tuṣita(兜律天) 111

bavan< Skt.bhavana(宫) 111

apsari< Skt.apsarī(天女) 113

mahayan< Skt.mahāyāna(大乘) 116

azan< Skt.āsana(座所) 119

kušatri< Toch.kusatre< Skt.chattra(盖) 124

sarvṭya< Skt.sarvajñā(一切智) 127

avyavartik< Skt.avaivartika(不退智) 131

dyan< Skt.dhyāna(禅定) 144

---

① "sugandha 芳香;pura 城邦"。林光明、林怡馨主编:《梵汉大词典》,第 1225、988 页。

lakšan< Skt.lakṣaṇa(妙相) 156

kalp< Skt.kalp(劫) 168

sudur< Skt.sūtra(经) 201

braman< Skt.brahman(梵天) 211

puršamet< Skt.puruṣa-medha(人祭) 213

asanke< Toch.asaṃke< Skt.asaṃkhyeya(无数) 124

buyan< Skt.puṇya(福德) 260

pudɤïl< Skt.pudgala(个人,人身) 270

satiyaupiyačan< Skt.satyābhiyācana①(真诚祈求) 278

šilip< Skt.śilpa(伞) 298

suganda< Skt.sugaṇḍh(香城) 300

sudaršan< Skt.suḍarśana(殊胜城) 329

čambunat< Skt.jāmbūnaḍa(紫金) 359

kavšike< Skt.kauśika(憍支迦) 367

ridi< Skt. ṛḍḍhi(憍支迦) 399

sansar< Skt.saṃsāra(生死轮转) 409

ašay< Skt.āśaya(意乐) 408

mantal< Skt.maṇḍala(轮圆具足) 411

yočan< Skt.yojana(由旬) 423

mahasatv< Skt.mahāsattva(摩诃萨) 430

akaš< Skt.ākāśa(天空) 505

nayut< Skt.nayuta(那由多) 521

čankr(a)mit< TochB.cankramit< Skt.nayuta(经行) 557

---

① "abhiyācana(祈求)", Sir Monier Monier-Williams, M. A, K. C. I. E, *Sanskrit-English Dictionary* (*New Edition*, *Enlarged and Improved*), p.67.

nir(o)ḍasamapaṭi< Skt.nirodha-samāpatti(灭尽定)① 560

kamišvar< Skt.kāmeśvara(嫉妒) 572

bala< Skt.bāla(异生) 575

paramart< Skt.paramārtha(第一义谛) 575

kšan< Skt.kṣaṇa(刹那) 588

čïnḍan< Skt.candana(旃檀) 592

gang< Skt.gaṅgā(恒河) 592

mantarik< Skt.manḍāraka(曼陀罗花) 594

padak< Skt.pāḍaka(诗句) 616

akšar< Skt.akṣara(字母) 616

abipiray< Skt.abhiprāya(意义,道理) 644

čahšapat< Sogd.čxš'pδ< Skt.śikṣāpada(戒律) 636

6. 回鹘文寓言童话故事集《五卷书》

《五卷书》(Pañcatantra)是印度古代最著名、流传最广的寓言与童话故事集。现知的回鹘文《五卷书》写本今存残片 9 件,均出自吐鲁番,系德国第二、第三次吐鲁番考察队发现,其中 8 件藏柏林德国国家图书馆。现将其原编号、收藏号及基本状况介绍如下:②

A.Mainz 657(TIIIM84—44),条幅写本残片,1 叶,20.5×5 cm,木头沟出土。该文献正面存文字 37 行,背面存文字 32 行。

B. U1796(TIIS 89K1),写本残片 1 叶,胜金口出土。双面书写,正背面各存文字 13 行。

C. U1802(TIIS 89K2),横幅写本小残片 1 叶,19×12.5 cm,胜

① "nirodha 灭;samāpatti 三摩越"。[日] 荻原云来编纂,过直四郎监修:《梵和大辞典》,第 686、1422 页。

② 杨富学:《印度宗教文化与回鹘民间文学》,第 269—270 页。

金口出土。残卷正面有一菩萨画像。① 双面书写,正背面各存文字8行。

D. U1057(TII32a, Nr.12),写本小残片1叶,12×11 cm,胜金口出土。双面书写,正背面各存文字7行。

E. Mainz 238(TIα 40),写本残片叶,13.6×18.4 cm,高昌故城α遗址出土。双面书写,正背面各存文字15行。

F. Mainz 86(TIIY 60e),写本小残片1叶,交河故城出土。双面书写,正面存文字26行,背面存文字27行。

G. U182(TIID 63),写本残片1叶,8×7 cm,高昌故城出土。双面书写,正背面各存文字7行。

H. U231(TIIK x 11),写本残片1叶,首尾俱残,16.8×21 cm,高昌故城X遗址出土。双面书写,正面存文字15行,背面存文字14行。

I. MIK III 6324(TIIY 31),写本小残片1叶,35.8×21.1 cm,交河故城出土。正面绘佛教内容图画,②背面书写文字21行。

上述9件写卷,共存文字272行。其中,A、B、C、D、E、G、H、I计8件,共存文字219行,已由盖斯乐(F. Geissler)与彼特·茨默(P.Zieme)合力刊布。③ 唯有F一件,53行,由沃尔麦兹(M.ölmez)研究刊布。④ 据拉丁字母筛选梵语借词:⑤

kiš[ari]< Skr.Keśarin(狮子)　4/104

tmnak< Skr.Damanaka(狐狸)　3/247

---

① A.von Le Coq, *Chotscho*, Berlin, 1913, Tafel.47－48.

② Ibid..

③ F.Geissler, P.Zieme, Uigurische Pañcatantra-Fragmente, *Turci-ca* 2,1970, S.32－70.

④ M.ölmez, Ein weiteres alttürkischen Pañcatantra-Fragment, *Ural-AltaischeJahrbücher* N.F. 12, 1993, S.179－191.

⑤ 杨富学:《印度宗教文化与回鹘民间文学》,第270—284页。

（三）传说类回鹘文学作品梵语借词研究

流行于古代回鹘散文体的英雄史诗《乌古斯可汗的传说》堪称传说类回鹘文学作品之典范。其现存唯一的回鹘文写本藏法国巴黎国民图书馆，编号 Suppl.turc 1001。写本用草体回鹘文写成，首尾部分残缺，大小为 19×13 cm，共 21 页 42 面，每面 9 行。写本语言属于晚期古代维吾尔语。另外，尚存有用晚期察合台语写成的所谓《乌古斯可汗的传说》。[①] 据拉丁字母转写筛选梵语借词：[②]

näpsiki< Skt.naivāsika（神） 7

buyan< Skt.puṇya（福，运气） 99

（四）戏剧类回鹘文学作品梵语借词研究

目前知道的仅有佛教内容的《弥勒会见记》（Maitrisimit）可能具有剧本的性质。有的学者认为长诗《富乐智慧》也为一种诗剧。[③]

1. 回鹘文《弥勒会见记》概况

20 世纪初，德国考察队在吐鲁番地区获得回鹘文《弥勒会见记》的几个抄本的残卷。其中以胜金口本保留下的叶数较多（其中完整的不过十数张，余为残片），但也只约占全书的十分之一。[④] 1957 年，冯·加班（A.von Gabain）将收藏于梅因茨（Mainz）科学院的一部分残卷 113 叶影印刊布，题名《〈弥勒会见记〉佛教毗婆沙师著作回鹘译本的影印本》（一），[⑤]同时附有说明一册。1961 年，又把保存于柏林的

---

① 耿世民译：《乌古斯可汗的传说》，新疆人民出版社，1980 年，第 3—5 页。

② 阿克孜·塔里甫：《〈乌古斯传〉的修辞研究》，新疆师范大学硕士论文，2011 年，第 37—53 页。

③ 耿世民：《维吾尔古代文献研究》，第 38 页。

④ A.von Gabain, *Maitrisimit* I, Beiheft, 1957, s.12.

⑤ A. von Gabain, *Maitrisimit*, *Faksimile der alttürkischen Version eines Werkes der buddhistischen Vaibhāṣ ika-schule*, Teil I mit Beiheft I, Wiesbaden, 1957.

另一部分《弥勒会见记》残卷114叶影印刊布，题名《〈弥勒会见记〉佛教毗婆沙师著作回鹘译本的影印本》(二)，[①]附有说明一册。1980年，土耳其西纳斯·特肯(Ş.Tekin)根据冯·加班(A.von Gabain)影印本，将藏于德国美因茨科学院和柏林科学院(计227叶)的回鹘文《弥勒会见记》进行了转写、德文翻译和注释，出版了《〈弥勒会见记〉回鹘文译本研究》。[②]

2. 回鹘文哈密本《弥勒会见记》

1959年4月，回鹘文《弥勒会见记》出土于哈密县天山公社脱米尔底(今哈密市天山区板房沟乡)，被称为回鹘文哈密本《弥勒会见记》。在此之前，回鹘文《弥勒会见记》已为学术界所知。1962年，我国学者冯家昇发表了《1959年哈密新发现的回鹘文佛经》，[③]开创了我国研究回鹘文《弥勒会见记》之先河。之后，耿世民、伊斯拉菲尔·玉素甫、多鲁坤·阚白尔、阿不都克由木·霍加等多位学者纷纷发表了关于哈密本《弥勒会见记》的单篇研究论文。

回鹘文哈密本《弥勒会见记》共293叶586面，其中完好无缺或大体完好者约114叶。每叶大小为47.5×21.7 cm，纸为褐黄色，纸质厚硬。文字用墨从左至右竖写，每面书写30行或31行。写本似由三人抄成，字体各不相同。

这里补充季羡林先生的观点，因为弥勒信仰在古代新疆流行极广，流行时间也颇长，回鹘文本《弥勒会见记》在新疆也发现了很多

---

① A. von Gabain, *Maitrisimit*, *Faksimile der alttürkischen Version eines Werkes der buddhistischen Vaibhāṣ ika-schul*, Teil II mit Beiheft II, Wiesbaden, 1961.

② Ş.Tekin, *Maitrisimit Nom Bitig: Die uigurische übersetzung eines Werkes der buddhistischen Vaibhāṣika-schule.* 1. Teil: Transliteration, Ubersetzung, Anmerkungen; 2. Teil: Analytischer und ruecklaeufiger Index, Berlin, 1980.

③ 冯家昇:《1959年哈密新发现的回鹘文佛经》,《文物》1962年第7、8期合刊。

抄本。回鹘文本是不能从吐火罗文本翻译来的，在很多地方，二者差异颇大，而在另外一些地方则又十分接近，考虑到古代情况，这一点并不奇怪。①

耿世民先生认为《弥勒会见记》成书于9—10世纪之间。②

3. 回鹘文哈密本《弥勒会见记》内容介绍

回鹘文哈密本《弥勒会见记》共有二十八章，现对每章内容作如下简单介绍。③

序章，回鹘文称“敬章”（yükünč ülüs），是关于佛、法、僧的一般说教等内容。

第一章，内容讲南印度（Dakṣinapātha）已120岁的跋多利（Badhari）婆罗门举行施舍大会。

第二章，内容讲弥勒生于名叫梵寿的婆罗门家，自幼聪明过人，师从跋多利。

第三章，讲述佛养母（其姨母）大爱道（Mahāprajāpatī）亲自种棉花，纺纱织布，造成僧衣，要送给佛，但佛让她送给僧众。

第四章，内容讲释迦牟尼佛预言未来佛的故事。

第五章，讲述对弥勒降生地翅头末城的描述。

第六、七章，内容仍为未来弥勒降于翅头末城的故事。

第八、九章，似为描写弥勒在天上兜率天的情况。

第十章，章名题作“弥勒从兜率天下降人间完”，哈密本此章保存完整。

第十一章，内容主要是描述弥勒受胎降生的情况。

① 季羡林：《吐火罗文〈弥勒会见记〉译释》，见《季羡林全集》第十一卷学术论著三，外语教学与研究出版社，2009年，第121—122页。

② 耿世民：《回鹘文哈密本〈弥勒会见记〉研究》，第603页。

③ 同上书，第623—626页。

第十二章，内容为弥勒因宝幢被毁而感到万物无常。

第十三章，弥勒妻苏摩娜(Sumanā)夜里做噩梦。

第十四章，主要讲弥勒在菩提树下静坐修行成正等觉。

第十五章，其内容详细描述了弥勒菩萨成正果的情形，并详细阐述了十二因缘。

第十六章，其内容描述了以商佉王为首的84 000贵人出家为僧的情形。

第十七章，其内容讲到富人善施(Sudhana)邀请弥勒佛和其他僧众用餐，并捐施一座大的寺院给僧众。

第十八章，弥勒佛详细讲述了各种捐施和未来的转生，以及翅头末城听众听法的收益。

第十九章，其内容讲到大迦叶(Mahākāśyapa)罗汉的事迹，讲到佛的兄弟王子难陀(Nanda)、天授(Devadatta)和富人(śrīgupta)，后者企图加害于佛。

第二十至二十五章，其内容讲述关于大小地狱和犯有各种罪行的人在那里受苦情况的描述。

第二十六至二十七章，其内容为对天界的描述。

4. 回鹘文哈密本《弥勒会见记》借词研究

下文的梵语借词材料来自回鹘文哈密本《弥勒会见记》中的拉丁字母转写，即以耿世民先生著作为底本进行研究梵语借词筛选：①

本节回鹘文文献梵语借词按音序排列(如回鹘文借词拉丁字母转写不统一，这只是由于不同学者的转写不同而已，实际上是同一个借词，我们采取一种形式来排序)：

① 耿世民：《回鹘文哈密本〈弥勒会见记〉研究》，第12—538页。

(bawa)gar< Skt.Bhavāgra(有顶天)　12/2a—25[1]

(brxmlo)k< Skt.Brahmaloka(梵天)　1/1a—16

(ča)turmaxaračik< Skt.Cāturmahārājika(四大天王)　9/11b—15

(pari)nirmita-wašawart< Skt.paranirmita-vaśavartin(他化自在天)　7/7a—27

(ra)tnašiki< Skt.Ratnaśikhin(宝光佛)　23/1b—10

abibu< Skt.Abhibhū(阿毗浮)　13/9b—16

abišik< Skt.abhiṣeka(灌顶)　10/6a—1

ačanay< Skt.Ājāneya(阿加尼)　1/2a—4

acanay< Skt.ājāneya(良马)　20/5a—2

ačari< Skt.Ācārya(大师)　1/11b—25

ačati< Skt.Ajita(无胜)　21/5b—1

adištit< Skt.adhiṣṭhita(守护)　5/1b—10

agam< Skt.āgama(阿含)　24/8b—0

agat< Skt.agada(香药名)　6/7b—0

agrašiwida< Skt.Agraśiva(婆罗门的名字)　29/16a—11

Ajnatakaundinya< Skt. Ajñātakauṇḍinya(阿若憍陈如尊者)　21/1a—1

akaništa-bawan< Skt.Akaniṣṭhabhavana(有顶天)　8/2b—10

am(ali)< Skt.amala(水晶)[2]　29/4a—11

anagam< Skt.anāgāmin(不还果)　7/9a—3

anagan< Skt.anāgāmin(阿那含果)　9/13b—2

anant< Skt. Ānanda(阿难陀)　1/5b—3

---

① “—”后数字表示所在的品;“/”前数字表示所在的行,“/”后的数字与字母表示节或段。下同。

② Zieme 教授认为来自梵文 amala+“水晶”。

anantriš< Skt.Ānantarya(无间,次第)　22/8a—25

ang< Skt.aṅga(附录)　2—3/4b—10

ang-magt< Skt.Aṅga-Magadha(摩揭陀国)　2/1a—1

antarakalp< Skt.Antara-kalpa(中劫,内劫)　2/9b—25

anupadat< Skt.Anavatapta(阿耨达泉)　16/8b—26

anupadit< Skt.Anavatapta(无热池)　23/12a—4

anuruti< Skt.Aniruddha(阿那律)　6/13a—3

apramani< Skt.apramāṇa(无量,不可测量的)　4/6b—11

arati< Skt.Ārā ḍa(阿蓝迦)　7/15b—1

arsayani< Skt.rasāyana(耳中甘露)①　25/10b—26

äršidati< Skt.Rsidatta(仙施)　6—7/9a—16

aršwadan< Skt.Rsivadana(鹿野苑)　27/6b—4

artadarš< Skt.Arthadarśi(义见,佛名)　24/1b—10

arxant< Skt.arhat(阿罗汉)　11/5a—0

aryačantari< Skt.Āryacandra(圣月大师)　27/16a—16

asanki< Skt.asaṃkhyeya(阿僧祇,不可数)　27/11b—0

ašayïn< Skt.āśaya(心性)　15/6b—27

ašok< Skt.aśoka(无忧树)　13/8b—11

asrilar< Skt.Asura(阿修罗)　27/3a—1

Asvajit< Skt.Aśvajit(马胜)　21/1a—1

ašwagoši< Skt.Aśvaghoṣa(阿湿缚娄沙)　10/12b—0

ašwat< Skt.aśvattha(吉祥树)　15/8b—26

---

① “耳中甘露”不好理解,一般佛典中只说“佛的声音清净而远闻”。耿世民:《回鹘文哈密本〈弥勒会见记〉研究》,第518页;“取味,金丹”,林光明、林怡馨主编:《梵汉大词典》,第1019页。此处窃以为耿世民先生的解说更符合上下文语境。

atimaktikda< Skt.atimuktaka(阿提目多迦花)①　18—19/8b

awiš< Skt.Avīci(阿鼻地狱)　12/2a—25

ayniyi< Skt.aiṇeya(鹿王)　16/5a—2

b(a)r(a)diwači< Skt.Bhāradvāja(婆罗婆)　20/9b—16

Badari< Skt.Badhari(跋多利)　2/1a—2

badrakalp< Skt.bhadrakalpa(贤劫,善劫)　16/8a—26

baɣdašnu< Skt.Viśvabhū(毗舍浮佛)　7/4b—4

bagirati< Skt.Bhāgīrathī(古梵文中指恒河)　21/14b

bakčanqa< Skt.Bhakatachinna ka(夏安居)②　13/4a—27

Barana< Skt.varṇa(波罗那氏)　1/12b—2

baranas< Skt.Benares(波罗奈城)　19/1a—1

batranti< Skt.Bhadrānanda(人名)③　1/7a—0

Bhadrika< Skt.Bhadrika(跋提黎迦)　22/1a—1

bodiw(a)n< Skt.Bodhivana(菩提伐那园)　1/1a—16

boɣadati< Skt.Bhogadatta(婆伽多陀)　19/12b—0

braman< Skt.Brahmana(婆罗门)　2/1a—2

braxmalok< Skt.Brahmaloka(梵界)　22/7b—13

braxmawati< Skt.Brahmāavatī(梵摩波提)　21/12a—0

braxmay< Skt.Brahmayu(梵寿)　23/10a

braxmayu< Skt.Brahmāyu(婆罗门之名)　20/12a—0

braxmi< Skt.Brahmī(婆罗迷文)　3/14b—11

braxwati< Skt.Brahmāvatī(梵摩波提)　1/3a—11

---

① 阿提目多花,意译"龙舐花、苣藤",常用来制作香油,用以涂面。

② 夏安居,又称坐夏,谓僧徒在夏天,从四月十六日至七月十五日,禁止外出,而专心坐禅修学。

③ "bhadrā,女性神格、人物之名;nanda 欢喜,人名等"。林光明、林怡馨主编:《梵汉大词典》,第 249、766 页。

brxaswati< Skt.Bṛhaspati(智慧与雄辩之神) 17/7a—0

btraklptaqï< Skt.bhadrakalpa(贤劫) 2/5b—1

bučisi< Skt.Bhujiṣya(布齐萨多) 16/9b—16

but< Skt.Buddha(佛) 1/1a—2

buta< Skt.bhuta(周正声,如来声音之一) 11/2a—2

č(a)hš(u)t< Skt.śikṣāpada(斋戒) 7/14a—2

č(a)nkrmit< Skt.Caṅkrama(散步) 20/6b—0

čadik< Skt.jātaka(本生,生经) 7/12a—4

čadisamar< Skt.jātismara(知宿命) 18/6a—15

čakrawart< Skt.cakravartin(转轮王) 18/8a—26

čalaparbasi< Skt.Jalaprabhāsa(水光龙王) 17/9a

čalaprabi< Skt.Jalapravāha(阇罗波罗) 6/9a—2

čambu< Skt.Jambu(阎浮树) 2/8a—11

čambudiwip< Skt.Jambudvīpa(赡部洲) 1/4b—16

čankarmit< Skt.Caṅkramita(四处漫游) 14/2a—25

čantak< Skt.Jantāka(厅堂)① 27/8a—26

čantowičiti< Skt.chandoviciti(韵律学) 28/16a—11

čap(a)li< Skt.Cāpāla(支提名) 3/1b—10

čar< Skt.jaṭā(发髻) 13/1a—13

čaraki< Skt.caraka(某教派名) 20/6b—1

čɤšapt< Skt.śikṣāpada(戒,守规) 19/9a—3

či(mpak)< Skt.campaka(一种长满馥郁黄花的树) 18/8b

či(trarti)< Skt.Citraratha/Citrātha(奇陀罗陀) 16/10b—3

cintamani< Skt.cintāmaṇi(如意宝珠) 29/2a—2

---

① “厅堂”,耿世民:《回鹘文哈密本〈弥勒会见记〉研究》,第 440 页。

čitika< Skt.Ceṭik(且提卡)　5/5a—3

čitrak< Skt.Citraka(齐特拉卡,花园之名)　2/3a

čitrasini< Skt.Citrasena(画军,乾闼婆的首领)①　17/1b—27

čkar< Skt.cakra(轮纹)　24/2a—25

čutamaki< Skt.Cūḍāmaha(发髻节)　17/12a—13

d(a)ršanmarq< Skt.darśana-mārga(见道)②　23/9a—0

danasamti< Skt.Dhanasaṃmata(财许)　4/4b—16

dani< Skt.dhanin(富豪)　25/8a—26

danurwit< Skt.dhanurveda(射箭)　26/16a—11

darmaruči< Skt.Dharmaruci(法乐,国王名)　8/3a—10

dipankar< Skt.Dipaṃkara(燃灯佛)　28/15b—11

diwadataɤ< Skt.Devadatta(提婆多达)　5/7a—0

dkšanapt< Skt.Dakṣsiṇāpatha(南印度)　5/14b—2

donili< Skt.Dhotaka(弥勒佛弟子,陈那)　1/4a—2

dritirašti< Skt. Dhṛtaraṣṭra(东方持国天王)　20/1b—27

drm< Skt.Dharma(法)　1/1a—2

drmakam< Skt.Dharmakāma(达摩羯忏)　19/12b—0

Drmt< Skt.Drṃiḍa(达罗毗荼河)　4/10a—2

drtirštri< Skt.Dhṛtaraṣṭra(东方持国天王)③　3/11b—16

---

① 乾闼婆(梵语 Gandharva),印度宗教中是一种以香味为食的男性神,能表演音乐、节目。乾闼婆是男性神灵,不食酒肉只寻香气作为滋养,会从身上发出香气。飞天女神的丈夫,为服侍因陀罗的乐神,负责为众神在宫殿里奏发美丽的音乐。乾闼婆的首领是画军(Citrasena)。他们都从身上发出浓烈的香气,乾闼婆在梵语中又是“变幻莫测”的意思,魔术师也叫“乾闼婆”,海市蜃楼叫做“乾闼婆城”。香气和音乐都是缥缈隐约,难以捉摸。

② “darsana 知见、看见;mārga 圣道、路”。林光明、林怡馨主编:《梵汉大词典》,第 350、713 页。

③ 四天王为四方守护神,梵文名分别为:Dhṛtaraṣṭra(东方持国天王)、Virūḍhaka(南方增长天王)、Virūpākṣa(西方广目天王)、Vaiśravaṇa(北方多闻天王)。

Dumburi< Skt.Dimburu(耽浮楼) 19/10b—2

Durumi< Skt.Druma(童笼磨) 19/10b—2

dyan< Skt.dhyāna(禅定) 23/4b—0

gang< Skt.Gaṅgā(恒河) 10/5b—1

gantakuti< Skt.Gandhakuṭī(香殿) 20/5a—0

gantamadan< Skt.Gandhāmadana(香醉山) 16/7a—14

gantar< Skt. Gandhāra(犍陀罗) 28/4a—0

gantarw< Skt. Gandharva(乾闼婆) 13/9a—2

garuti< Skt.Garuḍa(金翅鸟) 1/6b—14

gaudam< Skt.Gautama(乔达摩) 25/14b—1

gauyanandwip< Skt.Goyānadvīpa(西牛货洲) 11/8a—26

gopika< Skt.Gaupikā(郭毗克夫人) 6/6a—3

gotiki< Skt.Godhika(羯底伽) 9/12b—0

gotrabumuk< Skt.gotrabhū(住种性) 13/8b—3

gunaprabi< Skt.Guṇaprabha(瞿拏钵剌袈) 5/12b—0

ikapuntrak< Skt.Ekapuṇḍarika(独华殿)① 27/2a—27

ikawičiki< Skt.ekavīcika(不还向中的一类) 15/10a—0

ikšawaku< Skt.Ikṣavāku(甘蔗王) 14/14b—3

ilaptri< Skt.Elapatra(伊罗钵多罗) 11/10b—11

iri(lärin)< Skt.arya(?)(尊者) 19/13a—2

išwari-šuri< Skt.īśvara-Sūra(伊湿婆罗苏罗) 9/12b—0

k(a)tali< Skt.katalī(芭蕉树)② 26/5a—15

---

① "ekapuṇḍarīka 唯一的莲花,即最好的",林光明、林怡馨主编:《梵汉大词典》,第 432 页;耿世民译文"独华殿",耿世民:《回鹘文哈密本〈弥勒会见记〉研究》,第 523 页。案:窃以为译为专有名词"独华殿"甚妙。

② "芭蕉树",耿世民:《回鹘文哈密本〈弥勒会见记〉研究》,第 369 页。

k(ala)< Skt.kalala(音译羯罗蓝,胎内五位之一)　22/8b—15

kadgavišan-kalp< Skt.Khaḍgaviṣāṇa-kalpa(独觉劫)　19/15a—2

kalingasaprš< Skt.kaliṅga-sparśa(温柔触摸)①　4/5b—0

kanakamuni< Skt.Kanakamun(迦那迦牟尼佛)　18/9b—16

kančanapati< Skt.Kāñcana-paṭṭa(金城国)②　15/5a—0

kantari< Skt.Gandharī(犍陀罗文)　1/14b—11

kanti< Skt.Khaṇḍa(骞陀)　11/9b—16

kapilawastu< Skt.Kapilawastu(迦毗罗城)　26/6a—0

karakasunti< Skt.krakucchanda(迦罗鸠孙陀佛)　5/2a—13

karikar< Skt.karṇikāra(羯尼迦树)　14/8b—26

Karmawažik< Skt.Karmavācaka(羯摩;诵念)③　22/15a—3

karošti< Skt.Kharoṣṭhī(佉卢文)　2/14b—11

kartaxast< Skt.kṛtahasta(巧妙的)　1/14a—15—15

karunavit< Skt.karuṇāyat(怜悯)　9/7b—11

kaš< Skt.kaśi(袈裟)　19/12a—11

kaš< Skt.Kāśi(一把,量词单位)④　23/1a—3

kašip< Skt.Kāśyapa((迦叶佛)　14/3b—10

Kauziki< Skt.Kauśika(帝释)　17/9a—2

kiling< Skt.Kaliṅga(羯陵伽)　5/2a—4

kintar< Skt. Kimnara(紧那罗,半人半兽)　27/3a—1

kirit< Skt.kiriṭa(金冠)　21/11b—0

---

① “梵语词本义,kaliṅga 民族或国王之名;sparśa 感触”。林光明、林怡馨主编:《梵汉大词典》,第 552、1190 页。

② “梵语词本义,kāñcana 黄金之义;paṭṭa 板、叶,缯帛等义”。林光明、林怡馨主编:《梵汉大词典》,第 561、881 页。

③ 林光明、林怡馨主编:《梵汉大词典》,第 572 页。

④ 同上书,第 578 页。

kisar< Skt.keśara(花茎) 19/4b—16

kisar< Skt.kesarin(狮子) 7/5b—2

kitumati< Skt.Ketumatï(兜率天)① 23/6a—1

kitumati< Skt.ketumatī(翅头末城) 3/1a—27

kiturmani< Skt.Puṣkarasārin(婆罗门子之名,奇土摩那) 5/4b—0

kolti-asanki< Skt.koṭi-asaṃkhyeya(万亿,无数)② 12/1a—26

körkin< Skt.Gṛhastha(俗人) 12/14a—2

koyranagayawi< Skt.Karuṇāgrīva(伽鲁那羯哩婆) 4/12b—0

kramapt< Skt.karmapatha(业道) 7/9b—3

kranwaziki< Skt.kārma-vācaka(戒师)③ 27/16b—1

krgäk< Skt.Kukkuṭa-pāda(鸡足山)④ 26/1a—26

krkasunti< Skt.Krakucchanda(拘留孙佛) 12/3b

krmapaloti< Skt.karmaploti(业道) 24/12a—4

krti< Skt.Kṛtya(克利提龙王) 14/6a—14

kšan< Skt.kṣaṇa(须臾间) 20/15b—1

kšant< Skt.kṣānta(忍法,忏悔) 13/11a—25

kšmankar< Skt.Kṣemaṃkara(差摩佛) 28/15b—11

kšn< Skt.cittakṣaṇa(阐提) 7/1b—16

ktgawišänklpi< Skt.khadgavisana-kalpa(如犀角) 30/15b—4

kubiri< Skt.Kubera(俱吠罗) 19/12a—16

---

① “Ketu 本义有光明、知识、判断、流星等义;matï 本义有智慧、欲望、性向等义”。耿世民先生根据语境作为专有名词看待,即兜率天之义。林光明、林怡馨主编:《梵汉大词典》,第 589、720 页。

② “koṭi 万亿;asaṃkhyeya 无数,不可数”。林光明、林怡馨主编:《梵汉大词典》,第 604、167 页。

③ “kārma 本义有工匠、劳动等义;vācaka 本义有表述、说话等义”,耿世民先生译成“戒师”。林光明、林怡馨主编:《梵汉大词典》,第 570、1365 页。

④ “Kukkuṭa 鸡;pāda 足,脚”。林光明、林怡馨主编:《梵汉大词典》,第 632、823 页。

kulankuli< Skt.kulaṃkula(十八有学之一)　5/10a—0

kumbandi< Skt.Kumbhāṇḍa(鸠盘茶)　18/1b—26

kumut< Skt.kumuda(白莲花)　27/11b—11

kužišay< Skt.kuśesaya(莲花)　29/10a—15

lakšaniwibag< Skt.lakṣaṇa-vibhāga[1](相别)　12/10a—4

laukikagriyadaram< Skt. laukikā-agra-dharma(世四善根之一)[2] 12/11a—25

lokadatu< Skt.lokadhātu(国土)　15/11a—11

lokayata< Skt.lokāyata(顺世)　19/6a—2

lunbani< Skt. Lumpinī(蓝毗尼)　30/14b—1

maaklp< Skt.Mahākalpa(大劫)　28/5a—1

Magit< Skt.Magadha(摩竭陀国)　4/1b—2

mahapračapti< Skt.Mahāprajāpati(大爱道)　4/1a—3

mahišw(a)ri< Skt.Maheśâkhya(大自在)　22/11a—16

maitar< Skt.maitar(弥特拉,时辰名)　22/7b—11

Maitri< Skt.Maitreya(弥勒佛)　8/1a—2

mandakini< Skt.Mandākinī(恒河的支流或天上恒河之名)　24—25/12a—4

manibatri< Skt. Maṇibhadra(宝贤)　12/13b—1

manočap< Skt.Manojavā(迅速如意)　8/5a—0

manorati< Skt.Maoratha(末奴曷剌)　5/12b—0

mantak< Skt.Nandaka(难多卡,花园之名)　2/3a—27

---

① "lakṣaṇa 相,能相;vibhāga 分别,分位"。林光明、林怡馨主编:《梵汉大词典》,第649、1410页。

② "laukikā 世间;agra 最高;dharma 法、教法"。林光明、林怡馨主编:《梵汉大词典》,第655、46、369页。

mantakini< Skt.Mandākini(曼陀枳尼,池名) 5/3a—27

mantarak< Skt.mandāraka(珊瑚树花) 3/1b—26

mariči< Skt.Marīci(蔑戾车) 15/5a—0

marika< Skt.Mārikā(舍弃)① 1/15b—1

matarčti< Skt.Mātṛceṭa(摩咥哩制吒) 10/12b—0

Matyas< Skt.Madhyadeśa(中天竺国) 9/2b—2

maxamaye< Skt.Mahāmāyā(摩诃摩耶) 29/14b—1

maxamotgalayan< Skt. Mahāmaudgalyāyana(大目犍连) 11/5a—0

maxanagni< Skt.mahānagna(力士) 15/4b—10

maxanami< Skt.Mahānām(n)(摩诃诺摩) 10/1a—3

maxapr(anati)< Skt.Mahāpraṇāda(摩诃普罗诺多王) 17/2a—4

maxarač< Skt.Mahārāja(大王) 11/8b—2

maxarurap< Skt.Mahāraurava(大号叫地狱) 10/1a—24

maxasamač< Skt.Mahāsamāja(大会经) 14/12a—4

maxasina< Skt. Mahāsenā(摩诃斯那) 7/5b—0

maxasuduršani< Skt.Mahāsdarśana(大善见) 21/12b—3

maxošak< Skt.Mahoṣaka(?)(摩火沙卡,花园之名) 2/3a—27

maxpranati< Skt.Mahāpraṇāda(大妙音王) 18/12b—15

Mhanaman< Skt.Mahānāman(摩诃那摩) 22/1a—1

Mogaraci< Skt.Mogharāja(摩轲罗倪) 9/1b—2

motgalayan< Skt.Maudgalyāyana(目犍连) 22/9b—16

muktika< Skt.Muktika(木克提卡) 12/4a—3

murt< Skt.mūrdhāna(顶法,四善根之一) 13/11a—25

① 林光明、林怡馨主编:《梵汉大词典》,第715页。

murtagati< Skt.Mūrdhāgata（顶生王）　15/8b

muxurt< Skt.muhūrta（须臾,时辰名）　22/7b—11

nagapušp< Skt.nāgapuṣpa（龙华树）　15/8b—26

namo< Skt.Namah（皈依）　1/1a—2

nandasini< Skt.Nandasena（难多森那）　1/4a—0

nant< Skt.Nandā（难陀）　24/3a—1

nantbala< Skt.Nandabalā（难陀波罗）　24/3a—1

nantikavart< Skt.nandikā-varta（福相）①　25/2a—25

nantikawrt< Skt.nandikā（八十种好之一）　23/10b—11

naryančan< Skt.Nairañjanā（尼连禅河）　21/2b—1

natarači< Skt.Naṭaraja（乐工之名）　18/1b—27

nidan< Skt.nidāna（因缘）　9/5a—10

nigodaram< Skt.Nyagrodhārāama（尼拘陀罗寺）　3/1a—3

nigrod< Skt.nyagrdha（印度的无花果树）　14/8b—26

niridani< Skt.Nirdhana（尼达那）　1/12a—1

nirmanirit< Skt.Nirmāṇarati（化乐天）　6/7a—27

nirwan< Skt.Nirvāṇa（涅槃）　2/8b—0

ny（a）ptičaturt< Skt.jñapticaturtha（白四）　1/9a—0

nyanusarida< Skt.（Abhidharma）nyānusāra（《顺正理论》）　26/16a—16

p（a）r（a）mart< Skt.paramārtha（最胜谛）　4/9a—0

p（a）ram< Skt.Parama（最高的）　11/7a—0

p（a）riwračiki< Skt.parivrājaka（某教派名）　20/6b—1

---

① “nandikā 喜,八十种好之一;varta［偈颂］旋”。林光明、林怡馨主编:《梵汉大词典》,第767、1394页。

panč-waršik< Skt.pañca-varṣika(五年一次)[1] 28/8a—26

pančaki< Skt.bhikṣu(比丘) 13/16a—1

Pančaki< Skt.pañcaka(佛陀最初的五位弟子) 22/1a—1

pančal< Skt.Pañcāla(盘叉罗) 27/6a—15

Pancasiki< Skt.Pañcaśika(般遮史迦) 13/9a—2

paramartik< Skt.Paramārtha(真谛) 29/7a—0

paramitlaɣ< Skt.Pāramitā(度) 27/11b—0

paranati< Skt.Praṇāda(普罗诺多) 2/14a—4

paratyakanarak< Skt.Pratyekanaraka(别狱) 21/9b—25

paričatir< Skt.Pārijāta(圆生树) 18/1a—27

parnititanyan< Skt.praṇidhi-jñāna(愿智) 18/5a—4

partikanarak< Skt.Pratyekanaraka(别地狱) 27/13b—20

Pasang< Skt.Pāṣāṇaka(孤绝山) 4/1b—2

pašantik< Skt.pāṣaṇḍika(异教徒) 19/6b—1

patil< Skt.pāṭali(波吒梨树) 13/8b—26

patmaparbasi< Skt.Padmaprabhāsa(华光龙王) 17/9a—13

payngike< Skt.Paiṅgika(潘吉卡) 27/14a—2

pinbat< Skt.Piṇḍapāta(饮食,施食) 15/2a—25

Pingali< Skt. Piṅgala(冰羯罗) 18/10b—2

pinik< Skt.Pinik(毗尼克) 13/12b—3

pntu< Skt.Pāṇḍu(般豆) 11/10b—11

pratapan< Skt.Pratāpana(大燃烧地狱)[2] 24/7a

---

[1] “pañca 五;varṣika 每年的,一年的”。林光明、林怡馨主编:《梵汉大词典》,第 632、1393 页。

[2] 大燃烧地狱,非信徒、压迫者、佛教的敌人和背叛者将被打入此处,他们将被狱卒驱赶到灼热的铁山上,然后将被大风吹落到布满灼热矛尖的地上。

pratapani< Skt.Pratāpaṇi(上胜)　6/2a—13

prbankar< Skt.Prabhaṃkara(放光佛)　28/15b—11

prdikabut< Skt.Pratyekabuddha(辟支佛)　11/13b—2

prinkiki< Skt.Paiṇgika(宾齐奇)　20/10b—1

Prtanrakšit< Skt.Prajñārakṣita(智护大师)　22/15a—3

pryaninta< Skt.paryāṇa(迂回)　21/5a—0

pundarik< Skt.puṇḍarīka(白莲花)　13/8b—26

puran< Skt.Purāṇa(印度教某一著作名)　14/7b—1

purnabatri< Skt.Pūrṇabhadra(满贤)　10/13b—1

purnaki< Skt.Pūrṇaka(圆满)　6/1a—1

purni< Skt.Pūrṇa(满愿)　26/2b—25

purwa'aparanat-sudur < Skt. Pūrvā-aparānta①-Sūtra (《过去未来经》)　18/12a—3

purwawidi< Skt.Pūrvavideha(东身胜洲)　11/8a—26

puš< Skt.puṣya(富沙星,星座名)　21/7b—11

puškaras(ari)< Skt.Puṣkarasārī(布沙迦落文)　29/14a—11

puškarasari< Skt.Puṣkarasārin(池沼)　28/4a—0

putglik< Skt.(prati)pudgalika(普特迦罗)　21/8a—3

qadasudur< Skt.Kālasūtra(黑绳地狱)②　24/3b—25

račagri< Skt.Rājagṛha(王舍城)　3/1a—1

Rahu< Skt.Rahu(罗睺)　17/10b

ratnašiki< Skt.Ratnaśikhin(宝髻佛)　27/15b—11

---

① "Pūrvā 早先的、以前的; aparānta 未来、未来世"。林光明、林怡馨主编:《梵汉大词典》,第 993、132 页。

② 黑绳地狱,说谎者、逆子、泼妇及类似的罪人将被打入这一地狱。他们被置于滚烫的地板上砍碎,之后狱卒把"黑绳"置于其身上。在罪人被标以黑铁绳线后,将用滚烫的小斧沿着黑色直线砍碎。

raynašiki< Skt.Ratraśikhin(宝光佛) 16/4b—16

ražawart< Skt.rājavarta(天青石) 12/1a—13

rurap< Skt.Raurava(号叫地狱)① 17/5b—25

s(a)b< Skt.sabhā(娑婆世界) 11/4a—10

s(a)nb(a)wi< Skt.Saṃbhava(娑婆) 13/9b—16

s(a)nči< Skt.Saṃjiva(萨尼) 16/9b—16

š(a)rirkä< Skt.śarīra(舍利骨) 5/5a—0

sa(du)< Skt.Sādhu(好的,善) 13/15a—3

sadagari< Skt.Sātāgiri(七岳) 5/1a—1

sakantili< Skt.Skandhila(索建地罗) 9/12b—0

sakardagam< Skt.sakṛdāgāmin(一来果) 11/9a—3

sakardagan< Skt. sakṛdāgamin(斯陀含果) 7/13b—2

sakari< Skt.Sāgara(萨迦罗龙王) 24/11a—16

šaki< Skt.śakya(释迦) 26/14b—1

šakimuni< Skt.śākyamuni(释迦牟尼佛) 2/5a—21

šaksama(ni)< Skt.śiksāmaṇa(式叉摩那) 29/15b—16

šal(mali)< Skt.śalmalī(地狱中的刑木)② 1/11b—23

samantappušup< Skt.Samanta-puspa(普华寺)③ 4/1a—27

samar< Skt.samādhi(禅定) 23/4b—0

sančip< Skt.Saṃjīva(等活地狱)④ 24/3a—25

---

① 号叫地狱,骗子、残暴者、纵火者、窃贼和下毒者将被打入这一地狱。受刑者在大火中被烧焚烧,他们因此不断地喊叫,故得此名。

② [日]荻原云来编纂,过直四郎监修:《梵和大辞典》,第1325页。

③ “Samanta 普遍,周,遍;puspa 花”。林光明、林怡馨主编:《梵汉大词典》,第1076、998页。

④ 等活地狱,残暴之人将被打入这一地狱,他们被狱卒砍碎或肢解。当他们失去知觉时,一阵冷风将他们吹醒,重新受刑,一直持续至恶业完时。

sanduśiti< Skt.Saṃtuṣita(妙足天)　17/9b—2

sang< Skt.Saṅga(僧)　1/1a—2

sanga< Skt.Saṃgha/śaṅkha(桑加)　19/7b—10

sangabatri< Skt.Saṃghabhadra(僧伽跋陀罗)　4/12b—0

sangalamban< Skt.Saṃghālambana(僧迦兰盆)　19/8a—3

sangat< Skt.Saṃghāta(合众地狱)①　24/4a—25

sangati< Skt.Saṅghātī(僧伽梨)　10/12b—13

sangutik< Skt.Saṃvṛti(世谛)　29/7a—0

šankar< Skt. śaṅkara(午夜)　5/15b—1

šanki< Skt.śaṅkha(商佉)　12/12b—3

sansar< Skt.saṃsāra(生死轮转)　11/8a—0

santušiti< Skt.Saṃtuṣita(知足天)　14/1b—26

sanwar< Skt.saṃvara(戒,律仪)　3/9a—0

saprir< Skt.sphaṭika(水晶花)　28/10a—15

sarasawati< Skt.Sarasvatī(辩才)　17/7a—0

šariputr< Skt. śāriputra(舍利佛)　29/10a—3

sartawaki< Skt.Sarthavāha(难胜)　7/2a—13

sarwatyan< Skt.sarvajñnā(一切智)　15/4b—0

sasatar< Skt.śāstra(圣说,圣教)　6/5a—2

sasi< Skt.śaci(妙安神)　22/11a—16

šastar< Skt.šāstra(经论)　11/5b—1

savastik< Skt.svastika(万字标,吉祥或幸运的符号)　24—25/2a—25

---

① 合众地狱,该处是杀人者和碾死昆虫者受报应的地方。他们受到处罚是:被灼烫的大山或铁象所压碎。

sawarti< Skt.Svartha(妙义) 1/9a—0

šazi< Skt.śacī(舍脂,帝释天妃子之名) 28/2a—27

šaži< Skt.śacī(舍脂夫人) 12/8a—11

šazïnïmta< Skt.śāsana(教法) 7/1a—26

sidarti< Skt.Siddhartha(悉达多,释迦牟尼的本名) 27/2b—3

šiki< Skt.śikhin(尸弃佛) 8/3b—10

sindu< Skt.Sindhu(信度河) 27/6a—15

singi< Skt.Siṃha(辛哈,人之名) 18/7b—10

sinhi< Skt.siṃha(森哈狮子,商佉王的儿子) 5/8a—26

širešti< Skt.śreṣṭhin(长者) 25/8a—26

siriš< Skt.śirīṣa(尸利沙树) 14/8b—26

sit< Skt.śītā(徙多河) 7/4b—16

šla< Skt.śīla(戒律) 14/7b—4

šordapan< Skt.śrotāpana(须还洹果) 7/13b—2

soroni< Skt.sroṇa(索罗那) 14/9b—16

šortapan< Skt.śrotāpanna(入流果) 15/3a—16

šrawak< Skt.Mahāśrāvaka(大声闻) 15/15a—2

šrawast< Skt.śravastī(舍卫城) 7/1a—3

srwa< Skt.sarva(全部,一切) 18/6b—1

srwant< Skt.sāvitra(神的儿子或子孙)① 25/10b—2

strayasatriš< Skt.Trāyastriṃśa(三十三天,忉利) 16—17/12a—4

subaxu< Skt.subaxu(修婆侯,神名) 10—11/12b—11

subum< Skt.subhūmi(善地) 4/6b—11

sudaram< Skt.Sudharma(善法堂,妙法堂) 1/3a—27

---

① 林光明、林怡馨主编:《梵汉大词典》,第1164页。

Sudlanu< Skt.śuddha(清净)①　10/2b—2

šudotan< Skt.śuddhodana(净饭王)　27/14b—1

suduram< Skt.Sudharma(善法堂)　13/12a—13

šuklodan< Skt.śuklodana(白饭王)　19/6a—3

sumani< Skt.Sumana(善意)　12/2a—13

sumati< Skt.sumati(西方极乐世界)　10—11/12b—11

sumir< Skt.Sumeru(须弥山)　13/5a—0

sunirmit< Skt.Sunirmita(善化天)　14/1b—26

supriyi< Skt.Supriya(苏普力亚)②　9/4b—0

supušpit< Skt.Supuṣpita(妙花园)　26/12a—16

surati< Skt.saṃvarta(坚持具足)　10/7a—0

suryakant< Skt.sūryakānta(猫眼石,日水晶)　21—22/2b—10

šutawašik< Skt.śuddhavāsika(净居天)　25/7b—13

suwarnasutr< Skt.suvarṇasūtra(金链)　10/9a—16

Suyami< Skt.Suyāma(须夜摩)　21/9b—2

Swarbanu< Skt.Svarbhānu(天光,罗睺的别名)　17/10b—2

tal< Skt.tāla(多罗树)　8/10b—15

tapan< Skt.Tapana(燃烧地狱)③　17/6b—25

tapašačaran< Skt.tapaścaraṇa(苦行)　30/16a—1

tapowan< Skt.Tapovana(陀波万林)　6/15b—1

taršančariti< Skt.darsana-carita(观行)　5/10a—15

---

① 耿世民先生认为 sudlan-,根据上下文当为"延伸"之义,Laut 则认为梵文 śuddha+构成动词的后缀 lan-,有"发光"之义。林光明、林怡馨主编:《梵汉大词典》,第 1221 页。

② "supriya 梵文有非常愉快、亲爱之义,这里人之名"。林光明、林怡馨主编:《梵汉大词典》,第 1238 页。

③ 燃烧地狱,屠户、纵火者、醉汉将被打入这一地狱,他们将被狱卒穿在灼热的矛上加以烧烤。

tilotama< Skt.Tilottamā(提罗陀摩) 25/3b—1

timburi< Skt.Tumburu(兜牟卢,乐工之名) 17/1b—27

tisi< Skt.Tiṣya(提舍) 20/9b—16

tiwa< Skt.Devarṣi(神中的仙人) 2/1a—10

tiwawataran< Skt.devātaraṇa(提婆瓦陀罗) 19/12a—4

tngri burxan< Skt.Bodhisattva(菩萨) 30/13a—1

tritraštri< Skt.Dhṛtarāṣtra(神之名,三十三天大王) 9/9a

tužit< Skt.tuṣita(兜率天) 18/1b—0

učadiwač< Skt.Ucchadhvaja(乌查德伐迦) 24—25/12a—0

udaraki< Skt.Udraka(郁陀迦) 7/15b—1

uday< Skt.Udaya(乌多亚山) 19/7a—4

udumbar< Skt.udumbara(优昙钵树,即无花果树) 1/2b—3

ulka< Skt.ulkā(语法) 3/4b—10

Upanati< Skt.Upananda(优波难陀) 3/9a—2

upang< Skt.upāṅga(补充) 3/4b—10

uparišti< Skt.Upāriṣṭa(婆利吒) 22/1a—4

upašäti< Skt.Upoṣadha(净斋王) 15/8b—11

upaswami< Skt.Upasvāmin(乌波斯瓦摩) 20/10b—1

upawit< Skt.upaveda(附属于四吠陀经的文献总称) 19/6a—2

upintri< Skt.Upendra(近主神) 21/11a

urbilwakašip< Skt.Uruvilvā-Kāśyapa(优楼频螺迦叶) 19/17b—2

urukit(?)< Skt.Oruhit(乌路积特文) 1/14b—11

urun< Skt.ūrṇā(白毫) 28/5b—2

ušmagat< Skt.uṣmagata(暖法,四善根之一) 12—13/11a—25

usnir< Skt.uṣṇīsa(尊胜,最胜顶相) 24/5b

ušnir-lakšanïn< Skt.uṣṇīṣa-lakṣaṇa(顶髻相)3/11a—26

ut(a)rap(urw)< Skt.Uttara-pūrva(东北方)①　3/4b—1

utarakuru< Skt.Uttarakuru(北俱卢洲)　11/8a—26

utari< Skt.Uttara(欝多罗)　15/9b—16

Vaspa< Skt.Vāṣpa(佛陀五位弟子之一)　22/1a—1

wačrazan< Skt.vajrāsana(金刚座)　14/7a—14

wakšu< Skt.Vakṣa(缚刍河)　7/4b—16

waršik< Skt.varṣika(婆利师迦花)　18/8b—26

wasawi< Skt.Vāsava(胜怨)　3/4b—16

wasuki< Skt.Vāsuki(婆苏枳龙王)　21/7b—14

wasumaitri< Skt.Vasumitra(尊者世友)　18/7b—10

waybaš< Skt.Vaibhāṣika(毗婆沙师)　24/16b—1

wayčayant< Skt.Vaijayanta(殊胜宫殿)　18—19/13b—15

wayduri< Skt.vaiḍūrya(琉璃宝,琉璃珠)　13/5b—27

waykran< Skt.vyākaraṇa(授记,记论)　19/6a—2

wayšasik< Skt.Vaiśeṣika(胜论外道)　7/9a—1

waysirwani< Skt.Vaiśravaṇa(毗沙门天)　19/6a—27

waytur< Skt.vaiḍūrya(琉璃花)　28/10a—15

wažanpat< Skt.upasaṃpadā(受戒)　12/11a—2

wčirin< Skt.Vajra(金刚杵)　19/12b—11

wčrarpan< Skt.Vajrapāṇi(金刚神)　19/12b—11

wičay< Skt.Vijaya(最胜)　2/15a—1

wičita(sini)< Skt.Vijitasena(集军)　8/2a—13

Wimačtri< Skt.Vemacitra(毗摩质多罗)　17/10b—2

---

① "Uttara 北,pūrva 东方的,这里为复合词"。林光明、林怡馨主编:《梵汉大词典》,第 1360、993 页。

wimanïn< Skt.vimana(宫,宫殿) 19/8b—11

winay< Skt.vinaya(去除) 5/7b—0

wipaši< Skt.Vispaśyin(毗尸佛) 28/15b—11

wipul< Skt.Vipula/Vaipula(尾布罗山) 23/2b—4

wirupakši< Skt.Virūpākṣa(广目天王) 6/9a—2

wirutak< Skt.Virūḍhaka(增长) 25—26/6a—0

wirutaki< Skt.Virūḍhaka(南方增长天王) 20/1b—27

wisbabu< Skt.Viśabhū(毗舍浮佛) 14/9b—16

wišnu< Skt.Viṣṇu(毗湿奴) 22/11a—16

wišučik< Skt.viṣūcikā(病名,如腹胀等) 7/7a—0

wišwakarmi< Skt.Viśvakarma(毗首羯磨)[①] 19/1b—27

wit< Skt.veda(吠陀) 19/6a—2

witsayaar< Skt.vidyā-sāgara(知识海洋)[②] 4/9a—1

wityastan-šastar< Skt.Vidyāsthāna-śāstra(五明论) 1/9a—1

wityatsatan< Skt.Vīdyāsthāna(明处,明论) 2—3/7b—27

wiutari< Skt.Vidura(毗楼) 16/9b—16

wižir< Skt.Vajra(金刚) 3/5a—1

wyakirt< Skt.vyākṛti(星相学) 28/16a—11

wyakrn< Skt.vyākaraṇa(毗贺罗论) 5/4b—10

xaymawati< Skt.Haimavata(雪山) 6/1a—1

xuma< Skt.Umā(乌摩) 25/3b—1

yäk< Skt.yakṣa(夜叉) 24/13a—1

yam< Skt.Yāma(夜摩天) 23/6b

---

① 其意为造一切者,乃帝释天之臣,称之为宇宙之建造者,奉为工艺之神,任诸神之工匠与建筑师,乃诸天中之巧匠,能化现种种工巧物。

② “vidyā 知识;sāgara 海洋”。林光明、林怡馨主编:《梵汉大词典》,第 1420、1051 页。

Yano-pawit< Skt.yajñopavīta(圣线)　24/10b—2

yašïda< Skt.Yaśas(耶舍)　10/1b—1

yašodara< Skt.Yaśodhara(耶输陀罗)　12/5a—3

yašowati< Skt.Yaśovatī(耶输伐提)　10/14b—16

yogant< Skt.yogānta(具体义不清楚)[1]　30/6b—15

yoɣant< Skt.yogānta(时间)　16/10a—11

yoxin< Skt.Yoxin(越信文)　2/14b—11

yugant< Skt.Yugānta(劫烧)　12/1a—20

yugantar< Skt.Yugaṃdhara(俞乾陀罗山)　5/7b

yutik< Skt.yūthikā(茉莉花)　18/8b—26

---

[1] "yogant ödtäki ot ošuɣluɣ..."，耿世民先生译为"像越干时的火焰一样"。耿世民：《回鹘文哈密本〈弥勒会见记〉研究》，第 373 页。这里疑为"某种形式的一种瑜伽"义。

第九章　医学、占卜、历法类回鹘文献梵语借词研究

第一节　医学类回鹘文献梵语借词研究

国内外研究医学类回鹘文献的学者及其成果主要有：土耳其学者阿拉特（R.R.Arat）《古代维吾尔医学文献》（1、2）（*Zur Heilkunde der Uiguren I－II*）、[①]德国冯·加班（A.von Gabain）的《古代突厥语语法》（*Alttürkische Grammatik*）（收录了部分药方）、[②]德国毛埃（D.Maue）的《古代突厥文献》（Alttürkische Handschriften, Teil I）、[③]彼特·茨默（P.Zieme）的《古代维吾尔医学，尤其是古代维吾尔〈医理精华〉传统之注释》（Note on Uighur Medicine, especially on the Uighur Siddhasara Tradition），[④]我国学者的研究成果主要有耿世民的《古代突厥语文献选读》（油印本，中央民族学院少数民族语言文学系，

---

① R.R.Arat, Zur Heilkunde der Uiguren I-II, *SPAW*, Berlin, 1930, pp.451－473; 1932, pp.401－498.

② A.von Gabain, *Alttürkische Grammatik*, Leipzig, 1941.

③ D.Maue, An Uighur Version of Vāgbhata's Astgahrdayasamhitā, *Asia Medicine* 4（2008）, pp.113－173.

④ P.Zieme, Notes on Uighur Medicine, especially on the Uighur Siddhasara Tradition, *Asian Medicine* 3（2007）, pp.308－322.

1978—1980 年)，陈宗振的《回鹘文医书摘译》(《中华医史杂志》1984 年第 14 卷 4 期)，邓浩、杨富学的《吐鲁番本回回鹘文〈难病医疗百方〉译释》(《段文杰敦煌研年纪念文集》，世界图书出版公司，1996 年)，杨富学的《回鹘文〈杂病医疗百方〉》(《回鹤文献与回鹤文化》，民族出版社，2003 年)与《高昌回鹘医学稽考》(《敦煌学辑刊》2004 年第 2 期)等。

下面的梵语借词主要来自古代维吾尔语文献《杂病医疗百方》(A)、《医理精华》(B)、《瑜伽轮》(C)、《千手千眼观世音菩萨广大圆满无碍大悲心陀罗尼经》(D)、《八支心要方本集》(E)以及《未定名医学文献残片》(F)等。据拉丁字母进行梵语借词筛选：①

agaru< Skt.agaru(沉香)　B248

amlak< Skt.āmalaka(余甘子)　B150

amra< Skt.āmra(芒果)　B055

amrasti< Skt.āmrāsthi(芒果核)　B020

anuwazan< Skt.anuvāsana(油性灌肠)　E046

aps(a)mar< Skt.apasmāra(疯癫)　B156

arčun< Skt.arjuna(阿周那榄仁树)　B055

ärḍini< Skt.ratna(珠宝)　B078

arša< Skt.arśa(痔疮)　C025

ašvažatu< Skt.aśmajatu(沥青)　C019

asvi< Skt.śvitra(白癞)　B089

bat< Skt.pāṭha(绒毛叶)　B011

bilva< Skt.bilva(吉祥果)　B041

① “作为本文研究对象的古代维吾尔语医学文献主要反映 13—14 世纪古代维吾尔书面语言”。巴克力·阿卜杜热西提:《古代维吾尔医学文献的语文学研究》，中央民族大学博士论文，2013 年，第 8、291—374 页。

bisa< Skt.bisa(莲藕) B039

bodis(a)t(a)v< Skt.bodhisattva(菩萨) D005

č(a)mlu< Skt.jambū(瞻部树) B055

č(a)mrasti< Skt.jamrāsthi(瞻部果核) B041

č(a)rma< Skt.carmākhya(一种皮肤病名) B092

činik< Skt.cīnaka(汉语,汉文) C004

čɪntn< Skt.candana(旃檀) B039

čiratiktuk< Skt.cirātatikata(龙胆草) B039

čurnɪ< Skt.cūrṅa(药粉) A004

darni< Skt.dhāraṇī(陀罗尼) D001

devadar< Skt.devadāru(雪松) C042

gav-kürürüč< Skt.gao-goronč(牛黄) F072

grišmakal< Skt.grīsṃakāla(夏天) E035

ɤuntik< Skt.guḍika(药丸) B258

handsodak< Skt.haṃsodaka(特殊饮料) E041

jivakašravan< Skt.jivak-śravaṇa(一种药粉名称) F235

k(a)ntakari< Skt.kaṇṭakārī(野茄果) B141

k(a)pra< Skt.khāpra(树梅) B178

k(a)say< Skt.kaṣāya(米汤) B034

k(a)tp(a)l< Skt.kaṭphala(杨梅) B035

kakani< Skt.kākaṇa(麻风病)① B090

kakruqa< Skt.kaṭukā(胡黄连) B211

kakula< Skt.kakola(豆蔻) F034

① Sir Monier Monier-Williams, M.A, K.C.I.E, *A Sanskrit-English Dictionary* (*New Edition, Enlarged and Improved*), P.267.

katpani< Skt.kāka-parṇī(含羞草)　B022

kiruki< Skt.kīraka(一种树名)　F215

kisar< Skt.kṣāra(灰药)　B210

kranč< Skt.karañja(印度山毛榉)　B141

künči< Skt.kuñci(相思子)　F048

kuš< Skt.kuṣṭha(青香木)　B015

kuša< Skt.kuśa(吉祥草)　B071

livang< Skt.lavaṅga(丁香)　F127

lotur< Skt.lodhra(珠仔树)　F070

lvan< Skt.lavaṇā(糖浆)　F080

maha-tikt< Skt.mahā-tikta(大苦药)　B151

mana< Skt.mána(印度芋)　F070

mantal< Skt.mrṇāla(莲藕)　B039

marım< Skt.marmā(关键)　E048

matulung< Skt.mātuluṅga(香橼)　B170

mırč< Skt.maricā(胡椒)　A134

mrisa-čigma< Skt.ṛṣya-jihva(一种皮肤病)　B094

munga< Skt.muṅga(芒果)　A087

murban< Skt.mūrvā(虎尾兰)　A047

nagapušp< Skt.nāga-puṣpa(龙花)　F205

p(a)tmakisr< Skt.padmakeśara(白莲花鬓)　B058

p(a)tr< Skt.badarī(枣核)　B055

p(a)yas< Skt.payasyā(乳山药)　B053

panit< Skt.phāṇita(粗糖)　B063

pašanabedak< Skt.pāṣānabhedaka(卷柏)　C021

patol< Skt.paṭola(野葫芦)　E038

pipali< Skt.pippalī（长胡椒） F220

piriangu< Skt.priyaṅgu（米仔兰） B061

prameh< Skt.prameha（尿道病） B072

puɣa< Skt.pūga（姜黄） B042

punḍrik< Skt.pauṇḍarīka（白莲花） B093

pušp< Skt.puṣpa（花） B045

qulanɪ< Skt.qūlāni（大麦） F048

rasakšay< Skt.rasaksaya（乳糜缺失） E067

rasayan< Skt.rasāyana（长寿药） B267

rɪtu< Skt.ṛtu（时节） E036

rukš< Skt.rūksa（角膜炎） E010

š（a）bara-lot（u）r< Skt.śabaralodhra（珠仔） B040

š（a）laka< Skt.śallaki（香木） B064

š（a）ṭavari< Skt.śatavari（蓝莲花） B057

s（a）t-kranti< Skt.ṣaḍ-granthā（菖蒲） B267

šakabir< Skt.śakavīra（生姜） B164

šank< Skt.śaṅkha（贝壳） B053

šastɪr< Skt.śāstra（论） C001

šuvatčɪr< Skt.tvakkṣīra（竹黄） B247

t（a）rkzira< Skt.tarkṣaja（小檗汁） B044

tadu< Skt.dhātu（四大，体液） B198

tambul< Skt.tāmbūla（药酱） E009

tataki< Skt.dhatakī（陀得鸡花） B042

tikta< Skt.tiktaka（胡黄连） B145

triman< Skt.trāyamāṇā（山榕） B145

tripal< Skt.tri-phalā（三果） B020

turalim< Skt.durālabhā(骆驼刺) B144

tvač< Skt.tvaca(树皮) B055

ušir< Skt.uśīra(茅根香) F001

utmad< Skt.unmāda(疯狂) B385

vada< Skt.vaṭa(榕树) B042

vič(a)rčik< Skt.vicarcika(足部溃疡) B111

virani< Skt.viḍaṅga(酸藤子) B013

višal< Skt.viśālā(药西瓜) B146

vrang< Skt.viranga(油药) C015

vrksa< Skt.vrkṣa(止泻木) B021

vrnt< Skt.vṛínta(一种植物)① B019

vrzak< Skt.vṛṣaih(驳骨草) B021

wasti< Skt.vasti(灌肠) E045

yogašatik< Skt.yoga(瑜伽论) C001

第二节 占卜、历法类回鹘文献梵语借词研究

一、占卜、历法类回鹘文献概况

19 世纪末 20 世纪初，德国、法国、英国、日本、俄国等国家的探险队先后在我国敦煌、新疆等地区进行了探险考察活动，发现了数量不

① Sir Monier Monier-Williams, M.A, K.C.I.E, *A Sanskrit-English Dictionary* (*New Edition, Enlarged and Improved*), p.1011.

少的用回鹘文、汉文、婆罗米文等文字记载的古代维吾尔语历法和占卜文献。回鹘文占卜和历法文献在古代维吾尔文献研究中占有重要地位，其内容包括占卜、历法、天文学、星相学、星占术、护身符等诸多方面。这些文献多收藏于德国柏林勃兰登堡科学院吐鲁番研究所、美国普林斯顿大学、日本京都以及我国的北京、敦煌等地。

关于回鹘文占卜和历法文献，国外的研究者主要有德国的威里·邦格(W.Bang)、冯·加班(A.von Gabain)、[①]彼得·茨默(P.Zieme)，[②]土耳其的阿拉特(R. R. Arat)，[③]英国的杰拉尔德·克劳森(S. G. Clauson)，[④]法国的哈密尔顿(J. Hamilton)、[⑤]路易·巴赞(Louis Bazin)，[⑥]日本的吉田丰(Yoshida Yutaka)、[⑦]松井太(Matsui Dai)，[⑧]俄国的莉莉娅·吐古舍娃(Lilija Tugusheva)，[⑨]美国的朱迪丝·奥格登·布里特(Judith Ogden Bullit)[⑩]等学者。国内的学者主要有冯家

---

① W.Bang und A.von Gabain, *Türkische Turfantexte* I, *SPAW*, Berlin, 1929, p.6.

② P.Zieme, *Magische Texte des Uigurischen Buddhismus*, Berlin, Herausgegeben von der Kommission Turfanforschungder Berlin-Brandenburgischen Akademie der Wissenschaften, 2005, pp.115 – 149, 179 – 185.

③ R.R.Arat, Türkische Turfantexte VII, *APAW*, Berlin, 1936, pp.8 – 9.

④ Sir Gerard Clauson, Early Turkish Astrological Terms, *Ural-Altaische Jahrbücher*, Vol. XXXV, Wiesbaden, 1964, 350 – 368.

⑤ J.Hamilton, *Manuscrits ouïgours du IXe-Xe siècle de Touen-houang* 1 – 2, Paris, 1986, p. 17; 1992, pp.7 – 23.

⑥ Bazin Louis, *Les Systèmes Chronologiques Dans Le Monde Turc Ancien*, Paris, Bibliothéca Orientalis Hugarica (Broché), 1991, pp.306 – 479.

⑦ 荣新江编：《黄文弼所获西域文献论集》，科学出版社，2013 年，第 168—171 页。

⑧ Matsui Dai, Uyghur Almanac Divination Fragments from Dunhuang, Irina.Popova and Liu Yi (eds.), *Dunhuang Studies: Prospects and Problems for the Coming Second Century of Research*, St.Petersburg, 2012, pp.154 – 166.

⑨ Lilija Tugusheva, Yusufzhanovna, Fragmenty Rannesrednevekovykh Tjurkskikh Gadatel'nykh Knig is Rukopisnogo Sobranija Sankt-peterburgskogo Filiala Instituta Vostokovedenija, *Pis'mennya Pamjatniki Vostoka*, St.Petersburg, 2007, pp.37 – 46.

⑩ Judith Ogden Bullitt, Princeton's Manuscript Fragments from Tun-huang, *Gest Library Journal*, 3(1/2), 1989, pp.7 – 29.

昇、[1]黄文弼、[2]杨富学、[3]邓浩、[4]张铁山、[5]阿不都热西提·亚库甫(Abdurishid Yakup)等。[6]

二、占卜、历法类回鹘文献梵语借词研究

据拉丁字母进行梵语借词筛选：[7]

abiči< Skt.abhijit(牛宿)　J020

abira-aki< Skt.prabhāka(光明的)　D191

abita< Skt.amitābha(光明的)　D191

aditya< Skt.āditɤa(日星)　E037

anurat< Skt.anurādhā(房宿)　J098

ärdini< Skt.ratna(珠宝)　D246

ardir< Skt.ārdrā(参宿)　J051

ašleš< Skt.āśleṣā(柳宿)　J013

---

① 冯家昇：《回鹘文写本“菩萨大唐三藏法师传”研究报告》，《考古学专刊》丙种第1号，中国科学院出版社，1953年，第27—28页；《刻本回鹘文佛说天地八阳神咒经研究——兼论回鹘人对于大藏经的贡献》，《考古学报》第一期，1955年，第183—192页。

② 黄文弼：《吐鲁番考古记》，中国科学院出版社，1954年，第101—103、115页。

③ 杨富学：《维吾尔族历法初探》，《新疆大学学报》1988年第2期，第63—67页；《回鹘文献与回鹘文化》，民族出版社，2003年，第93—94、第258—262页；《敦煌吐鲁番文献所见回鹘古代历法》，《青海民族学院学报》第四期，2004年第4期，第118—123页。

④ 杨富学、邓浩：《吐鲁番出土回鹘文〈七星经〉回向文研究——兼论回鹘佛教之功德思想》，《敦煌研究》1997年第1期，第158—172页。

⑤ 张铁山：《汉—回鹘文合璧〈六十甲子纳音〉残片考释》，《敦煌学辑刊》2014年4期，2014年，第13—16页。

⑥ Yakup, Abdurishid 2016, An Old Uyghur Fragments an Astrological Treatise Kept in Beijing National Library, In: Gedenkband für Werner Sundermann, *heraysgegeen von Turfanforschung*, *Berlin-Brandenburgische Akadenie der Wissenschaften*, Berlin.

⑦ “古代维吾尔语历法和占卜文献主要反映的是10—14世纪古代维吾尔书面语言”。木沙江·艾力：《古代维吾尔语历法和占卜文献的语文学研究》，中央民族大学，2016年，第11、300—390页。

aśvini< Skt.aśvɪnī(娄宿) J082
ayaskanda< Skt.ayaskāṇḍa(开导) K53
ayšani< Skt.aiśānī(东北) J235
banɪt< Skt.phāṇita(蜂蜜) J258
baranɪ< Skt.bharani(胃宿) J049
barhasivadi< Skt.bṛhaspati(木星) J226
basaman< Skt.vāiśravaṇa(财神宫) E065
bhuta< Skt.bhūta(精灵) E066
biriaya< Skt.?(佛啰耶) J234
bodistv< Skt.bodhisattva(菩萨) B041
brahma< Skt.brahmā(梵天) E067
bud< Skt.buddha(佛) D282
bud< Skt.buddha(木星) F084
buyan< Skt.puṇya(功德) A002
čahšapat< Sogd.čxš'pδ< Skt.śikṣāpada(戒律) F001
čaɪtɪr< Skt.cɪtrā(角宿) J095
čirabira< Skt.tejacira(光明的) D191
čirčati< Skt.cirate(怛啰夜) D190
čišt< Skt.jyeṣthā(心宿) J099
čiyuti< Skt.ciyuti(悉殿都) J238
daništa< Skt.dhanɪṣṭhā(虚宿) D030
darm< Skt.dharmā(法) D240
darni< Skt.dhāranī(陀罗尼) B088
dič< Skt.tejacira(怛啰) D190
dyan< Skt.dhyāna(禅定) B132
grah< Skt.graha(行星) E019

hast< Skt.hasta(轸宿)　J094

isvara< Skt.īśvara(自在,自在天)　E067

kanya< Skt.kanyā(处女座)　J094

karkat< Skt.karkaṭa(巨蟹座)　J088

kirtik< Skt.kṛttikāh(昴宿)　J050

kitavi< Skt.kivati(迦罗帝)　J238

kitu< Skt.ketu(计都)　J236

kolti< Skt.koṭi(千万,亿)　D208

kšantı< Skt.kṣānti(忏悔)　D238

kumba< Skt.kumbha(水瓶座)　J104

kumbandi< Skt.kumbhāṇḍa(鸠盘荼)　G089

kušala< Skt.kuśala(硕德)　D267

lakšan< Skt.lakṣaṇa(征兆)　B130

laksma< Skt.lakṣama(吉祥相)　E068

mag< Skt.maghā(星宿)　J013

magišvari< Skt.maheśvar(大自在)　E030

maha< Skt.mahā(大)　E190

maharač< Skt.mahārāja(国王)　E010

maıdun< Skt.mıthunu(双子座)　J086

makara< Skt.makara(摩羯座)　J102

mančuširi< Skt.mañjuśrī(文殊师利)　D095

mandal< Skt.maṇḍala(曼荼罗)　K35

manggal< Skt.maṅgala(幸福)　H52

miš< Skt.meṣa(白羊座)　J082

mrgašır< Skt.mṛgaśiras(觜宿)　J111

mul< Skt.mūla(尾宿)　J060

naɪrɪtɪ< Skt.nirṛtī(灾害,女神)① J225

nakšadir< Skt.nakshatras(星宿) D207

namo< Skt.namah(星宿) D207

oom< Skt.oom(吉祥) H52

pra< Skt.pra(身体,容貌) D192

punarvasu< Skt.punarvasu(井宿) J012

purvabadirabat< Skt.purvabadirabat(室宿) J132

purvapalguni< Skt.pūrvaphalguni(张宿) J014

purvašat< Skt.pūrvāṣāḍhā(箕宿) J101

puš< Skt.puṣya(鬼宿) J052

rahu< Skt.rahu(罗睺) J232

ratna< Skt.ratna(宝珠) D190

rɪvadɪ< Skt.revatī(奎宿) J007

sadu< Skt.sādhu(善哉) B132

šanda< Skt.śānti(献祭) D096

šaničar< Skt.śanaiścara(土星) F097

satabiš< Skt.śatabhiṣaj(危宿) J105

šazin< Skt.śāsana(清净) D254

siddham< Skt.siddhaṃ(幸福) H52

sinha< Skt.siṃha(狮子座) J091

sinhanata< Skt.siṃhanāda(狮吼观音) B132

širavan< Skt.śravaṇa(女宿) J021

soma< Skt.soma(月亮) F013

sudur< Skt.sutur(经) D246

① [日]荻原云来编纂,过直四郎监修:《梵和大辞典》,第686页。

šükür< Skt.śukra(金星)　F007

šusak/višak< Skt.viśakhā(氐宿)　F097，J122

suvadi< Skt.svātī(亢宿)　D246

suvasti< Skt.suvasti(幸福)　H52

šuvatɪr< Skt.svātɪ(亢宿)　J096

svaha< Skt.svaha(娑缚贺)　D191

tanu< Skt.dhanus(射手座)　J099

tulya< Skt.tulā(天秤座)　J099

tužit< TochB.tuṣita< Skt.tuṣita(兜率天)　D288

urugini< Skt.rahɪṇī(毕宿)　J050

utarabadɪravat< Skt.uttarabhadrapadā(壁宿)　J007

utrapalguni< Skt.udarapalgui(翼宿)　J093

utrašatta< Skt.uttarāṣāḍhā(斗宿)　J015

vačrapani< Skt.vajrapāṇi(金刚手菩萨)　J241

vaiširavani< Skt.vaiśravaṇa(多闻)　E010

vinayaka< Skt.viñayaka(善导)　E067

virudaki< Skt.virūḍhaka(增长)　J261

virupakši< Skt.virūpākṣa(广目)　J247

vrčik< Skt.vṛścika(天蝎座)①　J097

vrciš< Skt.vṛṣabha(金牛座)　J084

vyaghra< Skt.vyāghra(虎狼)　E068

yaksa/yäk< Skt.yakṣa(夜叉)　E066,A029

yama< Skt.yāma(阎王)　E068

---

① [日]荻原云来编纂，过直四郎监修：《梵和大辞典》，第1272页。

第十章　回鹘语与梵语对音研究

第一节　对音研究相关问题

在进行回鹘语与梵语语音对音研究之前，有必要就相关对音问题作几个简要的说明。

一、对音与对音研究

1. 对音

对音是指两种语言之间语音片段音读的对译。从音质来看，对译可以是一个音素、一个音节、一个音位或成段的语料。对音材料多为零散的字词对译，而完整成系统的对音材料则少见。对音是一个民族语言与另一个民族语言之间的语音对比，即用一种语言文字记录另一语言的语音。对音双方，被记录语言是源语，记录语言是目的语。

2. 对音研究

聂鸿音先生曾论道，番汉对音即汉语和外民族语言音译材料对勘，是半世纪汉语音韵学研究的一种重要方法。[①] 对音研究多被应用

---

① 聂鸿音：《番汉对音简论》，《固原师专学报》1992 年第 2 期，第 70—75 页。

于梵语与汉语对音。对音研究原先是利用番汉对音材料来研究汉语某一时期的语音，后来则运用于汉语与各种语言以及各种语言之间的对音研究。[①] 译音对勘方法为汉语音韵学研究开辟了一条新的研究方法。

二、对音研究的简要回顾

据聂鸿音的研究，最早使用对音法研究汉字古音的例子见于艾约瑟的《汉字研究导论》。[②] 番汉对音正式作为一种研究方法的时间是20世纪20年代，其标志是北京大学《国学季刊》上发表的两篇文章：一篇是俄国学者钢和泰(Alexander von Staël-Holstein)的《音译梵书与中国古音》，[③]另一篇是汪荣宝的《歌戈鱼虞模古读考》。[④] 汪荣宝列举了数十条梵汉对音材料，得出的结论是：唐宋以上，凡歌、戈韵之字皆读a音，不读o音；魏晋以上，凡鱼、虞、模之字亦皆读a音，不读u音或ü音。[⑤] 此文一经刊发便在音韵学界引发了一场大辩论，对汪氏的结论可谓褒贬不一。王力先生曾对汪氏给予了比较公允的评价，他说："关于歌戈，汪氏之说大约可成定论；鱼虞模则在魏晋以上与歌戈分得很清楚，未可混为一韵。再者，中古的外国译音不适宜于做上古音值的证据，所以汪氏所谓魏晋以上只能直溯到汉音，先秦的音值是不能单靠外国译音来推断的。"[⑥]

研究梵汉对音的名著当首推马伯乐的《唐代长安方音考》，书

① 张铁山、彭金章：《敦煌莫高窟北区B77窟出土木骨上的回鹘文题记研究》，《敦煌学辑刊》2018年第2期，第39页。

② J.Edkins, *Introduction to the study of the Chinese Characters*, London, 1876.

③ 钢和泰撰，胡适译：《音译梵书与中国古音》，《国学季刊》1923年第1卷第1号，第47—56页。

④ 汪荣宝：《歌戈鱼虞模古读考》，《国学季刊》1923年第1卷第2号，第242页。

⑤ 同上。

⑥ 王力：《汉语音韵学》，中华书局，1956年，第429页。

中提出唐代长安花的全浊声母鼻冠音(mb、nd)的假说。[①] 此后,又有俞敏的《后汉三国梵汉对音谱》,[②]罗常培的《知彻澄娘音值考》《梵文腭音五母之藏汉对音研究》[③]与《唐五代西北方音》[④]等论著。季羡林先生写过《浮屠与佛》与《论梵文 ṭḍ 的音译》的论文。[⑤] 聂鸿音认为,季先生这两篇论文是从另一个角度动摇了梵汉对音的基础。[⑥] 这些论著在梵汉对音和汉藏对音方面进行了卓有成效的实践。

利用西夏文材料来研究汉语方言的学者有王静如、龚煌城等人。龚煌城的《十二世纪末汉语的西北方音》一文归纳出宋代西北话的声母系统。[⑦] 此外,利用八思巴字对音来研究汉语音韵有苏联龙果夫的《八思巴字与古汉语》。[⑧]

此外,研究对音的论文还有:徐通锵、叶蜚声的《译音对勘与汉语的音韵研究——"五四"时期汉语音韵研究方法转折》,[⑨]储泰松的《梵汉对音概说》,[⑩]施向东的《梵汉对音资料:从上古音到中古

---

① H.Masp'ero, Le dialecte de Tch'ang-ngan sousles T'ang, *Bulletin de l'Ecole Francaise d' Extrême Orient*, 1920.

② 俞敏:《后三国梵汉对音谱》,《俞敏语言学论文集》,商务印书馆,1999 年,第 1—62 页。

③ 罗常培:《知彻澄娘古读考》,《罗常培语言学论文选集》,商务印书馆,2004 年,第 29—69 页;《梵文腭音五母之藏汉对音研究》,《罗常培语言学论文选集》,商务印书馆,2004 年,第 70—84 页。

④ 利用藏汉对音材料,其反映了 8—9 世纪敦煌一带的汉语方言。罗常培:《唐五代西北方音》,上海,1933 年。

⑤ 季羡林:《中印文化关系史论文集》,第 323—377 页。

⑥ 聂鸿音:《番汉对音简论》,《固原师专学报》1992 年第 2 期,第 70—75 页。

⑦ 龚煌城:《十二世纪末汉语的西北方音(声母部分)》,《"国立"中研院历史语言研究所集刊》(52 本第 1 分),台湾,1981 年。

⑧ A.Dragunov, The hphags-pa Soript and Ancient Mandarin, *ИзвестИя АкадемИИ Наук*, 1930.

⑨ 《北京大学学报》(哲学社会科学版》1980 年第 6 期,第 87—95 页。

⑩ 《古汉语研究》1995 年第 4 期,第 4—13 页。

音》，[①]孙伯君的《胡汉对音和古代北方汉语》[②]与《西夏译经的梵汉对音与汉语西北方音》等，[③]张铁山与彭金章的《敦煌莫高窟北区 B77 窟出土木骨上的回鹘文题记研究》，[④]许良越的《梵汉对音法的提出及其在音韵研究中的影响》，[⑤]李建强的《伯希和 2855 号残卷于阗文咒语对音研究》，[⑥]朱国祥的《回鹘文〈金光明经〉中的粟特语借词对音研究》[⑦]与《回鹘文〈慈悲道场忏法〉中的吐火罗语借词对音研究》等。[⑧] 值得注意的是，牛汝极的《从借词看粟特语对回鹘语的影响》一文中分析了回鹘语中粟特语借词的 9 个特点，[⑨]其中也论述了两种民族语的语音问题。

聂鸿音发表了《回鹘文〈玄奘传〉中的汉字古音》等系列对音研究的论文，[⑩]他不仅把对音研究广泛应用于梵文、女真文、回鹘文、粟特文等诸外民族语文上，而且还把它上升到理论和方法论上，其影响无疑是深远的。

梵汉对音法的提出，终究使汉语音韵学的研究从此获得了新观

---

① 《辞书研究》2020 年第 4 期，第 48—72 页。
② 《语言研究》2005 年第 1 期，第 66—72 页。
③ 《语言研究》2007 年第 1 期，第 12—19 页。
④ 《敦煌学辑刊》2018 年第 2 期，第 37—43 页。
⑤ 《西南民族大学学报》（人文社会科学版）2009 年第 1 期，第 286—288 页。
⑥ 《语言研究》2008 年第 4 期，第 25—31 页。
⑦ 《民族语文》2019 年第 5 期，第 33—38 页。
⑧ 《民族语文》2020 年第 4 期，第 95—101 页。
⑨ 牛汝极：《从借词看粟特语对回鹘语的影响》，《新疆师范大学学报》（哲学社会科学）2015 年第 1 期，第 101—112 页。
⑩ 聂鸿音：《回鹘文〈玄奘传〉中的汉字古音》，《民族语文》，1998 年第 6 期，第 62—70 页；《慧琳译音研究》，《中央民族学院》，1985 年第 1 期，第 64—71 页；《〈金史〉女真译名的音韵学研究》，《满语研究》，1998 年第 2 期，第 79—89 页；《番汉对音简论》，《固原师专学报》，1992 年第 2 期，第 70—75 页；《番汉对音和上古汉语》，《民族语文》，2003 年第 2 期，第 14—21 页；《粟特语对音资料和唐代汉语西北方言》，《语言研究》，2006 年第 2 期，第 22—26 页。

点、新材料和新方法,并进而完成了传统音韵学向现代音韵学的转变。[①] 此后,学者们把梵汉对音方法扩展到其他民族语言对音研究上,这无疑是在诠释对音研究具有的强大生命力。

三、对音材料及其价值判定

1. 对音材料

对音材料主要是来自前面章节中筛选的回鹘文献中的梵语借词。

2. 对音材料的价值判定

对于对音资料的价值评判,聂鸿音曾论述,番汉对音应用并不太广泛,人们对它的评价也不太高,分析其原因,有两个方面:一个是"转写"不够严密规整,另一个是对番汉对音认识还没有上升到"方法论"的高度,以致使用时原则很不统一。[②] 此论述启发我们:回鹘文转写过程所出现的问题,如转写不规范或不统一等问题,其对音的价值难免会打折扣。

四、回鹘语元音和辅音系统

回鹘语属于阿尔泰语系突厥语族,有 8 个元音(回鹘文献语言的元音系统可以分为短元音和长元音两大类)和 26 个辅音。回鹘文的字母因时代不同,有 15—23 个不等。[③]

短元音分类表如下:

① 杨剑桥:《汉语现代音韵学》,复旦大学出版社,1996 年,第 9 页。
② 聂鸿音:《番汉对音简论》,《固原师专学报》1992 年第 2 期,第 70—75 页。
③ 张铁山:《回鹘文献语言的结构与特点》,第 39、59 页。

圆展开合	展唇元音		圆唇元音	
前后	宽元音	窄元音	宽元音	窄元音
后元音	a[a]	ï[ï]	o[o]	u[u]
前元音	ä[ä]	i[i]	ö[ø]	ü[y]

长元音分类表如下：

圆展开合	展唇元音		圆唇元音	
前后	宽元音	窄元音	宽元音	窄元音
后元音	a: [a]	ï: [ɨ:]	o: [o:]	u: [u:]
前元音	ä: [ä:]	i: [i:]	ö: [ø:]	ü: [y:]

回鹘文辅音分类表：

方法＼部位		双唇	唇齿	齿间	舌尖	舌叶	舌面	舌根	小舌	声门
塞音	清	p[p]			t[t]			k[k]	q[q]	
	浊	b[b]			d[d]			g[g]		
擦音	清		f[f]		s[s]	š[ʃ]			h[χ]	h[h]
	浊	w[w]	v[v]	d[ð]	z[z]	ž[ʒ]	y[j]		ɣ[ʁ]	
塞擦音	清					č[ʧ]				
	浊					j[ʤ]				
边音					l[l]					
颤音					r[r]					
鼻音		m[m]			n[n]			ŋ[ŋ]		

* 资料来源：张铁山：《回鹘文献语言的结构与特点》，第 39、59 页。

第二节 梵语与回鹘语对音研究

一、梵语

梵语属于印欧语系印度—伊朗语族(Indo-Iranian)印雅利安语支(Indo-Aryan)语言。梵语是用天城体梵文(devanāgarī)从左往右书写的。天城体梵文起源于印度婆罗迷文,是笈多体的一种变体,成熟于7世纪。梵文是一种表音文字,共有33个辅音(即k、kh、g、gh、ṅ、c、ch、j、jh、ñ、ṭ、ṭh、ḍ、ḍh、ṇ、t、th、d、dh、n、p、ph、b、bh、m、y、r、l、v、ś、ṣ、s、h)、13个元音(即a、ā、i、ī、u、ū、r、r̄、l、e、ai、o、au)以及辅助符号ṃ(Anusvāra)、ñ(Anunāsika)与ḥ(Visarga)。① 回鹘语和梵语属不同语系的不同类型的语言,二者在语音系统上和书写上存在差异。回鹘人曾广泛信仰佛教,因而回鹘语直接或间接(通过媒介语吐火罗语或粟特语等)借入了不少梵文。

回鹘文文献中的梵语借词几乎都是音译,这种音译梵语借词不是偶然的,这种音译深受玄奘"五不翻"理论的影响。② 玄奘的"五不翻"理论同样适用于梵语—回鹘语翻译。当回鹘语无法恰当保留源语言梵语时,梵语借词的音译形式却能最大限度地保留源语之内涵,

---

① [德]A.F.施坦茨勒著,季羡林译,段晴、范慕尤续补:《梵文基础读本》,北京大学出版社,2009年,第1页。

② 南宋法云:《翻译名义序》卷一《十种通号第一》"婆伽婆"条,即:"唐奘法师明五种不翻:一、秘密故不翻,如'陀罗尼'是。二、含多故不翻,如'薄伽梵'含六义故。三、无此故不翻,如'阎浮树'。四、顺古故不翻,如'阿耨菩提',实可翻之。但摩腾已来存梵音故。五、生善故不翻,如'般若'尊重,智慧轻浅。令人生敬,是故不翻。"(((《大正藏》第54卷,第1057页)

"音译即不翻之翻"却也道出了翻译的实质。[①] 回鹘文献中的梵语借词多为专有名词,如人名、地名、物名、佛教术语等。残留于回鹘文献的梵语借词,是古印度梵语言文化对回鹘文化影响的一种"活化石"。因此,分析回鹘语和梵语的对音规律有着重要的意义。

下面的梵语与回鹘语对音材料来自耿世民先生的《回鹘文哈密本〈弥勒会见记〉研究》。[②]

二、梵语—回鹘语对音研究

(一)梵语与回鹘语元音语音的对应关系

1. 梵语长元音 ā、ī、ū 与回鹘语短元音 a、i、u 对应

梵语:回鹘语(ā、ī、ū→a、i、u),如 ājāneya:acanay(良马) 20/5a—2;[③]anāgāmin:anagam(不还果) 7/9a—3;Avīci:awiš(阿鼻地狱) 12/2a—25;Gandharī:kantari(犍陀罗文) 1/14b—11;Cūḍāmaha:čutamaki(发髻节) 17/12a—13;Virūḍhaka:wirutak(增长) 25—26/6a—0 等。

2. 梵语短元音 a、i、u 与回鹘语短元音 a、i、u 对应

梵语:回鹘语(a、i、u→a、i、u),如 Sumana:sumani(善意) 12/2a—13;Vispaśyin:wipaši(毗尸佛) 28/15b—11;Sunirmita:sunirmit(善化天) 14/1b—26;kiriṭa:kirit(金冠) 21/11b—0;Supuṣpita:supušpit(妙花园) 26/12a—16;sudharma:sudaram.(善法堂) 1/3a—27 等。

---

① 陈福康:《中国译学理论史稿》,上海外语教育出版社,2000 年,第 34 页。

② 中央民族大学出版社,2008 年,第 12—538 页。

③ "—"后数字表示所在的品;"/"前数字表示所在的行,"/"后的数字与字母表示节或段。下同。

3. 梵语复合元音 e 对应回鹘语 i

梵语：回鹘语（e→i），如 Keśara：kisar（花茎） 19/4b—16；kesarin：kisar（狮子） 7/5b—2 等。

4. 梵语复合元音 o 对应回鹘语 o

梵语：回鹘语（o→o/au），如 Aśoka：ašok（无忧树） 13/8b—11；Tilottamā：tilotama（提罗陀摩） 25/3b—1；Goyānadvīpa：gauyanandwip（西牛货洲） 11/8a—26 等。

5. 梵语复合元音 ai 对应回鹘语 ay

梵语：回鹘语（ai→ay），如 Vaijayanta：wayčayant（殊胜宫殿） 18—19/13b—15；vaiḍūrya：wayduri（琉璃宝） 13/5b—27 等。

6. 梵语复合元音 au 对应回鹘语 o/au

梵语：回鹘语（au→o/au），如 Gaupikā：gopika（郭毗克夫人） 6/6a—3；Maudgalyāyana：motgalayan（目犍连） 22/9b—16；Gautama：gaudam（乔达摩） 25/14b—1 等。

7. 梵语 ṛ 对应回鹘语 r

梵语：回鹘语（ṛ→r），如 Bṛhaspati：brxaswati（智慧与雄辩之神） 17/7a—0；Dhṛtaraṣṭra：drtirštri（东方持国天王） 3/11b—16 等。

（二）梵语和回鹘语词末形式语音的对应关系

1. 梵语词末形式 a~ā

（1）梵语词末 a~ā 时，回鹘语词末零形式∅[①]（a~ā→∅）

梵语：回鹘语，如 āgama：agam（阿含） 24/8b—0；Rsivadana：aršwadan（鹿野苑） 27/6b—4；śītā：sit（徙多河） 7/4b—16；ūrṇā：urun（白毫） 28/5b—2 等。

（2）梵语词末 a~ā 时，回鹘语 i~ā~e（a~ā→i~a~e）

① ∅表词末零形式。

梵语：回鹘语，如 Vemacitra：Wimačtri（毗摩质多罗）17/10b—2；Vidura：wiutari（毗楼）16/9b—16；Gaupikā：gopika（郭毗克夫人）6/6a—3；Mārikā：marika（舍弃）1/15b—1；Mahāmāyā：maxamaye（摩诃摩耶）29/14b—1 等。

2. 梵语词末 i～ī，回鹘语词末 i（i～ī→i）

梵语：回鹘语，如 Brahmāvatī：Bbraxwati（梵摩波提）1/3a—11；Gandhakuṭī：gantakuti（香殿）20/5a—0；Bṛhaspati：brxaswati（智慧与雄辩之神）17/7a—0；cintāmaṇi：cintamani（如意宝珠）29/2a—2 等。

3. 梵语词末 u～ū，回鹘语词末 u（即 u～ū→u）

梵语：回鹘语，如 Abhibhū：abibu（阿毗浮）13/9b—16；gotrabhū：gotrabu（住种性）13/8b—3；Ikṣavāku：ikšawaku（甘蔗王）14/14b—3；Uttarakuru：utarakuru（北俱卢洲）11/8a—26 等。但也有不规则的例外，如 Sumeru：sumir（须弥山）13/5a—0。

4. 梵语词末 in，回鹘语词末 i（in→i～∅）

梵语：回鹘语，如 Puṣkarasārin：puškarasari（池沼）28/4a—0；Ratraśikhin：raynašiki（宝光佛）16/4b—16；anāgāmin：anagam（不还果）7/9a—3；Cakravartin：čakrawart（转轮王）18/8a—26 等。

5. 梵语词末 ja，回鹘语词末 č（ja→ č）

梵语：回鹘语，如 Mahārāja：maxarač（大王）11/8b—2；Mahāsamāja：maxasamač（大会经）14/12a—4 等。

（三）梵语与回鹘语辅音语音的对应关系

1. 梵语喉音

梵语：回鹘语（k～kh～g～gh: g～k），如 abhiṣeka：abišik（灌顶）10/6a—1；Bhadrika：Bhadrika（跋提黎迦）22/1a—1；Khaḍgaviṣāṇa-kalpa：kadgavišan-kalp（独觉劫）19/15a—2；Kharoṣṭhī：karošti（佉卢

文）2/14b—11；āgama ： agam（阿含）24/8b—0；Gandhakuṭī ： gantakuti（香殿）20/5a—0；Saṃghālambana ： sangalamban（僧迦兰盆）19/8a—3；Saṃghāta：sangat（合众地狱）24/4a—25 等。回鹘语舌根塞音对应着梵语喉音。

2. 梵语腭音

梵语：回鹘语（c ~ ch ~ j ~ jh: č），如 cakravartin：čakrawart（转轮王）18/8a—26；Pañcāla ： pančal（盘叉罗）27/6a—15；chandoviciti ： čantowičiti（韵律学）28/16a—11；Ucchadhvaja：učadiwač（乌查德伐迦）24—25/12a—0；vajrāsana ： wačrazan（金刚座）14/7a—14；Vaijayanta：wayčayant（殊胜宫殿）18—19/13b—15 等。

梵语 jh 词首的词共有 51 个且意义不常见，[①]梵语与回鹘语对音（jh: *č）。[②]

3. 梵语卷舌音

梵语：回鹘语（ṭ ~ ḍ ~ ṭh ~ ḍh: t），如 Gandhakuṭī：gantakuti（香殿）20/5a—0；Ceṭik：čitika（且提卡）5/5a—3；Cūḍāmaha：čutamaki（发髻节）17/12a—13；Garuḍa：garuti（金翅鸟）1/6b—14；adhiṣṭhita：adištit（守护）5/1b—10；Kharoṣṭhī：（karošti 佉卢文）2/14b—11 等。"梵语 ṭ、ṭh 在回鹘语中都变为 t，aṭavika：atavaki。而 ḍ 与 ḍh 在古维语中常常以 t 来表示，这也许是表明梵语的 ḍ 在古维语里合并为 t 的倾向"。[③]

4. 梵语齿音

梵语：回鹘语（t ~ th: t ~ d/d: t ~ d/dh: d），如 arhat：arxant（阿

① ［日］荻原云来编纂，过直四郎监修：《梵和大辞典》，第 515—516 页。

② 张铁山、彭金章：《敦煌莫高窟北区 B77 窟出土木骨上的回鹘文题记研究》，《敦煌学辑刊》2018 年第 2 期，第 41 页。

③ ［日］庄垣内正弘著，郑芝卿、金淳培译：《古维语借用印度语词的各种渠道》，《民族语文研究情报资料集》1987 年第 9 期，第 4 页。

罗汉）11/5a—0；chandoviciti：čantowičiti（韵律学）28/16a—11；Arthadarśi：artadarš（义见）24/1b—10；Bhāgīrathī：bagirati（古梵文的恒河）21/14b 等。再如 jātaka：čadik（本生，生经）7/12a—4；Agada：agat（香药名）6/7b—0；Badhari：Badari（跋多利）2/1a—2。再如 Dhanin：dani（富豪）25/8a—26 等。回鹘语不送气音（t～d）对应着梵语送气音 th～dh。

5. 梵语唇音

梵语：回鹘语（b～bh: b/p～ph: p），如 Benares：baranas（波罗奈城）19/1a—1；Bodhivana：bodiw（a）n（菩提伐那园）1/1a—16；Abhibhū：abibu（阿毗浮）13/9b—16；Bhadrakalpa：badrakalp（贤劫）16/8a—26 等。再如 kalpa：kalp（劫）19/15a—2；apramāṇa：apramani（无量）4/6b—11；phāṇita：panit（粗糖）B063；① pūrvaphalguni：purvapalguni（张宿）J014 等。② 梵语送气音则变为回鹘语中的不送气音。

6. 梵语半元音

梵语：回鹘语（v：w～v～b/r：r/l：l/y：y），如 Vaiśravaṇa：waysirwani（毗沙门天）19/6a—27；Vāsava：wasawi（胜怨）3/4b—16；vārāṇasī：baranas（波罗奈城）b.31/6 等。③ 再如 Rahu：Rahu（罗睺）17/10b；Pūrvavideha：purwawidi（东身胜洲）11/8a—26 等。再如 Lokadhātu：lokadatu（国土）15/11a—11；Yāma：yam（夜摩天）23/6b；Yugānta：yugant（劫烧）12/1a—20 等。梵语半元音 r，在回鹘语中则变为舌尖颤音 r。

---

① 巴克力·阿卜杜热西提：《古代维吾尔医学文献的语文学研究》，第 316 页。

② 木沙江·艾力：《古代维吾尔语历法和占卜文献的语文学研究》，中央民族大学博士论文，2016 年，第 347 页。

③ Ceval Kaya, *Uygurca Altun Yaruk, Giriş, Metin ve Dizin*, Ankara: Baskı Görsel Sanatlar Ltd, 1994, p.403.

7. 梵语咝音

梵语：回鹘语（ś～ṣ：š/s：s），如 Aśvattha：ašwat（吉祥树）15/8b—26；Kāśyapa：kašip（迦叶佛）14/3b—10；Kharoṣṭhī：karošti（佉卢文）2/14b—11；nāgapuṣpa：nagapušp（龙华树）15/8b—26 等。再如 Sātāgiri：sadagari（七岳）5/1a—1；asaṃkhyeya：asanki（阿僧祇）27/11b—0 等。梵语硬腭擦音 ś、卷舌擦音 ṣ、齿擦音 s，与回鹘语擦音（š，s）对应。

8. 梵语鼻音

梵语：回鹘语（ñ～ṅ～ṇ：n/m：m～n/ṃ：n～m～ŋ），如 Nairañjanā：naryančan（尼连禅河）21/2b—1；Pañcaka：Pančaki（佛陀最初五的五位弟子）22/1a—1；Piṅgala：Pingali（冰羯罗）18/10b—2；Saṅga：sang（僧）1/1a—2；Pūrṇaka：purnaki（圆满）6/1a—1；Kumbhāṇḍa：kumbandi（鸠盘荼）18/1b—26；Nandā：nant（难陀）24/3a—1 等。再如 Subhūmi：subum（善地）4/6b—11；Kimnara：kintar（紧那罗，半人半兽）27/3a—1 等。再如 asaṃkhyeya：asanki（阿僧祇）27/11b—0；Dipaṃkara：dipankar（燃灯佛）28/15b—11；oṃahūṃ：oomahung（嗡嘛吽）o.28/24 等。①

9. 梵语气音

梵语：回鹘语（h: h～x～k），如 Rahu：Rahu（罗睺）17/10b；arhat：arxant（阿罗汉）11/5a—0；Cūḍāmaha：čutamaki（发髻节）17/12a—13 等。梵语气音 h 和回鹘语中的小舌擦音 h。“梵语 h 在古维语词末则变为小舌 q，而在 i 前一般变为 k。rājagṛha：račakrq，lohitaketu：lokitakitu”。②

① Ceval Kaya, *Uygurca Altun Yaruk*, *Giriş*, *Metin ve Dizin*, p.620.

② ［日］庄垣内正弘著，郑芝卿、金淳培译：《古维语借用印度语词的各种渠道》，《民族语文研究情报资料集》1987 年第 9 期，第 14 页。

另外,梵语中有一个声门擦音 ḥ 在回鹘语中变为零形式对应,如 namaḥ：nama,hrīḥ：xiri 等。①

三、结语

回鹘语是 9—15 世纪以古代维吾尔人为主体使用的语言,属于阿尔泰语系突厥语族。梵语属于印欧语系。回鹘语与梵语的不同类型语言导致译音对勘上的差异,如何处理这种输出的源语言借词在目的语无相近的音素差异？一般做法就是,用目的语中最相近的语音音素来代替源语言借词的音值。

梵语与回鹘语在语音的对应关系,其主要有以下特征：

（1）回鹘语辅音没有送气与不送气音的区别,因此梵语送气音在回鹘语中均用不送气表示。

（2）回鹘语中没有梵语的语音时,回鹘语就用相近的语音来对应之。回鹘语无卷舌音,回鹘语则用舌尖音来对应梵语的卷舌音。如梵语：回鹘语(ṭ~ḍ~ṭh~ḍh: t),再如梵语鼻音(ñ~ṅ~ṇ~ṃ)对音回鹘语舌尖鼻音(n)等。

（3）回鹘语元音系统本来无复元音,回鹘语短元音、单元音与梵语相应的长元音、复元音对应。如梵语：回鹘语(ā: a /ī: i/ū: u/e: i/o~au: o)等。

（4）梵语词末在回鹘语中词末则呈现出元音高化的现象。如梵语：回鹘语(a~ā→ e~i)等。

总之,回鹘语在标注梵语时,会结合回鹘语自身的语音条件,即用回鹘语中的语音来标注梵语中有而回鹘语中所没有的语音。不同

① 张铁山、彭金章:《敦煌莫高窟北区 B77 窟出土木骨上的回鹘文题记研究》,《敦煌学辑刊》2018 年第 2 期,第 42 页。

语言之间的对音研究,正如聂鸿音先生所论:"音理解释无论多么完美,其价值也比不上文献的直接证明……音理分析只能用来解释带规律性的、确实无误的文献资料,使人们明白它们之间的因果关系,而不能在没有文献资料或者不能确定资料性质的情况下用来虚拟事实。"①

第三节 回鹘文《慈悲道场忏法》吐火罗语媒介语对音研究

一、回鹘文《慈悲道场忏法》概况

《慈悲道场忏法》为佛教忏悔仪书,相传由笃信佛教的梁武帝萧衍请宝志禅师与高僧等十人所集,故又称《梁皇宝忏》(或称《梁皇忏》《梁武忏》)。梁武帝建寺设法会,一生精研佛教教理,固持戒律,故有"皇帝菩萨"之称。据记载:"梁皇忏(修法):梁武帝初为雍州刺史时,夫人郗氏,性酷妒。既亡,化为巨蟒,入于后宫,通梦于帝。帝制慈悲道场忏法十卷,请僧使之忏礼,夫人化为天人,在空中谢帝而去。其忏法遂行于世,称梁皇忏。"②自梁代至今一千余年,广为流传。《慈悲道场忏法》为佛家用以灭罪消灾、济度亡灵,祈求灾消吉至、罪灭福生。除汉文外,另有回鹘文、西夏文等译本存世。

回鹘文《慈悲道场忏法》译自汉文本,回鹘文本译者为别失八里人是昆村舍利都统。回鹘文专家张铁山教授刊布回鹘文残叶《慈悲

---

① 聂鸿音:《番汉对音和上古汉语》,《民族语文》2003 年第 2 期,第 19—21 页。
② 丁福保编:《佛学大辞典》,中国书店出版社,2011 年,第 1878 页。

道场忏法》断代"拟定于元代"。[①] 回鹘文《慈悲道场忏法》自被发现以来,国内外学者便对其进行刊布和研究。主要有德国的克劳斯·若尔本(K. Röhrborn)(1971)、[②]英格丽德·瓦陵克(Ingirt Warnke)(1978、1983),[③]日本的庄垣内正弘(2003),[④]以及中国的张铁山、阿依达尔·米尔卡马力、迪拉娜·伊斯拉非尔等学者。

二、回鹘文《慈悲道场忏法》吐火罗语媒介语借词借词对音研究

我们研究的材料基于彦斯·威尔金斯(Jens Wilkens)的本子,[⑤]该文本是彦斯·威尔金斯(Jens Wilkens)在克劳斯·若尔本(K.Röhrborn)、英格丽德·瓦陵克(Ingirt Warnke)、庄垣内正弘以及其他研究成果基础上的一个集大成之作。根据其源语言的不同,回鹘文《慈悲道场忏法》借词可分为直接梵语借词46个(限于篇幅不作列举)、波斯语借词2个(gavsar< MP.g'ws'r 牛头　3649 与 w(a)dšik/wahšik< Parth.w'xšyg 保护神　1163)、叙利亚语借词1个(petkäči< Syr.peṭqā 翰撰　0133)、汉语借词55个(限于篇幅不作列举)、吐火

① 张铁山:《莫高窟北区B128窟出土回鹘文〈慈悲道场忏法〉残叶研究》,《民族语文》2008年第1期;张铁山:《吐鲁番柏孜克里克出土两叶回鹘文〈慈悲道场忏法〉残叶研究》,《民族语文》2011年第4期。另牛汝极教授断定回鹘文《慈悲道场忏法》写本大致为13世纪初的译本,牛汝极:《回鹘佛教文献——佛典总论及巴黎所藏敦煌回鹘文佛教文献》,第161页。

② K. Röhrborn, Eine üiğurische Totenmesse, *BT* II, Berlin, 1971.

③ Ingrid Warnke, *Eine buddhistische Lehrschnft überdas Bekennen der Sünden-Fragmente der uigurischen Version des Cibei-daochang-chanfa*, Berlin, Doctoral Dissertation, Akademie der Wissenschaften der DDR, 1978. Fragmente des 25.und 26.Kapitels des Kšanti qïlɣuluq nom bitig, *AoF* 10, 2(1983), pp.243 – 268.

④ [日]庄垣内正弘:《ロシア所蔵ウイグル语文献の研究》,京都大学大学院文学研究科,2003年,第155—179页。

⑤ Jens Wilkens, *Das Buch Von Der Sündentigung*, Brepols Publisher n.v.,Turnhout, Belgium, 2007.

罗语借词、粟特语借词等。这里的媒介语借词是指外来借词不是直接借入至回鹘语,而是以吐火罗语或粟特语为媒介而借入目的语回鹘语,限于篇幅,下面仅列举吐火罗语媒介语借词。

下面以 Jens Wilkens 的本子为底本,列举《慈悲道场忏法》的吐火罗语媒介语借词:

1. anantarš< TochB. anantārś< Skt. ānantarya(难以宽恕之罪,无间,次第) 2811

2. asanke< TochA.asaṃke< Skt.asaṃkhyeya(不可数,无央数,不可计,无数) 0034

3. bodipakšik< TochB.bodhapakṣik< Skt.bodhipakṣika(道品,菩提分,助菩提) [366]8

4. čambudivip< TochA. jambudvip/TochB. jambudvīp< Skt. jambudvīpa (南瞻部洲,瞻部洲,阎浮提) [07]8[1]

5. čankramit< TochB.cankramit< Skt.caṅkramita (四处漫游,经行,散步) 0599

6. čarit< TochB.carit< Skt.carita(行,修,所修,行度) 0155

7. čar< TochA.jar< Skt.jaṭā(生,所生,种族,类属) 1925

8. čog< TochA/B.cok(灯)(D.A.p.275) 0644

9. dežit/ḍežit< TochB.deśit/teśit< Skt.deśita(忏悔,显示,被教导)(D.A.p.275) 0012

10. gaŋavaluk < TochB. gangavāluk < Skt. gaṅgāvāluka (恒沙) 4353

11. kalp< TochA.kalp< Skt.kalpa(劫,劫波,圣训) 0180

12. k(a)ltɪ< TochA.k_{u}yalte(亦即) 0031

13. kanakamuni< TochA.kanakamuni< Skt.kanakamuni(俱那含牟尼,拘那含牟尼,) 2070

14. karm(a)p(a)t< TochA/B.karmapath< Skt.karmapatha(业道，业迹，善) [36]51

15. kašip< TochA/B.kāśyap< Skt.kāśyapa(迦叶，摩诃迦叶是佛陀十大弟子之一) 0[70] 6

16. krakašunḍe< TochA.krakasundi< Skt.krakucchanda(佛名，应断，除邪言，拘留孙) 2069

17. kšan< TochA.kṣaṃ/TochB.kṣaṃ/kṣāṃ< Skt.kṣaṇa(瞬间，须臾，刹那) 0819

18. kšanti < TochA/B. kṣānti < Skt. kṣānti (忍辱，安忍，忏悔) 0010

19. lakšan< TochA.lokṣaṃ/TochB.lokṣāṃ< Skt.lakṣaṇa(显相，威容，色相) 0[872]

20. madar< TochA.mātār/TochB.mātar< Skt.makara(鲸鱼，水兽，恶兽) 2916

21. m(a)habut< TochB.mahābhūt< Skt.mahābhūta(四大，大元素) 0643

22. maliki< TochA.Mālīkā/TochB.Mālika< Skt.Mālikā(花环，一种花之名谓之摩利迦花) 1338

23. moḍgalayane/modgalayane < TochB. Maudgalyāyane < Skt. Maudgalyāyana(大目犍连，没特伽罗子) 1415

24. namo< TochA.namo< Skt.namaḥ(敬意) 0165

25. namo-but < TochA. namo-budha < Skt. namo-buddhāya (归依佛) 0165

26. narayan< TochA.Nārāyaṃ< Skt.Nārāyaṇa(人种神，那罗延天，那罗延) 1540

27. nirvan < TochA/B. nervāṃ < Skt. nirvaṇa (消灭，解除，涅

槃） 3719

28. panšukkul< TochB.pāṃsukūl< Skt.pāṃśukūla/pāṃsukūla（尘堆，粪扫衣） 0594

29. pr（a）mit< TochA/B.pāramit< Skt.pāramitā（彼岸，度） 0718

30. pratityasanbutpat < TochA. pratityasamutpād < Skt. pratītyasamtpāda（物物依存的生起法，缘起，缘生） 3669

31. rahu< TochB.rāhu/rāhū< Skt.rāhu（罗侯，罗睺） 2432

32. rakšaz< TochA.rākṣäs< Skt.rākṣasa（夜魔，恶魔） 2935

33. rasayan< TochA.rasāyaṃ< Skt.rasāyana（延命药，不死灵药，甘露） 2434

34. sadu < TochA. sādhu < Skt. sādhu（温和的，好的，有德的，善） 2057

35. sančiv< TochA.saṃjīw< Skt.saṃjīva（更生，更活） 2495

36. strayastriš< TochA.strāyastriñś< Skt.trāyastriṃśa（天名，三十三天，忉利，忉利天） 0210

37. sumer< TochA/B.sumer< Skt.sumeru（妙高山） 2902

38. šakimuni< TochA/B.śākyamuni< Skt.śākyamuni（佛陀之名，释迦如来，释迦摩尼） 1265

39. šala/šal[①]< TochB.śāl< Skt.śāla（小屋，舍，莎罗树） 0427

40. šarmire/šarmare< TochB.ṣarmire< Skt.śrāmaṇera（沙弥子进入修行僧生活的第一阶段弟子，皈依者） 1416

41. šastar< TochA/B.śastär< Skt.śāstra（诸论，因论） 3331

42. šazın< TochA/B.śāsaṃ< Skt.śāsana（教法，教化） 1531

---

① ［德］冯·加班著，耿世民译：《古代突厥语语法》，内蒙古教育出版社，2004 年，第 340 页。

43. šäkär< TochB.śakkār< Skt.śarkara(砂糖,糖蜜)　14[17]

44. šiki< TochA.śikhin/śikhī< Skt.śikhin(荣发,持髻)　2065

45. šlok< TochA/B.ślok< Skt.śloka(颂,诗,偈)　0825

46. šuḍavaz< TochA/B.śuddhāvās< Skt.śuddhāvāsa(净居天,光天,净处,净舍,净宫,净光天)　1091

47. tirte< TochB.tirthe/tīrthe< Skt.tīrthika(信仰本宗以外之教义者,邪,邪学学,具外道,外学,外道师)　0369

48. tümän< TochB.t(u)māne(万)(D.A.p.850)　0359

49. ušnir< TochA/B.uṣṇīr< Skt.uṣṇīṣa(顶髻,头冠)　3497

50. v(a)čir/v(a)žir< TochB.waśīr/TochA.waśir< Skt.vajra(金刚,金刚杵,霹雳金刚)　1886

51. vairag< TochB.vairāk< Skt.vairāga(离贪,离欲)　0624

52. vipaši< Toch.Vipaśyin[1]< Skt.Vipaśyin(观,胜观,种种见,妙观察)　2064

53. Viśvabu< TochA.Viśvabhu< Skt.Viśvabhu(毗舍浮为过去七佛之第三佛,又称毗舍婆佛、随叶佛)　2067

54. vyakrit< TochA/B.vyākarit< Skt.vyākṛti(分离,区别,说明,受记)　1508

55. yantir< TochA.yantär< Skt.yantra(器具,工具,机械,机关,护身符)　2336

56. yogačari< TochA/B.yogācāre< Skt.yogācārin[2](专心观行的佛教僧,修行者,离扼者)　0736

---

① "Vipaśyi",参阅 Douglas Q. Adams. *A Dictionary of Tocharian B* (*Revised and Greatly Enlarged*), p.620.季羡林:《季羡林全集》第十一卷学术论著三《吐火罗文〈弥勒会见记译释〉》,外语教学与研究出版社,2009 年,第449 页。

② yogācārin 专心观行的(佛教僧),yogācāra 修行者,从语音规律来看,这里梵语应为 yogācāra 形式,参阅林光明、林怡馨《梵汉大辞典》,第 1517 页。

三、梵语、吐火罗语和回鹘语之间的语音对应关系

梵语和吐火罗语都属于印欧语系，回鹘语属于阿尔泰语系。吐火罗语大约在公元前的某一时期从印欧语的故乡来到中国西域，分化为两种有差异的语言：甲种吐火罗语和乙种吐火罗语。前者又称东吐火罗语，分布于焉耆，故称焉耆语；后者又称西吐火罗语，即龟兹语，分布于古龟兹国。吐火罗语用婆罗迷字母书写，使用于 6—8 世纪。[①] 关于吐火罗的名称问题，学术界基本达成了共识：甲种吐火罗语是古代焉耆通用的语言，乙种吐火罗语为古代龟兹通用的语言。中国学者考虑到法国考古学者已经发现了真吐火罗语，赞同把旧称“吐火罗语”改称为“焉耆—龟兹语”。1980 年在北京举办的中国民族古文字展览会上，正式把旧称“吐火罗文”改为“焉耆—龟兹文”。但目前学者们仍在使用“吐火罗文”这一名称。[②] 基于此，我们沿袭吐火罗语这一称呼。

吐火罗语使用的是印度婆罗迷字母中亚斜体。在漫长的时间内，印度发展了一系列的字母。吐火罗两种方言使用同一字母，同印度的稍有改变。[③] 吐火罗语使用印度西北部的波罗迷字母，它和天城体字母是同一系统，这是在中亚地区记录的所谓佛教徒混合梵语的字母，本来就和天城体字母属同一个体系。梵语、吐火罗语与回鹘语虽属于不同语系，但我们尝试从语音对应关系上作初步的研究。

---

① 吴安其：《亚欧语言及本次比较研究》，中国社会科学出版社，2017 年，第 253 页。

② 新疆龟兹学会编：《龟兹文化研究》第一辑，（香港）天马出版有限公司，2005 年，第 7 页。

③ 季羡林著，徐文堪审校：《吐火罗语研究导论》，商务印书馆，2018 年，第 259 页。

（一）梵语、吐火罗语和回鹘语的词末形式

1. 梵语词尾形式

（1）梵语词末形式-a/ā

A. 梵语词末-a/ā 时，吐火罗语时词末脱落零形式（-∅[①]），回鹘语词末也脱落（即-a: -∅: -∅）。下面为梵语：吐火罗语：回鹘语，bodhipakṣika：bodhapakṣik（A）：bodipakšik（道品），jambudvɪpa：jambudvip/jambudvīp（AB）：čambudivip（瞻部洲），caṅkramita：cankramit（B）：čankramit（经行），carita：carit（B）：čarit（行进），deśita：deśit（B）：dežit/ḍežit（忏悔），śāla：śāl（B）：šala/šala（莎罗树）等。[②] 另梵语 kalpa、śloka 与 śarkara，若以粟特语或中古波斯语为媒介语借入至回鹘语，有着-a→∅→∅的演变情况，如 kalp< Sogd. krp（klp）< Skt. kalpa（劫），šlok< Sogd. śl'wk< Skt. śloka（诗），šäkär< MP. šqr< śarkara（砂糖）。

B. 梵语词末-a/ā 时，吐火罗语词末-e/ä～a～-ā 等形式，回鹘语词末-i/e（即-a/-ā→-e～ä/-ā/-a→-e/-i）。[③] 梵语：吐火罗语：回鹘语，asaṃkhyeya：asaṃke（A）：asanke（无数），tīrthika：tirthe/tīrthe：tirte（外道师），Maudgalyāyana：Maudgalyāyane（B）：moḍgalayane（大目犍连），śrāmaṇera：ṣarmire（B）：šarmire/šarmare（皈依者），yogācāra：yogācāre：yogačari（修行者），Mālikā：Mālīkā/Mālika（AB）：maliki（花环）等。郑玲博士所举“22 个例证推导出词尾元音-a→e→i”这个规律。[④] 我们认为这个结论大致上是可成立的。回鹘文文献

---

① ∅表词末零形式。

② ［德］冯·加班著，耿世民译：《古代突厥语语法》，第 349 页。

③ 梵语-a：吐火罗语 ä，即 śāriputra：śāriputträ；梵语-ā：吐火罗语-ā/-a，即 sujātā：sujātā，参阅［日］庄垣内正弘著，郑之卿、金淳培译《古维语借用印度语词的各种渠道》，载中国社会科学院民族研究所语言室编《民族语文研究情报资料集》（第 9 集），第 8 页。

④ 郑玲：《〈弥勒会见记〉异本对勘研究——回鹘文（哈密本）与吐火罗 A（焉 （转下页）

语言元音系统是否存在短元音 e,学界有过不同观点。[①] 姑且不讨论是否存在短元音 e,但有一个不争的事实:当梵语借词进入回鹘语时,经吐火罗语之后在回鹘语里呈现元音高化的现象。梵语-ā 结尾的词语借入吐火罗语,吐火罗语甲以-ā 标写,吐火罗语乙以-a 标写。梵语∶吐火罗语甲/乙∶回鹘语,即 mahāmāyā ∶ mahāmāyā/mahāmāyā ∶ mahamay(大幻,摩耶夫人,摩诃摩耶);梵语∶吐火罗语(乙)∶回鹘语,即 nandā ∶ nānda ∶ nant(欢喜)。[②]

(2) 梵语词末-i,吐火罗语词末-i,回鹘语词末-i(即-i: -i: -i)。梵语∶吐火罗语∶回鹘语,如 kanakamuni ∶ kanakamuni ∶ kanakamuni (俱那含牟尼),kṣānti ∶ kṣānti ∶ kšanti(忍辱), vyākṛti ∶ vyākarit ∶ vyakrit(受记),śākyamuni ∶ śākyamuni ∶ šakimuni 等。梵语-i/-ī 的脱落,梵语∶吐火罗语甲/乙∶回鹘语,即 śrāvastī ∶ śrāvastī ∶ šrāvast(室罗阀,舍婆提城)。[③]

(3) 梵语词末-u/-ū,吐火罗语词末-u/ū,回鹘语词末-u(即-u/ū: -u/ū: -u)。梵语∶吐火罗语∶回鹘语,如 rāhu ∶ rāhu/rāhū ∶ rahu(罗睺),sādhu ∶ sādhu ∶ sadu(善), Viśvabhu ∶ Viśvabhu ∶ Viśvabu(毗舍浮)。但也有不规则的例外形式,如梵语 sumeru(妙高山)∶吐火罗语 sumer∶回鹘语 sumer。

(4) 梵语词末-in,吐火罗语词末-i/-ī,回鹘语词末-i(即-in: -i/-ī: -i)。梵语∶吐火罗语∶回鹘语,如 Vipaśyin ∶ Vipaśyi ∶ vipaši(妙观察),śikhin ∶ śikhin/śikhī ∶ šiki(荣发,持髻)。

(接上页)耆)文本之比较》,中央民族大学,2013 年,第 226—227 页。

① 张铁山:《回鹘文献语言的结构与特点》,第 39—42 页。

② 木再帕尔:《回鹘语与粟特语、吐火罗语之间的接触》,中国社会科学出版社,2020 年,184 页。

③ 同上书,第 184—185 页。

（5）梵语词末-jit，吐火罗语词末-ji/cī，回鹘语词末-ci（即-jit: -ji/-ci: -ci）。梵语：吐火罗语：回鹘语，如 prasenajit：prasenaji（A）/prasenacī（B）（D.A.p.445）：prasänći（胜光王）。

由上可见，回鹘语与吐火罗语词末形式大体上是一致的，"古维语和吐火罗语的词末形式的形态大体上是一致的。可以说如此的一致性，本来是媒介语——吐火罗语原有的体系反映在古维语的结果"。①

（二）梵语、吐火罗语和回鹘语辅音语音对应关系

（1）梵语喉音。梵语 gh//kh/g/k：吐火罗语 gh//kh/g/k：回鹘语 g/k。梵语：吐火罗语：回鹘语（gh: gh: g/kh: kh: k/g: g: g/k: k: k），如 Mogharāja（摩轲罗倪）：mogharāje（YQ1.2/V1）：mogarači（GM.p.97），Śikhin（持髻）：śikhin/śikhī：šiki，asaṃkhyeya（不可数）：asaṃkheṣi（YQ1.31/R2）：asanki（GM.p.135），gaṅgāvāluka（恒沙）：gangavāluk：gaŋavaluk，Śloka（偈）：ślok：šlok，rākṣasa（恶魔）：rākṣäs：rakšaz 等。吐火罗语喉音送气音对应着梵语喉音送气音，回鹘语舌根音对应着梵语与吐火罗语喉音。

（2）梵语鼻音。梵语 m/n/ṇ/ñ/ṅ：吐火罗语 m/n/ṇ/ñ/ṅ：回鹘语 m/n/ŋ。梵语：吐火罗语：回鹘语（ṇ ~ ṃ: ṃ: ṇ/ṃ: ṃ: n），如 lakṣaṇa（显相）：lokṣaṃ（A）/lokṣāṃ（B）：lakšan，nirvaṇa（涅槃）：nervāṃ：nirvan，asaṃkhyeya（无数）：asaṃke：asanke，pāṃśukūla/pāṃsukūla（粪扫衣）：pāṃsukūl（B）：panšukkul，saṃjīva（更生）：saṃjīw：sančiv 等。吐火罗语 ṃ 为一种变体。"当符号 ṃ 出现在咝音（ś,ṣ,s）或 h 之前时，它会按字母顺序排列，否则，将其视为 n 的变

---

① ［日］庄垣内正弘著，郑芝卿、金淳培译：《古维语借用印度语词的各种渠道》，《民族语文研究情报资料集》1987 年第 9 期，第 9 页。

体。若较少地出现在 k 或 p 前，则为 ṅ 或 m 的变体”。[1] 梵语卷舌音 ṇ，回鹘语因无卷舌音，回鹘语则变为 n。

（3）梵语颚音。梵语 c/ch/j/jh：吐火罗语 c/ch/j/jh：回鹘语 č。梵语：吐火罗语：回鹘语(j: j: č /c: c: č /j: ś: č~ž)，如 jambudvīpa（瞻部洲）：jambudvip（A）/jambudvīp（B）：čambudivip，jaṭā（生）：jar（A）：čar，saṃjīva（更生）：saṃjīw：sančiv，caṅkramita（经行）：cankramit（B）：čankramit，carita（行进）：carit（B）：čarit，yogācārin（修行者）：yogācāre：yogačari，vajra（金刚杵）：waśir（A）/waśīr（B）：v（a）čir/v（a）žir 等。值得注意的是，krakucchanda（梵语）：krakasundi（吐火罗 A）：krakašunḍe（回鹘语），吐火罗语擦音 s 分别对应着梵语常用的叠加字符 ccha 与回鹘语擦音清音 š。吐火罗颚音对应着梵语颚音，回鹘语塞擦音清音 č、擦音浊音 ž 对应着梵语与吐火罗语颚音。

（4）梵语齿音。梵语 t/th/d/dh：吐火罗语 t/th/d/dh：回鹘语 t/d/ḍ。梵语：吐火罗语：回鹘语（th: th: t/dh: dh: d ~ ḍ），如 karmapatha（业道）：karmapath：karm（a）p（a）t，tīrthika（外道师）：tirthe/tīrthe（B）：tirte，śuddhāvāsa（净光天）：śuddhāvās：šuḍavaz，bodhipakṣika（道品）：bodhapakṣik（B）：bodipakšik，namobuddhāya：namobudha（A）：namobut 等。吐火罗语齿音对应着梵语齿音，回鹘语舌齿音对应着梵语与吐火罗语齿音。除了正常的对应外，回鹘语的不送气音 t，d/ḍ 对应着梵语与吐火罗语送气音 th、dh。

（5）梵语唇音。梵语 p/ph/b/bh：吐火罗语 p/ph/b/bh：回鹘语 p/b。梵语：吐火罗语：回鹘语（bh: bh: b/b: b: b/p: p: p），如 mahābhūta（大元素）：mahābhūt（B）：m（a）habut，Viśvabhu（毗舍浮）：Viśvabhu（A）：Viśvabu，bodhipakṣika（道品）：bodhapakṣik：

[1] Douglas Q.Adams, *A Dictionary of Tocharian B*, xii.

bodipakšik, jambudvīpa（南瞻部洲）：jambudvip/jambudvīp：čambudivip, pāṃśukūla/pāṃsukūla（粪扫衣）：pāṃsukūl：panšukkul 等。回鹘语没有送气音，梵语与吐火罗语送气音进入回鹘语则变为不送气音。

（6）梵语半元音。梵语 v/y/l/r：吐火罗语 w/v/y/l/r：回鹘语 v/y/l/r。梵语：吐火罗语：回鹘语（v: w ~ v: v/y: y: y/l: l: l/r: r: r），saṃjīva（更生）：saṃjīw：sančiv, vajra（金刚杵）：waśir（A）/waśīr（B）：v（a）čir/v（a）žir, jambudvıpa（瞻部洲）：jambudvip（A）/jambudvīp（B）：čambudivip, vyākṛti（受记）：vyākarit：vyakrit, yantra（机关）：yantär：yantir, gaṅgāvāluka（恒沙）：gangavāluk：gaŋavaluk, kalpa（劫）：kalp：kalp, lakṣaṇa（显相）：lokṣaṃ/lokṣāṃ：lakšan, carita（行进）：carit（B）：čarit, vairāga（离欲）：vairāk：vairag, śarkara（砂糖）：śakkār：šäkär 等。梵语的半元音 r，在回鹘语中则变为舌尖颤音 r。

（7）梵语咝音。梵语 ś/ṣ/s：吐火罗语 ś/ṣ/s：回鹘语擦音 s/š/ž。梵语：吐火罗语：回鹘语（ś: ś: š ~ ž/ṣ: ṣ: š），如 śāla（莎罗树）：śāl（B）：šal, saṃjīva（更生）：saṃjīw（A）：sančiv, śloka（偈）：ślok：šlok, deśita（忏悔）：deśit/teśit（B）：dežit /ḍežit, kṣānti（忍辱）：kṣānti：kšanti, lakṣaṇa（显相）：lokṣaṃ（A）/lokṣāṃ（B）：lakšan 等。梵语的硬颚擦音 ś、卷舌音擦音 ṣ、齿擦音 s，回鹘语则变为擦音 s /š /ž。

（8）梵语卷舌音。梵语 ṭ /ṭh /ḍ /ḍh：吐火罗语 ṭ /ḍ：回鹘语 t。梵语：吐火罗语：回鹘语（ṭ: ṭ: t /ḍ: ḍ: t），如 Paṭṭinī（帕提尼）：paṭṭinī（YQ1.23/R1）：patina（GM.p.163），ceṭikā（且提卡）：ceṭikā（YQ1.23/V5）：čeṭikā（GM.p.166），ārāḍa：ārāḍṃ（YQ1.9/R6）：arati（GM.p.85）（阿蓝迦），virūḍhaka（毗卢则迦）：virūḍhaki（YQ1.6/R2）：wirutaki（GM.

p.117)。“梵语 ṭ、ṭh 在回鹘语中都变为 t, aṭavika : atavaki。而 ḍ 与 ḍh 在古维语中常常以 t 来表示,这也许是表明梵语的 ḍ 在古维语里合并为 t 的倾向”。① 梵语 : 吐火罗语 : 回鹘语,如 jaṭā : jar(A) : čar。这里再补充一个例子梵语 koṭi : 吐火罗语 kor。② 梵语卷舌音 ṭ,吐火罗语流音 r③ 对应着梵语 ṭ,之所以出现如此语音对应现象,这从庄垣内正弘解释中或许找到一个合理的解释,④回鹘语用舌尖颤音 r 与之语音对应。

(9) 梵语气音。梵语 h : 吐火罗语 h : 回鹘语 h。梵语 : 吐火罗语 : 回鹘语(h: h: h), rāhu(罗睺) : rāhu/rāhū(B) : rahu。日本学者庄垣内正弘曾论道,梵语 h,回鹘语一般变为小舌擦音 h,词末则变为小舌塞音 q,若在 i 前一般变为 k。如梵语 : 回鹘语, lohitaketu : lokitakitu, rājagṛha : račakrq。⑤

(三) 梵语、吐火罗语与回鹘语元音语音对应关系

(1) 梵语长元音 ā、ī、ū 在回鹘语中一般用用短元音 a、i、u 来表示。梵语 : 吐火罗语 : 回鹘语(ā: ā: a/ī: ī: i/ū: ū: u), Nārāyaṇa(人种神) : Nārāyaṃ(A) : narayan, saṃjīva(等活,更活,更生) : saṃjīw(A) : sančiv, uṣṇīṣa(顶髻) : uṣṇīr : ušnir, jambudvīpa(瞻部洲) : jambudvip(A)/ jambudvīp(B) : čambudivip, virūḍhaka(增长,胜生) : virūḍhaki

① [日] 庄垣内正弘著,郑芝卿、金淳培译:《古维语借用印度语词的各种渠道》,《民族语文情报资料集》1987 年第 9 期,第 14 页。

② 在吐火罗语里面的 ṭ 同 ḍ,有时变成 r,譬如 koṭi>kor。参阅季羡林《中印文化关系史论文集》,第 375 页。

③ 古代焉耆语流音(r,l,ly),古代焉耆语为吐火罗语 A。耿世民:《古代焉耆语(甲种吐火罗语)概要》,《语言与翻译》2012 年第 2 期,第 33 页。

④ 古维语形式是否是作为媒介语的吐火罗语的反映形式,只能依靠吐火罗语音的实际变化打破梵语 : 古维语之间的一般语音对应规律这一事实。梵语 uṣṇīṣa : 吐火罗语 uṣṇīr : 维语 uśnir。[日] 庄垣内正弘著,郑芝卿、金淳培译:《古维语借用印度语词的各种渠道》,《民族语文研究情报资料集》1987 年第 9 期,第 15 页。

⑤ 同上书,第 14 页。

(YQ1.6/R2)：wirutaki(GM.p.117),virūpākṣa(广目天王)：virupākṣe(YQ1.6/R3)：wirupakši(GM.p.117)等。回鹘语的展唇前元音 ä 可以与吐火罗语 a、梵语 a 对应,如 šäkär：śakkār(B)：śarkara。

(2) 梵语复合元音 e 在回鹘语中一般用 i 来表示。梵语：吐火罗语：回鹘语(e: e: i)。如 Vemacitra(毗摩质多罗)：vemacitre(YQ1.7/V2)：wimačitri(GM.p.122),Elapatra：elabhadrenä(依罗钵多罗)：ilaptridra(GM.p.123)等。

(3) 梵语复合元音 o 在回鹘语中一般用 o 来表示。梵语：吐火罗：回鹘语(o: o: o)。如 śloka(颂,诗,偈)：ślok：šlok, yogācārin(修行者)：yogācāre：yogačari 等。

(4) 梵语复合元音 ai 在回鹘语中一般用 ay 与之对应。梵语：吐火罗：回鹘语(ai: ai: ay)。如 Vaiśravaṇa(多闻天王)：waiśravaṃ(YQ1.30/R5)：wayširwan(GM.p.47),Haimavati(雪山)：haimavati(YQ1.30/R3)：xaymawati(GM.p.47),Paiṅgika(宾祈奇)：paiṅgike(YQ1.11/V5)：Bayankiki(GM.p.150)等。

(5) 梵语复合元音 au 在回鹘语中一般用 o/au 与之对应。梵语：吐火罗：回鹘语(au: au: o/au)。如 Maudgalyāyana(大目犍连)：Maudgalyāyane(B)：moḍgalayane/modgalayane, Kauśika(乔石迦)：kauśike(YQ1.43/R3)：kausžiki(GM.p.142)等。

值得注意的是,吐火罗语是一种死的语言,吐火罗语发音只是一种构拟的近似语音,因此吐火罗语音与梵语、回鹘语的语音对音也是一种近似的对音。①

---

① "严格来说,Tocharian 的发音是未知的,因为它是一种死语言。因此,下面给出的国际音标的字符不过是一个近似的。如 a[ɐ],ā[a](很可能是[a:]),ä[ə],i/ī[i],u/ū[u],ṃ[n],ṅ[ŋ],c[c]/[tɕ],ñ[ɲ],y[j],ly[ʎ],w[w]/[v],ś[ç],ś[ç],ṣ[ʂ],ts[ts]等",参阅 *The Tocarian Subjunctive: A Study in Syntax and Verbal stem Foration by Michaël Peyrot*, Koninkljke Brill NV, Leiden, The Netherlands, 2013, XVII.

四、回鹘文《慈悲道场忏法》吐火罗语媒介语借词形成的原因

回鹘文献中的吐火罗语借词,是语言接触残留下来的一种“活化石”。回鹘文《慈悲道场忏法》为何存在吐火罗语媒介语借词?我们分析下来,大致有以下几个原因:

1. 操吐火罗语的吐火罗人处于“丝绸之路”要道。历史上,“丝绸之路”不仅有各族群在经济贸易等方面的交往、交流,也是不同文明和语言交汇的地区。在不同的历史阶段,丝绸之路上曾流行过约 20 种语言文字,有汉语、梵语、吐火罗语、粟特语、古代突厥语、回鹘语、波斯语等。操吐火罗语(焉耆—龟兹语)的吐火罗人则分布于“丝绸之路”焉耆—龟兹的重要节点上。因此,回鹘文献中吐火罗语借词是语言接触的结果。一般说来,语言接触的最初阶段便是词语借用。

2. 吐火罗人与回鹘人的佛教信仰。龟兹—焉耆曾信仰佛教。季羡林先生曾论道,弥勒信仰在新疆传布最集中的地区是龟兹和焉耆。龟兹既然流行弥勒信仰,焉耆也应该如此。① “塔里木盆地的吐火罗人可能在纪元初几世纪就皈依了佛教。然而在他们的文化中,不仅有印度佛教的风格特点”。② “早在 7 世纪初,佛教即对回鹘有一定影响。……这一区域自汉代以来,一直盛行佛教,当时的高昌、焉耆、龟兹、于阗、疏勒各绿洲都为佛教中心”。③ 由此,吐火罗人与回鹘人有着共同的佛教信仰,佛教中共同的弥勒信仰在不同语种的文本中得到进一步印证,即吐火罗文 A(焉耆文)《弥勒会见记》和回鹘文哈

① 季羡林:《弥勒信仰在新疆的传播》,《龟兹文化研究》(第 1 辑),第 25—40 页。

② [德]汉斯-乔基姆·克利姆凯特著,赵崇明、杨富学译:《丝路古道上的诸民族》,《民族译丛》1993 年第 6 期,第 57 页。

③ 杨富学:《回鹘文献与回鹘文化》,第 199—200 页。

密本《弥勒会见记》。

3. 吐火罗人融合于回鹘。有学者曾论述吐火罗人的回鹘化。龟兹控制了中西交通的咽喉,自古以来佛教文化昌盛。回鹘统治时期,原居民吐火罗人逐步融合于回鹘,其文化对回鹘人产生了深刻的影响。[①] 吐火罗人融合于回鹘,因此,弱势的吐火罗语言则被强势的回鹘语言替代,吐火罗语借词由此进入回鹘语之中。

4. 吐火罗语的媒介语作用。吐火罗语曾为梵文佛典译入汉文的媒介语。季羡林先生曾指出:"最早的汉文里的印度文借字不是直接从梵文译过来的,而是经过中亚古代语言,特别是吐火罗语的媒介。……在中印文化交流的初期……使用吐火罗语的这个部族曾在中间起过桥梁作用……我们不应该忘记这些曾经沟通中印文化的吐火罗人。"[②]这个关于吐火罗语作为一种媒介语的论断,同样也适用于印度梵语和回鹘语之间。庄垣内正弘曾论及,现在已经弄清了在古维语中落根的印度语借词基本上是由吐火罗语的媒介而来的,因此,完全可以肯定维吾尔佛教至少在初期发展阶段上直接受到吐火罗佛教或吐火罗佛典的影响。[③] 另一个语言上的直接证据是回鹘文哈密本《弥勒会见记》。该文献第一品结尾: alqu šastar nomlaraɤ (23) adartlayu uqtačï waybaš šastarlaɤ noš suw suš (24) ičmiš aryčantri bodiswt kšI ačari änatkäk (25) tilintin toxri tillinčä yaratmïš (.) prtnarakšit (26) kranwazik tutu tilinčä äwirmïš maitrisimit (27)。[④] 据此,该文献回

---

① 杨富学:《吐火罗与回鹘文化》,《龟兹学研究》第2辑,新疆大学出版社,2007年,第77页。

② 季羡林:《吐火罗语的发现与考释及其在中印文化交流中的作用》,《中印文化关系史论文集》,三联书店,1982年,第111—112页。

③ [日]庄垣内正弘著,郑芝卿、金淳培译:《古维语借用印度语词的各种渠道》,《民族语文研究情报资料集》1987年第9期,第24页。

④ "精通一切经纶的、像甘露一样痛饮毗婆娑诸论的圣月菩萨大师从印度语制成吐火罗语,智护戒师又译成突厥语的《弥勒会见记》"。耿世民:《回鹘文哈密本〈弥勒会见记〉研究》,第89—90页。

鹘文作 maitrisimit,它先由圣月大师(Aryčantri)将印度语制成吐火罗语,后再由智护大师(Partnarakšit)译为突厥语的《弥勒会见记》。由此可见,吐火罗人在印度佛教传入回鹘的过程中起到了非常重要的作用。吐火罗语也是梵语进入回鹘语的重要媒介语。

吐火罗语对周边语言的影响不是单向的,而是是双向的。回鹘语中借入了不少吐火罗语语词,如上文中所列举的梵语以吐火罗为媒介进入回鹘语的借词,这里就不作赘述。值得注意的是,回鹘语的一些借词和官名透露出吐火罗语与回鹘语接触的时间比较早。例如:äšgäk < Toch. ašša(驴), öküz < Toch. oksa(牛), tümän < Toch. tumane(万), künjüt< Toch. künčit(芝麻), čadir< Toch. čadra(毡房), bal< Toch. mal(蜂蜜), alma< Toch. abla(苹果)等。吐火罗语中的回鹘语借词。[1]

吐火罗与回鹘语的长期接触过程中,吐火罗语理应受到回鹘语的影响。Alexander Lubotsky 与 Sergei Starostin 曾在《吐火罗语中的突厥语、汉语借词》一文中,分析了吐火罗语的一些词的词源,并认定"突厥语"来源。这里的突厥语实指为回鹘语。[2]

吐火罗语甲/吐火罗语乙:原始突厥语:回鹘语,[3]如下:

(1) koṃ/kauṃ< Turkic. *gün(eĺ)/ *güńaĺ< Uighur. kün(太阳,日子)

(2) āle/alyiye*< Turkic. *tōŕ< Uighur. toz(手掌)

(3) tor/taur< Turkic. *tōŕ< Uighur. toz(尘)

---

① 木再帕尔:《回鹘语与粟特语、吐火罗语之间的接触》,第169—170页。

② Alexander Lubotsky, Sergei Starostin, Turkic and Chinese loan words in Tocharian, *Language in time and space*, A Festschrift for Werner Winter on the occasion of his 80th birthday, edd. Brigitte L. M. Bauer, Georges-Jean Pinault, Berlin-New York, 2003, pp.257-269.

③ 木再帕尔:《回鹘语与粟特语、吐火罗语之间的接触》,第169—170页。

（4）/ām* < Turkic. *am-< Uighur.amul/amil（温柔，安静）

（5）/olya< Turkic. *ulug< Uighur.uluɣ（大）

（6）tmām/t（$_{u}$）māne < Turkic. * tümen < Uighur. tümen（一万，很多）

（7）/yase* < Turkic. *jās< Uighur.jas（损失，破坏）

（8）kärk-/kärk-< Turkic. * kär-ak< Uighur. qaraq-čɨ（强盗）

缩略词：

D. A = Douglas Q. Adams. *A Dictionary of Tocharian B*（*Revised and Greatly Enlarged*），Amsterdam-New York，NY2013.

YQ = Fragments of the Tocharian A Maitreyasamiti-Nāṭaka of the Xinjiang Museum，China.见季羡林《季羡林全集》第十一卷《学术论著三 · 吐火罗文〈弥勒会见记译释〉》，外语教学与研究出版社，2009 年。

GM=耿世民：《回鹘文哈密本〈弥勒会见记〉研究》，中央民族大学出版社，2008 年。

第十一章　回鹘文献梵语借词创新研究

第一节　梵语借词其他研究的可行性

一、梵语概况

梵语有广义与狭义之称。广义的梵语主要是指吠陀语（上古印度四吠陀语言）、史诗梵语（两大史诗的语言即《罗摩衍那》与《摩诃婆罗多》）、古典梵语（许多古代印度文学作品以及宗教、哲学、科学著作的语言）。狭义的梵语只指古典梵语。梵语曾是古印度文化史上的主要通用语文，佛教大乘使用梵语一统天下，为后人留下有众多宝贵的文化遗产。这种语文号称天语或神语，既是古印度一切语言中最完善之语言，又是用来记录佛业的语言，著有大量的经典著作，遗留后代。[①] 中国唐朝两位高僧曾对梵语有过记载。唐玄奘《大唐西域记》卷二记载："梵天所制，原始垂则，四十七言……与天同音，气韵清亮……先导十二章，七岁之后，渐授五明大论。"[②]唐朝另一位高

---

① 贡确降措：《简述古印度梵语语言学》，《西藏研究》1995 年第 2 期，第 89—92 页。

② （唐）玄奘述，辩机撰：《大唐西域记》，广西师范大学出版社，2007 年，第 21—22 页。

僧义净法师所著《南海寄归内法传》卷四:“一则创学《悉谈章》……本有四十九字……六岁童子学之,六月方了。”[①]有学者论及,在释迦牟尼时代(大约公元前624—公元前544年),甚至在阿育王时代(公元前273—公元前236年),梵文并不得势。可能是从公元前2世纪开始,梵文才逐渐流行起来。佛教徒为了弘扬大法,不得不随顺时俗,改变语言政策,所谓早期佛典的梵文化就由此而起。梵文势头一直维持下来,到了公元4、5世纪笈多王朝时代,梵文已占垄断地位。到了7世纪后半叶义净法师到印度去时,已经是梵文一统天下了。[②]由此可见,唐代玄奘法师和义净法师都记述了《悉昙章》是印度6—7岁儿童学习梵语的启蒙读物,包括先学梵文字母(玄奘记载47个,义净记载49个)。梵文是记录古印度梵语最主要的、存在时间最久的一种书面语言。

二、语言借词其他研究的可行性

语言在民族诸特征中,是变化最慢、最稳定的一个特征。同时,语言也是文化的载体。语言背后是“鲜活”的人,语言背后往往隐藏着民族学资料,亦能为民族史的研究提供线索和旁证材料。国内学者曾从不同角度有过相关论述,如马学良、戴庆厦、林耀华、姚大力等。“一个民族语言的借词,是当它同其他民族发生联系时才借入的。不管哪种语言都或多或少从其他语言中吸收借词来丰富自己的语言。借词反映民族之间的相互联系和文化交流,对于研究民族关系很有价值”。[③] 林耀华先生说,某个民族语言中的借词现象,是它

① (唐)义净撰,王邦维校注:《南海寄归内法传校注》,中华书局,1995年,第189—191页。
② 葛维钧编:《印度古代语言及吐火罗文研究》,新世界出版社,2016年,第73—74页。
③ 马学良、戴庆厦:《论“语言民族学”》,《民族学研究》第1辑,民族出版社,1981年,第208—214页。

和其他民族发生接触后才会出现的。因此借词可以作为民族关系和文化交流的标志,还往往可以作为两个民族发生接触的断代证据。[①]姚大力先生说:“语言是我们可以寻找到的能在极大程度上反映出人群内部原始联系的一个最合适的指征。”[②]再看国外学者的论述,苏联语言学家阿巴耶夫系统地阐述了语言和民族的关系,他指出:“语言史和民族史的联系,自然有两个方面。可以从语言史到民族史,引用语言材料来阐明某个民族的历史,这是一种方法。相反,也可以从民族史到语言史,运用民族史的材料来阐明语言中的某些现象、过程和变化,这是第二种方法。”[③]法国著名社会人类学家、结构主义人类创始人列维-斯特劳斯曾论述:“谁要讨论人,谁就要讨论语言,而要讨论语言,就要讨论社会。”[④]我们知道,研究语言学往往离不开语言背后鲜活的“人”。因此,我们可从语言学的视角来研究民族学、文化学以及民族关系等。

借词是一个民族语言从另一个民族语言中吸收过来的词,它是在两个民族交往和文化的流动中产生的。语言的“借贷”实质上反映了文化的交流。借词是民族接触在语言文字上留下的“化石”。世界上的任何语言都不是孤立存在的,语言之间的接触和相互影响是与生俱来的。[⑤] 不同民族之间发生接触,反映在语言上首先是词语借用。任何一个民族都不可能是孤立封闭存在的,民族之间的联系促

---

① 林耀华:《民族学通论》,中央民族大学出版社,2011 年,第 73、76 页。

② 姚大力:《谁来决定我们是谁——中国民族史研究的三把钥匙》,《东方早报》2011 年 3 月 20 日 B4、B5 版。

③ [俄] 阿巴耶夫著,李毅夫等译:《语言史和民族史》,《民族问题译丛》1957 年第 12 期。

④ [英] 埃德蒙·利奇(Edmund Leach)著,王庆仁译:《列维-斯特劳斯》,三联书店,1985 年,第 41 页。

⑤ 徐丹:《从不同的视野研究汉语》,第五届当代语言学国际圆桌会议论文,南京,2013 年 10 月。

进也会发生一定的接触。语言接触实际上是民族之间的接触，语言接触属涉及两种语言主体之间政治、经济、地理、文化、宗教信仰等诸多因素。当语言发生接触后，就会引起语言变化，其变化主要体现在词汇、语音和语法上。[①] 梵语借词是我们今天研究古代回鹘与古代印度关系弥足珍贵的资料。因此，我们尝试以回鹘文献中的梵语借词这个“切口”，广泛搜集材料，考察梵语借词分布、扩散及借贷过程，从而推论出古代民族的迁徙、接触和文化交往的情况，由此也折射出梵语借词进入回鹘语背后所隐藏的故事。

第二节　梵语借词折射出的印度文化对回鹘文化之影响

以佛教的传入为媒介，印度文化（如文学艺术、哲学思想、医学及天文历法等）越过帕米尔高原而落户西域、河西走廊等地，印度文化对回鹘文化有很大影响。

一、梵语文化对回鹘语言文化有着重要影响

梵语文化对回鹘语言文化的重要影响，可由下面一些实证文献材料来证明。19 世纪末至 20 世纪初，在吐鲁番胜金口、高昌故城、木头沟、交河故城等地先后发现不少与婆罗迷文有关的回鹘语文献。据甄别，可大致确定的这类文献有 79 件左右，其中 57 件是梵语与回鹘双语文献，14 件文献用婆罗迷文回鹘语书写，7 件是以婆罗迷文作

① 阿依达尔·米尔卡马力：《从敦煌出土回鹘文佛教文献看汉语对回鹘文佛典语言的影响》，新疆大学博士论文，2007 年，第 131—138 页。

注的回鹘文献，另有 1 件回鹘语文献中夹杂着梵语词汇。[1] 印度语文在回鹘中主要用于佛教寺庙，相应的，使用者也主要是僧侣，实际情况却并不尽然，因为我们在俗人题写的朝山铭文中也看到了婆罗迷文的使用，说明不少民间俗人也是通晓来自印度的这种语文的。[2] 大凡用回鹘语和梵语双语书写的文献，其时代一般都早于仅用婆罗迷文书写回鹘语的单语文献，说明回鹘人对婆罗迷文的熟悉程度在逐步加强。[3] 从上述与梵语相关的出土文献数量和种类来看，回鹘人可能很熟悉梵文佛教文献。

二、回鹘文献中的梵语借词存在

1. 回鹘世俗文书文献中的梵语借词

这里仅仅选择以小田寿典等编《ウイグル文契约文书集成》为底本，[4]筛选梵语借词：

（1）ačari/šäli< Skt.ācārya(法师)　WP06—8/Ex03—9

（2）buyan< Skt.puṇya（功德）　WP02—10

（3）čax̌apat< Sogd. čxš'pδ < Skt. śikṣāpada（斋戒，斋月）Mi15—1

（4）maxarač< Skt.mahārāja(大王，大天王)　WP02—17

（5）paḍïr< Skt.pātra(钵，碗)　Em01—7

---

① A.von Gabain, *Türkische Turfan-Texte VIII: Texte in Brāhmīschrift*, Berlin, 1954; D.Maue-R.Röhrbor, Ein zweisprachiges Fragment aus Turfan, *Central Asiatic Journal 20*, 1976, S.208 - 221; D. Maue, *Alttür-kische Handschriften. Teil 1: Documente in Brāhmī und Tibetischer Schrift*, Stuttgart, 1996.

② Tibor Porció, On the Brāhmī Glosses of the Uygur sitātapatrā Text, *Central Asiatic Journal*, 47/1, 2003, p.92.

③ A.Róna-Tas, *An Introduction to Turkology*, Szeged, 1991, p.69.

④ ［日］山田信夫著，小田寿典、梅村坦、森安孝夫、P.Zieme 编：《ウイグル文契约文书集成》第二卷。

（6）Saurïyaširi< Skt.Sauryaśrī（萨乌里雅西里，人名）　Lo29—2

（7）šazïn< Skt.śāsana（教义）　Em01—3

（8）šila/šila< Skt.śīla（戒律，佛僧）　Sa27—32

（9）šilavanti< Skt.śīlava(n)t（喜拉万提，人名）　Ad02—5

（10）sngisdvri< Skt.Samghasthavira（长老）　Ex03—6

（11）Somaširi< Skt.Somaśrī（索玛奇里，人名）　Lo27—2

（12）Surïyaširi/Suryaširi < Skt. sūryaśrī（苏里雅西里，人名）Lo26—4

（13）vrxar< Skt.vihāra（寺院，僧院）　Ex03—6

（14）Yogäširi< Skt.yogaśrī（尤革喜里，人名）　Ex03—6

2. 回鹘佛教文献中的梵语借词

回鹘文献存在着大量的梵语借词。回鹘三大佛教文献（如《金光明经》《大唐大慈恩寺三藏法师传》《慈悲道场忏法》等）中梵语借词数量分别为513个、264个、102个，回鹘文医学文献102个，回鹘文占卜与历法107个。①

梵文对回鹘文语言的影响不能低估，梵语借词广泛存在于回鹘文各种文献之中，这是客观存在的事实。值得注意的是，不少梵语借词是通过媒介语进入回鹘语的。庄垣内正弘曾论述："维语中的借词并不是单纯地反映古代梵语的，而是通过类似于古代梵语的其他语言而转来的。特别是自从发现《弥勒会见记》（Maitreyasamiti）这一从吐火罗语译过来的文献以后，才知道了曾经认为是从古梵语直接借来的一些词，都是通过吐火罗语的媒介而来的。"②从中印文化关系来说，吐火罗语能帮助我们解释过去一些未能解释的现象。

① 梵语借词数字根据上文第一部分所列而得来的数字，限于篇幅不作列举，下同。

② ［日］庄垣内正弘著，郑芝卿、金淳培译：《古维语借用印度语词的各种渠道》，《民族语文研究情报资料集》1987年第9集，第1—24页。

庄垣内正弘还说道，但是现在已经弄清了古维语（这里其实是指回鹘语）中落根的印度语借词基本上直接受到吐火罗佛教或吐火罗佛典的影响。[①] 我们仅从回鹘文《慈悲道场忏法》及哈密本《弥勒会见记》中的吐火罗语借词来看，作为媒介语的吐火罗语借词印证了上述推论。

第三节　回鹘文献梵语借词存在的原因

回鹘文献为何存在梵语及其他词源的借词，我们从下面三个方面分析之。

一、回鹘疆域与地理位置

744 年，骨力裴罗建立回鹘汗国伊始，其疆域相当辽阔，“东极室韦（今额尔古纳河一带），西[至]金山，南控大漠，尽得古匈奴地”。[②] “回纥汗国的疆域，是以鄂尔浑河为中心的漠北地区，因此通常把汗国称为漠北回纥汗国”。[③] 回鹘汗国的疆域东至大兴安岭，西至新疆北部，南至长城，北至贝加尔湖，回鹘汗国有着广袤的疆域。

840 年，漠北回鹘汗国崩溃，回鹘残部纷纷南下、西奔。漠北回鹘汗国西迁之后形成新的三大回鹘汗国：

甘州回鹘（又称河西回鹘），是 9 世纪晚期至 1028 年间以甘州为中心的回鹘人地方政权。“投吐蕃”一支，到达了当时被吐蕃占据的今甘肃河西走廊，称为吐蕃的属民。848 年，张议潮于沙州发动起义，赶走吐蕃守将，占领了沙州、瓜州等地。河西走廊是一片特殊的

---

① 季羡林：《中印文化关系史论文集》，第 111—112 页。
② 《新唐书》卷二一七上《回鹘传上》，第 6115 页。
③ 林幹、高自厚：《回纥史》，内蒙古人民出版社，1994 年，第 34 页。

地域，由于其特殊的地理概貌，使它既是一块相对独立的整体，又是东西连接的桥梁和南北方两高原的交汇地带。甘州回鹘以其所处的特殊地理位置，积极参与着东西方民间的经济与文化交流。① 甘州回鹘地理位置十分重要，其处于中西交通要道——丝绸之路的咽喉要地。因此，甘州回鹘人承担着东西方政治、经济、文化联系的重任。

高昌回鹘，是840年漠北回鹘汗国溃散后"投安西"的一支，散居于天山中部地区。这支回鹘又分两大集团：西州回鹘和龟兹回鹘，后来发展成为一个统一的地方政权，史称高昌回鹘王国。②"投安西"的一支回鹘人，是西迁的主要部分。"安西"指安西都督府，治所在今新疆库车县境内。大中十一年（857），唐朝册封庞特勤为怀建可汗。咸通七年（866），这支回鹘人在其首领仆骨俊率领下打败吐蕃，占领了西州（今新疆吐鲁番）和北庭。此后，西迁回鹘逐渐分裂为高昌回鹘和喀喇汗朝两部分。宋嘉定二年（1209），高昌回鹘归附成吉思汗。元朝建立后，它成为新王朝的一部分。③ 高昌回鹘的政治中心最初设在北庭，后来迁往高昌。高昌回鹘汗国是以吐鲁番为中心的，其界东过哈密，西抵路车，南接于阗，北越天山达准格尔盆地南缘，分别与喀喇汗朝、于阗李氏王朝和河西的瓜、沙二州为邻。④ 西州回鹘国凭借其优越的地理位置，在东西方之间的贸易往来和文化交流方面，曾起过巨大的中介作用。⑤ 由此可见，高昌回鹘统辖的一些重要城镇正好处于中西交通要道，具有得天独厚的地理位置优势。

---

① 朱悦梅：《甘州回鹘语周边政权的关系及其特点——甘州回鹘历史区域地理分析》，郑炳林、樊锦诗、杨福学：《丝绸之路民族古文字与文化学术讨论会文集》，三秦出版社，2007年，第301—320页。

② 余太山主编：《西域通史》，中州古籍出版社，2003年，第296页。

③ 朱悦梅、杨富学：《甘州回鹘史》，第57页。

④ 马大正等：《新疆史鉴》，新疆人民出版社，2006年，第164页。

⑤ 钱伯泉：《西州回鹘国在丝绸之路的地位于作用》，《新疆大学学报》（哲学社会科学版）1991年第4期，第43—54页。

葱岭西回鹘。西迁的一支回鹘西奔葛逻禄，建立喀喇汗王朝。840年，庞特勤率回鹘十五部进入七河地区，降服葛逻禄，建立新政权，史称喀喇汗王朝。喀喇汗王朝的领土，最初是七河地区，以后又归并了伊犁河谷、费尔干纳和喀什噶尔地区。[①]喀喇汗王朝辖地大致包括锡尔河以东、巴尔喀什湖以南以及今新疆西部、北部地区。王朝西与中亚萨曼尼王朝相接，东南与高昌王国相邻。[②] 13世纪初，喀喇汗王朝王朝灭亡。喀喇汗王朝占据西域及中亚的咽喉地带，因此，丝绸之路的部分控制权为其所掌控。

从地理学来看，回鹘所处的疆域正是广阔的西域[③]与河西走廊，这些地方自古以来就是东西文化交流要道。回鹘所处地理位置的重要性，樊保良先生曾论及，西迁以后的回鹘，地处中西交通枢纽。这对回鹘发展东西贸易，简直是个得天独厚的有力条件。回鹘控制了这一交通枢纽，五代、宋、辽各朝以至西夏，要通往各地，都必须经过回鹘。回鹘所处的地理位置及便捷的交通条件，这对善于经商的回鹘人更提供了“用武之地”。[④]

二、“丝绸之路”之多民族、多宗教、多语言文字文化

“丝绸之路”有狭义和广义之分。[⑤] 李希霍芬(F.von Richthofen)

---

① 余太山主编：《西域通史》，第272页。

② 朱悦梅、杨富学：《甘州回鹘史》，第58页。

③ 现代地理概念上的新疆，约略相当于中国古代的“西域”。狭义的西域，一般即指天山以南，昆仑山以北，葱岭(帕米尔高原)以东，玉门以西的地域；广义的西域，则指当时中原王朝西部边界以西的所有地域，除包含狭义的西域外，还包括南亚、西亚、甚至北非和欧洲地区。荣新江：《丝绸之路与东西文化交流》，北京大学出版社，2015年，第3页。

④ 樊保良：《回鹘语丝绸之路》，《兰州大学学报》(社会科学版)1985年第4期，第19—24页。

⑤ 狭义的“丝绸之路”是指起始于古代中国长安或洛阳，通过甘肃河西走廊和今天的新疆地区，越过帕米尔高原，进入中亚、伊朗等地，连接亚洲、欧洲的交通和商业贸易路线。广义的“丝绸之路”已经成为古代东西方之间经济、文化交流的代名(转下页)

于1877年在其《中国》著作中首次对丝绸之路作过诠释："从公元前114年到公元127年间，连接中国与河中（指中亚阿姆河与锡尔河间）以及中国与印度，以丝绸之路贸易为媒介的西域交通路线。"李希霍芬对"丝绸之路"的定义，得到东西方学者的赞同。然而，随着对"丝绸之路"研究的深入，人们逐渐认识到：历史上的丝绸之路并不是一成不变的一条道路。不同时期的丝绸之路走向和贸易物品之变化，是随着自然地理环境的变化和民族、政治、经济、宗教等形势演变而造成的。因此，"丝绸之路"便有不同称呼。[①] 回鹘与"丝绸之路"的关系是最密切的。回鹘控制东西通道之咽喉，操纵着丝绸之路的经济贸易，同中西各族人民一起，为疏通丝绸之路及发展东西方经济联系与文化交流，做出了积极贡献。[②]

1. "丝绸之路"之多民族文化

"丝绸之路"作为欧亚大陆的动脉，是历史发展的主轴，在这条道路上，塞人、羌人、丁零人、月氏人、匈奴人、突厥人、回鹘人、蒙古人自东向西迁徙，希腊人、阿拉伯人、雅利安人、粟特人自西向东迁移，各民族的兴衰，使丝路历史屡屡发生重大变化。[③] 另据德国学者研究，古丝绸之路上有各个民族的人，希腊、安息、萨迦、[④]月氏、嚈哒、粟特、吐火罗、匈奴、柔然与拓跋、突厥、回鹘、吐蕃于党项、蒙古人及

（接上页）词，即凡是古代中国到相邻各国的交通路线，不论是陆路还是海路，均称为"丝绸之路"。刘进宝：《"丝绸之路"概念的形成及其在中国的传播》，《中国社会科学》2018年，第181—202页。

① 朱国祥：《从梵语借词看"丝绸之路"印度文化对回鹘文化的影响》，《贵州民族研究》2019年第8期，第165—170页。

② 樊保良：《回鹘以丝绸之路》，《兰州大学学报》（社会科学版）1985年第4期。第19—24页。

③ 张铁山：《"一带一路"视域下的突厥语族语言研究》，《"一带一路"视角下的语言文字研究海口高峰论坛》，海口，2019年9月。

④ 萨迦人至迟于1世纪初就在塔里木盆地的和田定居下来，5世纪时势力发展到塔里木盆地东沿的鄯善。……但到了330年以后，萨迦语（又称和阗—塞语或于阗（转下页）

其后裔、印度人和中国人。[①] 由于地理位置等诸多因素，曾经有一拨又一拨的游牧民族向中亚地区迁徙或者驻留于此。由于喀喇汗王朝所处的区域也是历史上民族频繁迁徙的地带，处于波斯、突厥、吐蕃以及中亚其他民族频繁迁徙的地带，因此其境内的民族成分也较为复杂。[②]《突厥语大词典》："乌古斯，突厥部落之一。乌古斯人就是土库曼人，他们有二十二个氏族。"[③]河西走廊自古以来就是多民族、部族活动的大舞台和经济文化交流的区域，氐、羌、汉、匈奴、丁零、月氏、乌孙、塞种、铁勒、突厥、吐蕃等民族都曾于这里繁衍生息。除此之外，河西又是中原、波斯、印度、希腊等文化的荟萃聚集之地。[④] 敦煌（沙州）自古以来既是多民族聚居区，同时又是东西方文化交汇之地，多元文化色彩浓厚。[⑤] 喀喇汗王朝是一个统治地域辽阔、存在时间很长的朝代，从民族成分上讲，在境内有操突厥语族语言的部族，又有讲伊朗语的各部族，还有阿拉伯人等。[⑥] 可见，丝绸之路沿线存在诸多民族、部落杂居的现象。由于地域和历史功能的特殊性，丝绸之路上各民族的交流、交往、交融十分频繁。

2. "丝绸之路"之多宗教文化

"丝绸之路"是世界"文化之源"，它的东西两端产生了许多古代

（接上页）语）发展成为书面语，用婆罗米文书写。［德］汉斯-乔姆斯·克利姆凯特著，赵崇民、杨富学译：《丝路古道上的诸民族》，《民族译丛》1993 年第 6 期，第 52—61、12 页；《丝绸之路》，科隆，1988 年，第 54 页。

① ［德］汉斯-乔姆斯·克利姆凯特著，赵崇民、杨富学译：《丝路古道上的诸民族》，第 52—61、12 页；《丝绸之路》，第 48—73 页。

② 杨蕤：《回鹘时代：10—13 世纪陆上丝绸之路贸易研究》，中国社会科学出版社，2015 年，第 40—43 页。

③ 麻赫默德·喀什噶里著，校仲彝、刘静嘉译：《突厥语大词典》第一卷，民族出版社，2002 年，第 62 页。

④ 朱悦梅、杨富学：《甘州回鹘史》，第 123 页。

⑤ 杨燕、杨富学：《论敦煌多元文化的共生与交融》，《世界宗教文化》2019 年第 6 期，第 7—16 页。

⑥ 余太山主编：《西域通史》，第 281 页。

文明。“丝绸之路”沿线诞生了诸如佛教、摩尼教、景教、袄教、伊斯兰教等,对人类文化产生过重大的影响。多种宗教、文化碰撞与交融是中亚地区人文地理的一个重要特点。中亚地区处于欧洲文明、两河流域文明、印度文明、中华文明等几大文明的包裹之中,为草原文明与农耕文明的交汇地带,萨满教、佛教、袄教、景教、摩尼教、伊斯兰教等宗教都曾在此流行或传播。[①] 我们知道,与“丝绸之路”关系最密切者,当首推回鹘。回鹘正处于“丝绸之路”多元文化之“咽喉”,回鹘存在的多元文化有其合理的存在基础。杨富学教授曾论述:“两种文化类型的并存(即农耕文化与草原文化),使回鹘文化本身更富有弹性,更易于接受外来文化,……以至来自印度、波斯、中亚的各种异域文化,在回鹘那里都可以找到生存的土壤。”[②]

下面主要论述回鹘西迁之后三大回鹘汗国(即甘州回鹘、高昌回鹘、葱岭西回鹘)多元文化之宗教。甘州回鹘统治者奉行比较宽容的宗教政策,除了仍然信仰摩尼教、多数人民信奉的佛教,还有少数人信奉景教。[③] 甘州回鹘王国境内多种宗教流行,有萨满教、摩尼教、景教、佛教等。[④] 高昌回鹘奉行多元宗教信仰体系,王室成员早期信仰摩尼教,后改信仰佛教,民众大多信奉佛教,还有不少人信奉景教、袄教、道教以及萨满教。[⑤] 葱岭西回鹘建立喀喇汗王朝后,把伊斯兰教奉为国教,使中亚及塔里木盆地南缘等地区的发展深深打上了伊斯

① 杨蕤:《回鹘时代:10—13 世纪陆上丝绸之路贸易研究》,第 40—41 页。

② 杨富学:《回鹘社会文化发展逆演进现象考析》,《暨南学报》(哲学社科版)2015 年第 4 期,第 147—154 页。

③ A.von Le Coq, *Buried Treasures of Chinese Turkestan*, London, 1928, p.24.

④ 朱悦梅、杨富学:《甘州回鹘史》,第 104—122 页。

⑤ 帕提曼·穆明:《高昌回鹘国多元宗教共生并存格局及其历史启示》,《和田师范专科学校学报》2015 年第 2 期,第 93—96 页。

兰文化的烙印。[①] 在古代新疆各个绿洲王国，佛教占据着国教的地位，但是，其他各种宗教思想也在不同时代进入这些绿洲王国，与佛教并行不悖。祆教已经进入高昌，并在高昌城东建立了供奉胡天的祆祠。在古代高昌地区，摩尼教曾经辉煌一时。[②] 基督教聂斯脱利派也同样流传到新疆，在今天吐鲁番葡萄沟内的一座景教寺院，出土了大量的基督教文献。[③] 高昌回鹘景教团拥有自己的教堂和修道院，在教会内部存在着自己的教会组织。[④] 由此可见，古代丝绸之路是多宗教地区，即使在某一地区宗教信仰也不是一成不变的。不同宗教之多元文化是客观存在的现象。

3. "丝绸之路"之多语言文字文化

据不完全统计，在不同的历史阶段，"丝绸之路"曾流行过 20 多种语言文字。丝绸之路古代语言文字在语言系属上，分属印欧、汉藏、阿尔泰和闪—含四个语系。

语言系属划分列表[⑤]

语　　系	文　　字	语　　言	文献时代
印欧语系	梵文	梵语	2—11 世纪
	佉卢文	犍陀罗语	2—4 世纪
	焉耆—龟兹文	焉耆—龟兹	2—9 世纪

① 高永辉、刘闽：《文化的分岔与统一——高昌回鹘语葱岭西回鹘的文化变迁研究》，《喀什师范学院学报》2009 年第 1 期，第 37—40 页。

② 荣新江：《丝绸之路与东西文化交流》，第 8—9 页。

③ N. Sims-Williams, Die christlich-sogdischen Handschriften von Bulayiq, *Ägypten, Vorderasien, Turfan: Probleme der Edition und Bearbeitung altorientalischer Handschriften*, Berlin, 1991, pp.119 - 125.

④ 陈怀宇：《高昌回鹘景教研究》，季羡林等主编：《敦煌吐鲁番研究》第四卷，北京大学出版社，1999 年，第 165—214 页。

⑤ 张铁山：《"一带一路"视域下的突厥语族语言研究》，《"一带一路"视角下的语言文字研究海口高峰论坛》。

（续表）

语　　系	文　　字	语　　言	文献时代
印欧语系	于阗文	于阗塞语	5—11世纪
	婆罗米文	塞语	4—11世纪
	摩尼文	伊兰语	3—15世纪
	粟特文	粟特语	4—11世纪
	古波斯文	古波斯语	8—9世纪
	新波斯文	新波斯语	11—12世纪
汉藏语系	汉字	汉语	公元前1世纪开始
	古藏文	古藏语	8—10世纪
	西夏文	西夏语	11—12世纪
阿尔泰语系	古代突厥文	古代突厥语	6—10世纪
	回鹘文	回鹘语	8—16世纪
	契丹文	契丹语	10—12世纪
	察合台文	察合台语	10—19世纪
	回鹘式蒙古文	蒙古语	13—17世纪
	八思巴文	蒙古语	13—14世纪
	满文	满语	16—19世纪
闪—含语系	希伯来文	希伯来语	8世纪
	叙利亚文	叙利亚语	9—14世纪
	阿拉伯文	阿拉伯语	11—16世纪

1905年，勒柯克（A.von Le Coq）率德国考察队在吐鲁番高昌古城发掘出一座中世纪图书馆，其中发现有不同文字的写本约24种，分别用17种语言写成，后来他在吐鲁番还发掘了大量基督教和摩尼教内容的写卷，其语言主要是属伊朗语支的帕提亚语［或称安息语（Partjian）］、钵罗婆语［又称巴列维语（Pahlave）］、中古波斯语（Middle

Persian)、新波斯语(modern Persian)、图木舒克语(Tumshuqese)、粟特语(Sogdian)、大夏语(Bactrian)及其他语系语言,如梵语、汉语、叙利亚、回鹘语等。1900—1916年,斯坦因三次中亚探险,曾在和田、尼雅、楼兰、米兰、库车、吐鲁番等地发掘大量汉语、梵语、于阗语、佉卢文字记录的犍陀罗语、焉耆语、龟兹语、回鹘语、粟特语、犹太波斯语、阿拉伯语、蒙古语等写本。① 姚大力先生曾在其《新疆在中西文化交流史上的地位》一文中论及:新疆出土的用以书写各种宗教和世俗文献的主要语言文字,如和田塞语、吐火罗语、回鹘语与"黑韩语"、犍陀罗语、混合梵语、藏语、粟特语、巴克特里亚语、帕提亚语、波斯语、叙利亚、汉语等。② 成书于11世纪的《突厥语大词典》记载其他语言的影响:"塔特化,波斯化。"③"塔特是指讲波斯语的人。塔特在托赫锡与样磨人的心目中是指非穆斯林的回鹘人。这是我在他们的故乡听到的。……无塔特不会有波斯,无头颅不会有帽子。"④

下面主要论述回鹘西迁之后三大回鹘汗国(即甘州回鹘、高昌回鹘、葱岭西回鹘)多语言文字文化。回鹘文字在河西地区得到了相当广泛的使用。在甘州回鹘境内,统治者虽为回鹘人,但主要居民仍然是汉人,汉文化如同回鹘文化一样,成为当地文化的主流,汉文在甘州回鹘境内通行是一件很自然的事情。在回鹘文和汉文之外,吐蕃文即古藏文,亦为甘州回鹘所使用。在回鹘、汉、吐蕃文之外,来自印度的梵文和西亚的波斯文在甘州回鹘境内可能在一定范围内也有所使用。⑤ 高

① 牛汝极:《西域语言接触概述》,《中央民族大学学报》(哲学社会科学版)2000年第4期,第122—125页。
② 姚大力:《沟通欧亚的"瓶颈":新疆在中西文化交流史上的地位》,《西北民族研究》2018年第3期,第138—154页。
③ 麻赫默德·喀什噶里著,校仲彝、刘静嘉译:《突厥语大词典》第二卷,第115页。
④ 同上书,第289—290页。
⑤ 朱悦梅、杨富学:《甘州回鹘史》,第127—134页。

昌地区语言文字非常复杂。回鹘西迁后，回鹘文逐步在该地区普及，但与此同时，汉语在该地区也发挥着重要作用。[①] 高昌回鹘境内有下列几种文字，即突厥文、粟特文、回鹘文、叙利亚文、摩尼文、婆罗迷文、藏文与汉文等。[②]“回鹘文是高昌回鹘最流行的文字，此外是汉文，另外还有摩尼文、福音体文等”。[③] 吐鲁番北部布拉依克（Bulayïq）出土的景教文献所用的语言包括以下六种：叙利亚语、粟特语、中古波斯语、钵罗婆语、新波斯语、回鹘突厥语，叙利亚语的使用最为广泛。据宗德曼说，有几百件写本，已经刊布的文书包括一件医方和一封书信。[④] 高昌回鹘景教教团的教徒由粟特人、波斯人、回鹘人组成，其教会语言为叙利亚语，在礼拜仪式的一些特殊部分也使用粟特语、中古波斯语、帕拉维语、新波斯语及回鹘语。[⑤] 喀喇汗王朝境内的语言文字是十分复杂的。比如文字方面，由于伊斯兰教的传播，回鹘人开始用阿拉伯的字母代替回鹘文字，形成了一种用阿拉伯字母拼写的回鹘语。[⑥] 由此可见，“丝绸之路”多语言文字现象的客观存在，多语言文字是与多民族文化分不开的，因为语言的背后是“人”。多语言文字也是与各个民族迁徙、交流、交往、交融是密切相关的。

三、回鹘之开放性文化

回鹘之经济生产生活方式影响着回鹘具有开放性的文化特质。

---

① 高永辉、刘闽：《文化的分岔与统一——高昌回鹘语葱岭西回鹘的文化变迁研究》，《喀什师范学院学报》2009 年第 1 期，第 37—40 页。

② 余太山主编：《西域通史》，第 303—304 页。

③ 朱悦梅、杨富学：《甘州回鹘史》，第 127 页。

④ M.Maróth, Ein Fragment eines syrischen pharmazeutischen Rezeptbuches aus turfan, *AoF* 11, 1984, ss.115－125; M.Maróth, Ein Brief aus Turfan, *AoF* 12, 1985, ss.283－287.

⑤ 陈怀宇：《高昌回鹘景教研究》，季羡林等主编：《敦煌吐鲁番研究》第四卷，第 165—214 页。

⑥ 李进新：《新疆宗教演变史》，新疆人民出版社，2003 年，第 216 页。

杨富学教授曾论及,回鹘文化类型由原来的以草原型文化为主、农耕文化为辅,转化为以农耕文化为主、草原型文化为辅。回鹘文化的这一文化特质具有非常重要的意义。首先,两种文化类型兼而有之,使回鹘文化显得丰富多彩;其次,使回鹘人接受外来文化更为容易;再次,兼容并包的回鹘文化,更容易为北方草原民族所接受。[①] 我们知道,有学者把高昌回鹘文化的特征总结为博采众长、兼容并蓄,高昌回鹘文化除了汉文化要素之外,[②]还有各种外来的胡人文化,其表现是方方面面的。勒柯克(A.von Le Coq)曾指出:“高昌居民的文化、艺术不是源于东方,而是西方和西南方。这里首先应提到的是印度的佛教。”[③]德国学者克林凯特(Hans-J.Klimkeit)曾说道:“从文化上说,吐鲁番好像是一块海绵,它从各个方面吸收精神内容与文字形式……可以肯定地说,某些文化趋势占据了主导地位,特别是那种由中国精神和突厥回鹘精神所支配的文化。然而引人注目的是,这个绿洲的传统多么富于国际性,也即五湖四海成一家。”[④]日本学者羽田亨博士也曾说:“这种融合混成就是回鹘文化的特征。”[⑤]甘州回鹘文化的开放性与丰富多彩,比如多元宗教信仰体系、多语言文字等。葱岭西回鹘建立的喀喇汗王朝境内,也存在着多语言文字体系。

回鹘文化的开放性还体现向周边各民族文化学习与交流(诸如汉文化之影响,吐蕃—回鹘文化交流,回鹘文化对契丹、西夏、金与蒙

① 杨富学:《回鹘社会文化发展逆演进现象考析》,《暨南学报》(哲学社科版)2015 年第 4 期,第 147—154 页;杨富学:《回鹘文献与回鹘文化》,第 25—26 页。

② 李树辉:《博采众长、兼容并蓄的高昌回鹘文化》,《丝绸之路民族古文字与文化学术讨论会会议论文集》,兰州大学,2005 年 8 月,第 223—240 页。

③ [德] 勒柯克著,齐明译:《吐鲁番地区的古代民族及其文化与宗教》,《敦煌学研究》1986 年第 3 期,第 102—103 页。

④ [德] 克林凯特著,赵崇明译:《丝绸古道上的文化》,新疆美术摄影出版社,1994 年,第 177 页。

⑤ [日] 安部健夫著,宋肃瀛、刘美崧、徐伯夫等译:《西回鹘国史的研究》,新疆人民出版社,1985 年,第 426 页。

古的影响)。[①] 此外,回鹘还与吐火罗文化、于阗塞种文化、粟特文化、印度文化、希腊文化、阿拉伯文化、波斯文化等进行交流。这些外来文化使得回鹘人迅速改变了自己的文化结构,形成了多种文化兼收并蓄的新文化。

① 杨富学:《回鹘文献与回鹘文化》,第373—500页。

参 考 文 献

中文文献

［德］汉斯-乔基姆·克利姆凯特著，赵崇明、杨富学译：《丝路古道上的诸民族》，《民族译丛》1993 年第 6 期

［德］勒柯克著，齐明译：《吐鲁番地区的古代民族及其文化与宗教》，《敦煌学研究》1986 年第 3 期

［法］James Hamilton 著，牛汝极译：《赤峰出土景教墓砖铭文及族属研究》，《民族研究》1996 年第 3 期

［法］哈密顿著，杨富学、牛汝极译：《榆林窟回鹘文题记译释》，《敦煌研究》1998 年第 2 期

［法］韩百诗（L.Hambis）：《马可·波罗的〈世界志〉》，巴黎，1955 年

［日］护雅夫：《回鹘之发展》（图解世界文化大系 26 东西文化之交流），角川书店，1960 年

［日］护雅夫：《回鹘文葡萄园卖渡文书》，《东洋学报》第 42 卷第 4 期，1960 年

［日］森安孝夫著，杨富学、计佳辰译：《回鹘语 čxšapt ay 和摩尼教在中国东南的传播》，杨富学编著：《回鹘学译文集新编》，甘肃教育出版社，2015 年

［日］山田信夫：《大谷探险队将来回鹘文买卖贷借文书》，《西域文化研究》（4），1961 年

[日] 羽田亨:《回鹘文佛典》,《史学杂志》(25 编 6 号),1914 年
[日] 羽田亨:《回鹘文葡萄园卖渡文书》,《东洋学报》第 6 卷第 2 期,1916 年
[日] 羽田亨:《回鹘译本安慧的俱舍论实义疏》,《白鸟博士还历纪念东洋史论丛》,东京:岩波书店,1925 年
[日] 庄垣内正弘:《回鹘语写本·观音经相应——与观音经有关的譬喻谭》,载《东洋学报》第 58 卷 1—2 号,1976 年
[日] 庄垣内正弘:《回鹘语与回鹘文献研究》(第 1 卷),神户,1982 年
[日] 庄垣内正弘著,郑芝卿、金淳培译:《古维语借用印度语词的各种渠道》,中国社会科学院民族研究所语言室编:《民族语文研究情报资料集》1987 年第 9 期
[苏] 阿巴耶夫著,李毅夫等译:《语言史和民族史》,《民族问题译丛》1957 年第 12 期,湖北教育出版社
阿布里克木·亚森:《〈突厥语大词典〉等文献中的梵语借词》,《新疆大学学报》(哲学社会科学版)2006 年第 6 期
阿里木·朱玛什:《高昌回鹘王国时代景教残卷研究》,《新疆社会科学》1983 年第 18 期
艾尚莲:《回鹘南迁初探》,《民族研究》1982 年第 4 期
白玉冬:《丝路景教与汪古渊流——从呼和浩特白塔回鹘文题记 Text Q 谈起》,《中山大学学报》(社会科学版)2018 年第 2 期
陈怀宇:《高昌回鹘景教研究》,季羡林等主编:《敦煌吐鲁番研究》第四卷,北京大学出版社,1999 年
陈宗振:《关于〈高昌馆杂记〉标音问题的探讨》,《民族语文》2003 年第 1 期
储泰松:《梵汉对音概说》,《古汉语研究》1995 年第 4 期

邓浩、杨富学:《吐鲁番本回鹘文〈难病医疗百方〉译释》,《段文杰敦煌研年纪念文集》,世界图书出版公司,1996 年

敦煌研究院考古研究所、内蒙古师范大学蒙文系编:《敦煌石窟回鹘蒙文题记考察报告》,《敦煌研究》1990 年第 4 期

樊保良:《回鹘与丝绸之路》,《兰州大学学报》(社会科学版)1985 年第 4 期

冯家昇:《1959 年哈密新发现的回鹘文佛经》,《文物》1962 年第 7、8 期合刊

冯家昇:《回鹘文斌通(善斌)卖身契三种》,《考古学报》1958 年第 2 期

冯家昇:《回鹘文契约二种》,《文物》1960 年第 6 期

冯家昇:《回鹘文写本"菩萨大唐三藏法师传"研究报告》,《考古学专刊》丙种第 1 号,中国科学院出版,1953 年

冯家昇:《刻本回鹘文佛说天地八阳神咒经研究一兼论回鹘人对于大藏经的贡献》,《考古学报》第一期,1955 年

冯家昇:《元代畏兀儿契约二种》,《历史研究》1954 年第 1 期

钢和泰撰,胡适译:《音译梵书与中国古音》,《国学季刊》第 1 卷第 1 号,1923 年

高永辉、刘闽:《文化的分岔与统一——高昌回鹘语葱岭西回鹘的文化变迁研究》,《喀什师范学院学报》2009 年第 1 期

耿世民、张宝玺:《元回鹘文〈重修文殊寺碑〉初释》,《考古学报》,1986 年第 2 期

耿世民、张广达:《唆里谜考》,《历史研究》1980 年第 2 期

耿世民:《古代突厥语扬州景教碑研究》,《民族语文》2003 年第 3 期

耿世民:《古代焉耆语(甲种吐火罗语)概要》,《语言与翻译》2012 年第 2 期

耿世民:《回鹘文〈土都木萨里修寺碑〉考释》,《世界宗教研究》1981年第1期
耿世民:《回鹘文〈玄奘传〉第七卷研究》,《民族语文》1979年第4期
耿世民:《回鹘文〈玄奘传〉及其译者胜光法师》,《中央民族学院学报》1990年第6期
耿世民:《回鹘文亦都护高昌世勋碑研究》,《考古学报》1980年第4期
耿世民:回鹘文《十业道譬喻故事花环》哈密本残卷研究,《中央民族大学学报》(哲学社会科学版)2008年第1期
龚煌城:《十二世纪末汉语的西北方音(声母部分)》,《"国立"中研院历史语言研究所集刊》(52本第1分),台湾,1981年
贡确降措:《简述古印度梵语语言学》,《西藏研究》1995年第2期
胡振华,黄润华:《明代汉文回鹘文分类词汇集〈高昌馆杂字〉》,《民族语文》1983年第3期
季羡林:《〈罗摩衍那〉在中国》,《印度文学研究集刊》(第2辑),上海译文出版社,1986年
季羡林:《弥勒信仰在新疆的传播》,《龟兹文化研究》(第1辑),(香港)天马出版有限公司,2005年
季羡林:《吐火罗文〈弥勒会见记〉译释》,见《季羡林全集》第十一卷《学术论著三》,外语教学与研究出版社,2009年
季羡林:《吐火罗语的发现与考释及其在中印文化交流中的作用》,《中印文化关系史论文集》,三联书店,1982年
卡哈尔·巴拉提:《多罗郭德回鹘文碑的初步研究》,《新疆大学学报》(哲学社会科学版)1982年第4期
卡哈尔·巴拉提:《基督教在新疆的传播及其文物》,《新疆大学学报》(维文版)1986年第3期

李建强:《伯希和 2855 号残卷于阗文咒语对音研究》,《语言研究》2008 年第 4 期

李经纬:《古代维吾尔文献〈摩尼教徒忏悔词〉译释》,《世界宗教研究》1982 年第 3 期

李经纬:《回鹘文景教文献残卷〈巫师崇拜〉译释》,《世界宗教研究》1983 年第 2 期

李树辉:《博采众长、兼容并蓄的高昌回鹘文化》,《丝绸之路民族古文字与文化学术讨论会会议论文集》,兰州大学出版社,2005 年

林悟殊:《本世纪来摩尼教资料的新发现及其研究概况》,《世界宗教资料》1984 年第 1 期

林巽培:《回鹘文〈慈恩传〉的收藏与研究》,《民族语文》2013 年第 1 期

刘戈:《从格式与套语看回鹘文买卖文书的年代》,《西域研究》1998 年第 2 期

刘戈:《回鹘文买卖文书纪年日月研究》,《民族研究》1998 年第 5 期

刘进宝:《"丝绸之路"概念的形成及其在中国的传播》,《中国社会科学》2018 年第 11 期

柳存仁:《藏文本罗摩衍那本事私笺》,郑阿财主编:《庆祝潘石禅先生九秩华诞敦煌学特刊》,(台北)文津出版社,1996 年

柳元丰:《古代维吾尔语借词研究》,《喀什师范学院学报》2010 年第 4 期

罗常培:《梵文腭音五母之藏汉对音研究》,《罗常培语言学论文选集》,商务印书馆,2004 年

[日] 落合守和:《钦定西域同文志注解稿》(一、二、三),《静冈大学教养部研究报告》(人文·社会科学部),第 19 卷 2 号,1984 年;第 20 卷第 2 号,1985 年;第 21 卷第 1 号,1986 年

马学良、戴庆厦:《论“语言民族学”》,《民族学研究》第1辑,民族出版社,1981年
聂鸿音:《〈金史〉女真译名的音韵学研究》,《满语研究》1998年第2期
聂鸿音:《番汉对音和上古汉语》,《民族语文》2003年第2期
聂鸿音:《番汉对音简论》,《固原师专学报》1992年第2期
聂鸿音:《回鹘文〈玄奘传〉中的汉字古音》,《民族语文》1998年第6期
聂鸿音:《慧琳译音研究》,《中央民族学院》1985年第1期
聂鸿音:《粟特语对音资料和唐代汉语西北方言》,《语言研究》2006年第2期
牛汝极:《从借词看粟特语对回鹘语的影响》,《新疆师范大学学报》(哲学社会科学版)2015年第1期
牛汝极:《敦煌出土早期回鹘语世俗文献译释》,《敦煌研究》1994年第4期
牛汝极:《敦煌榆林千佛洞第12窟回鹘文题记》,《新疆大学学报》(哲学社会科学版)2002年第1期
牛汝极:《回鹘文〈牟羽可汗入教记〉残片译释》,《语言与翻译》1987年第2期
牛汝极:《六件9—10世纪敦煌回鹘文商务书信研究》,《西北民族研究》1992年第1期
牛汝极:《泉州叙利亚—回鹘双语景教碑再考释》,《民族语文》1999年第3期
牛汝极:《四件敦煌回鹘文书信文书》,《敦煌研究》1989年第1期
牛汝极:《西域语言接触概述》,《中央民族大学学报》(哲学社会科学版)2000年第4期

牛汝极:《中亚七河地区突厥语部族的景教信仰》,《中国社会科学》2012 年第 7 期
帕提曼·穆明:《高昌回鹘国多元宗教共生并存格局及其历史启示》,《和田师范专科学校学报》2015 年第 2 期
钱伯泉:《西州回鹘国在丝绸之路的地位于作用》,《新疆大学学报》(哲学社会科学版)1991 年第 4 期
芮传明:《摩尼教突厥语〈忏悔词〉新译和简释》,《史林》2009 年第 6 期
施向东:《梵汉对音资料: 从上古音到中古音》,《辞书研究》2020 年第 4 期
[日] 松井太:《高昌 α 寺遗址所出摩尼教、佛教寺院回鹘文帐历研究》,《中山大学学报》(社会科学版)2019 年第 2 期
[日] 松井太著,王平先译:《榆林窟第 16 窟叙利亚字回鹘文景教徒题记》,《敦煌研究》2018 年第 2 期
孙伯君:《胡汉对音和古代北方汉语》,《语言研究》2005 年第 1 期
孙伯君:《西夏译经的梵汉对音与汉语西北方音》,《语言研究》2007 年第 1 期
铁穆尔:《尧熬尔: 祁连山下的游牧挽歌》,《每日甘肃网》2017 年 8 月 29 日
吐送江·依明:《回鹘文〈玄奘传〉国内外研究情况综述》,《敦煌学辑刊》2017 年第 2 期
汪荣宝:《歌戈鱼虞模古读考》,《国学季刊》第 1 卷第 2 号,1923 年
王菲:《回鹘语摩尼教故事一则》,《西北民族研究》2002 年第 2 期
王菲:《四件回鹘语摩尼教赞美诗译释》,《新疆大学学报》(社会科学版)2000 年第 2 期
王勤金:《元延祐四年也里氏八墓碑考释》,《考古》1989 年第 6 期

新疆博物馆编:《新疆石窟·吐鲁番柏孜克里克石窟》,上海人民美术出版社,1990 年
徐丹:《从不同的视野研究汉语》,第五届当代语言学国际圆桌会议论文,南京,2013 年 10 月
徐通锵、叶蜚声:《译音对勘与汉语的音韵研究——"五四"时期汉语音韵研究方法转折》,《北京大学学报》(哲学社会科学版)1980 年第 6 期
许良越:《梵汉对音法的提出及其在音韵研究中的影响》,《西南民族大学学报》(人文社会科学版)2009 年第 1 期
杨富学、邓浩:《吐鲁番出土回鹘文〈七星经〉回向文研究——兼论回鹘佛教之功德思想》,《敦煌研究》1997 年第 1 期
杨富学、牛汝极:《安西榆林窟 25 窟前室东壁回鹘文题记译释》,《中国民族古文字研究(第三辑)》,兰州,1991 年
杨富学、牛汝极:《牟羽可汗语摩尼教》,《敦煌学辑刊》1987 年第 2 期
杨富学:《德国新刊布的几件回鹘文租佃契约》,《文史》第 39 辑,中华书局,1994 年
杨富学:《敦煌出土早期回鹘语世俗文献译释》,《敦煌研究》1994 年第 4 期
杨富学:《敦煌吐鲁番文献所见回鹘古代历法》,《青海民族学院学报》2004 年第 4 期
杨富学:《高昌回鹘医学稽考》,(《敦煌学辑刊》2004 年第 2 期
杨富学:《回鹘社会文化发展逆演进现象考析》,《暨南学报》(哲学社会科学版)2015 年第 4 期
杨富学:《回鹘文〈阿烂弥王本生故事〉》,《西北民族研究》1994 年第 2 期

杨富学:《回鹘文〈牟羽可汗入教记〉残卷译释》,《回鹘摩尼教研究》,中国社会科学出版社,2016 年
杨富学:《回鹘文〈陶师本生〉及其特点,《中南民族大学学报》(人文社科版)2009 年第 5 期
杨富学:《回鹘文〈杂病医疗百方〉译释》,《回鹘文献与回鹘文化》,民族出版社,2003 年
杨富学:《酒泉文殊山:回鹘佛教文化的最后一方净土》,《河西学院学报》2012 年第 6 期
杨富学:《居庸关回鹘文功德记 uday 考》,《民族语文》2003 年第 2 期
杨富学:《宋元时代维吾尔族景教略论》,《新疆大学学报》(社会科学版)1989 年第 3 期
杨富学:《吐火罗语回鹘文化》,《龟兹学研究》第 2 辑,2007 年
杨富学:《吐鲁番出土回鹘文借贷文书概论》,《敦煌研究》1990 年第 1 期
杨富学:《维吾尔族历法初探》,《新疆大学学报》1988 年第 2 期
杨富学:《一件珍贵的回鹘文寺院经济文书》,《西北民族研究》1992 年 1 期
杨富学:《元代畏兀儿税役》,《西北民族研究》1988 年第 2 期
杨燕、杨富学:《论敦煌多元文化的共生与交融》,《世界宗教文化》2019 年第 6 期
姚大力:《沟通欧亚的“瓶颈”:新疆在中西文化交流史上的地位》,《西北民族研究》2018 年第 3 期
姚大力:《谁来决定我们是谁——中国民族史研究的三把钥匙》,《东方早报》2011 年 3 月 20 日 B4、B5 版
伊斯拉菲尔·玉苏甫、张宝玺:《文殊山万佛洞回鹘文题记》,吐鲁番学研究院编:《语言背后的历史——西域古典语言学高峰论坛

论文集》,上海古籍出版社,2012 年
伊斯拉菲尔·玉素甫:《回鹘文领钱收据一件》,《内陆アジア言語の研究》第 10 号,1995 年
伊斯拉菲尔·玉素甫:《回鹘文文献二种》,《中国民族古文字研究》第 4 辑,天津古籍出版社,1994 年
俞敏:《后三国梵汉对音谱》,《俞敏语言学论文集》,商务印书馆,1999 年
张铁山,彭金章,彼特·茨默:《敦煌莫高窟北区 B464 窟回鹘文题记研究报告》,《敦煌研究》2018 年第 3 期
张铁山:《"一带一路"视域下的突厥语族语言研究》,《"一带一路"视角下的语言文字研究海口高峰论坛》,海口,2019 年 9 月
张铁山:《敦煌莫高窟北区 B77 出土木骨上的回鹘文题记研究》,《敦煌学辑刊》2018 年第 2 期
张铁山:《汉一回鹘文合璧〈六十甲子纳音〉残片考释》,《敦煌学辑刊》2014 年 4 期
张铁山:《回鹘文〈居庸关碑〉研究》,《中国少数民族碑铭研究》,民族出版社,2019 年
张铁山:《莫高窟北区 B128 窟出土回鹘文〈慈悲道场忏法〉残叶研究》,《民族语文》2008 年第 1 期
张铁山:《吐鲁番柏孜克里克出土两叶回鹘文〈慈悲道场忏法〉残叶研究》,《民族语文》2011 年第 4 期
张铁山主编:《回鹘文〈居庸关碑〉研究》,《中国少数民族碑铭研究》,民族出版社,2019 年
赵永红:《回鹘文佛教诗歌〈观音经相应譬喻谭〉研究》,载《中国少数民族文学与文献论集》,辽宁民族出版社,1997 年
周银霞、杨富学:《回鹘文〈罗摩衍那〉及其梵语借词研究》,《语言与

翻译》(汉文)2005 年第 1 期

朱国祥:《从梵语借词看“丝绸之路”印度文化对回鹘文化的影响》,《贵州民族研究》2019 年第 8 期

朱国祥:《回鹘文〈慈悲道场忏法〉中的吐火罗语借词对音研究》,《民族语文》2020 年第 4 期

朱国祥:《回鹘文〈金光明经〉中的粟特语借词对音研究》,《民族语文》2019 年第 5 期

朱悦梅:《甘州回鹘语周边政权的关系及其特点——甘州回鹘历史区域地理分析》,郑炳林、樊锦诗、杨富学编:《丝绸之路民族古文字与文化学术讨论会文集》,三秦出版社,2007 年

[德] 冯 · 加班著,耿世民译:《古代突厥语语法》,内蒙古教育出版社,2004 年

[德] 克林凯特著,赵崇明译:《丝绸古道上的文化》,新疆美术摄影出版社,1994 年

[法] 韩百诗(L.Hambis):《马可 · 波罗的〈世界志〉》,巴黎,1955 年

[法] 莫尼克 · 玛雅尔著,耿昇译:《古代高昌王国物质文明史》,中华书局,1995 年

[法] 沙畹著,冯承钧译:《摩尼教流行中国考》,商务印书馆,民国二十年(1931)

[日] 安部健夫著,宋肃瀛、刘美崧、徐伯夫等译:《西回鹘国史的研究》,新疆人民出版社,1985 年

[日] 高田时雄著,钟翀、陈捷译:《敦煌 · 民族 · 语言》,中华书局,2005 年

[日] 荻原云来编纂,过直四郎监修:《梵和大辞典》,(台湾)新文丰出版公司,1977 年

[英] 阿克穆尔著，郝镇华译：《一五五〇年前的中国基督教史》，中华书局，1984 年
[英] 埃得蒙·利奇(Edmund Leach)著，王庆仁译：《列维-斯特劳斯》，三联书店，1985 年
[宋] 欧阳修、宋祁等撰：《新唐书》，中华书局，2003 年
[唐] 玄奘述，辩机撰：《大唐西域记》，广西师范大学出版社，2007 年
[唐] 义净著，王邦维校注，《南海寄归内法传校注》，中华书局，1995 年
阿不都热西提·亚库甫：《古代维吾尔语赞美诗和描写性韵文的语文学研究》，上海古籍出版社，2015 年
阿依达尔·米尔卡马力：《回鹘文诗体注疏和新发现敦煌本韵文研究》，上海古籍出版社，2015 年
陈福康：《中国译学理论史稿》，上海外语教育出版社，2000 年
戴庆夏编：《中国各民族文字与电脑信息处理》，中央民族学院出版社，1991 年
丁福宝编：《佛学大辞典》，上海书店出版社，1991 年
冯承钧：《景教碑考》，商务印书馆，1935 年
葛维钧编：《印度古代语言及吐火罗文研究》，新世界出版社，2016 年
耿世民：《古代突厥文献选读》，中央民族学院油印本，1978 年
耿世民：《古代突厥语文献选读》(油印本)，中央民族学院少数民族语言文学系，1978—1980 年
耿世民：《回鹘文哈密本〈弥勒会见记〉研究》，中央民族大学出版社，2008 年
耿世民：《回鹘文社会经济文书研究》，中央民族大学出版社，2006 年
耿世民：《维吾尔古代文献研究》，中央民族大学出版社，2003 年
耿世民译：《乌古斯可汗的传说》，新疆人民出版社，1980 年
耿世民：《古代突厥文碑铭研究》，中央民族大学出版社，2005 年

郭良鋆、黄宝生译:《佛本生故事选》,人民文学出版社,2001 年
弘学编:《佛学概论》,四川人民出版社,2012 年
胡振华、黄润华整理:《高昌馆杂记》,民族出版社,1984 年
黄文弼:《吐鲁番考古记》,中国科学院出版社,1954 年
季羡林著,徐文堪审校:《吐火罗语研究导论》,商务印书馆,2018 年
季羡林:《中印文化关系史论文集》,三联书店出版,1982 年
李进新:《新疆宗教演变史》,新疆人民出版社,2003 年
李经纬:《回鹘文社会经济文书辑解》,甘肃民族出版社,2012 年
李经纬:《吐鲁番回鹘文社会经济文书研究》,新疆人民出版社,1996 年
林幹、高自厚:《回纥史》,内蒙古人民出版社,1994 年
林光明,林怡馨主编:《梵汉大词典》,(台北)嘉丰出版社,2005 年
林耀华:《民族学通论》,中央民族大学出版社,2011 年
刘戈:《回鹘文契约断代研究——昆山识玉》,中华书局,2016 年
刘戈:《回鹘文契约文书初探》,(台湾)五南图书出版公司,2000 年
柳洪亮:《吐鲁番新出土的摩尼教文献》,文物出版社,2000 年
罗常培:《唐五代西北方音》,上海,1933 年
麻赫默德·喀什噶里编,校仲彝、刘静嘉译:《突厥语大词典》民族出版社,2002 年
马大正等:《新疆史鉴》,新疆人民出版社,2006 年
木再帕尔:《回鹘语与粟特语、吐火罗语之间的接触》,中国社会科学出版社,2020 年
牛汝极:《回鹘佛教文献——佛典总论及巴黎所藏敦煌回鹘文佛教文献》,新疆大学出版社,2000 年
牛汝极:《十字莲花—中国元代叙利亚文景教碑铭文献研究》,上海古籍出版社,2008 年
牛汝极:《维吾尔古文字与古文献导论》,新疆人民出版社,1997 年

彭金章、王建军:《敦煌莫高窟北区石窟》第一卷,文物出版社,2000年
彭金章、王建军、敦煌研究院编:《敦煌莫高窟北区石窟》第二卷,文物出版社,2004年
彭金章、王建军、敦煌研究院编:《敦煌莫高窟北区石窟》第三卷,文物出版社,2004年
热孜娅·努日:《巴黎回鹘文诗体般若文献研究》,上海古籍出版社,2015年
荣新江:《丝绸之路与东西文化交流》,北京大学出版社,2015年
荣新江:《吐鲁番文书总目欧美收藏卷》,武汉大学出版社,2007年
芮传明:《东方摩尼教研究》,上海人民出版社,2009年
史金波,雅森·吾守尔:《中国活字印刷术的发明和早期传播——西夏和回鹘活字印刷术研究》,社会科学文献出版社,2000年
田卫疆:《高昌回鹘史稿》,新疆人民出版社,2006年
王力:《汉语音韵学》,中华书局,1956年
吴安其:《亚欧语言基本词比较研究》,中国社会科学出版社,2017年
向达:《中西交通史》,岳麓书社,2011年
新疆博物馆编:《新疆石窟·吐鲁番柏孜克里克石窟》,上海人民美术出版社,1990年
新疆龟兹学会编:《龟兹文化研究》第一辑,(香港)天马出版有限公司,2005年
刑欣、廖泽余:《维吾尔词汇演变研究》,新疆大学出版社,1997年
杨富学、杨进智:《裕固族研究论文集》,兰州大学出版社,1996年
杨富学、张海娟:《从蒙古豳王到裕固族大头目》,甘肃文化出版社,2017年
杨富学:《回鹘摩尼教研究》,中国社会科学出版社,2016年

杨富学:《回鹘文买卖契约译注》,中华书局,2006 年
杨富学:《回鹘文献与回鹘文化》,民族出版社,2003 年
杨富学:《沙州回鹘及其文献》,甘肃文化出版社,1995 年
杨富学:《印度宗教文化与回鹘民间文学》,民族出版社,2007 年
杨剑桥:《汉语现代音韵学》,复旦大学出版社,1996 年
杨蕤:《回鹘时代: 10—13 世纪陆上丝绸之路贸易研究》,中国社会科学出版社,2015 年
伊斯拉菲尔·玉苏甫、张宝玺:《语言背后的历史——西域古典语言学高峰论坛论文集》,上海古籍出版社,2012 年
余太山:《西域通史》,中州古籍出版社,2003 年
张公瑾、黄建明、岭福祥等:《民族古文献概要》,民族出版社,1997 年
张铁山:《突厥语族文献学》,中央民族大学出版社,2005 年
张铁山:《古代维吾尔诗体故事、忏悔文及碑铭研究》,上海古籍出版社,2015 年
张铁山:《回鹘文献语言的结构与特点》,中央民族大学出版社,2005 年
朱国祥、张铁山:《回鹘文佛教文献中的汉语借词研究》,甘肃文化出版社,2016 年
朱悦梅、杨富学:《甘州回鹘史》,中国社会科学出版社,2013 年

学位论文

阿依达尔·米尔卡马力:《从敦煌出土回鹘文佛教文献看汉语对回鹘文佛典语言的影响》,新疆大学博士论文,2007 年
阿克孜·塔里甫:《乌古斯传的修辞研究》,新疆师范大学硕士论文,2011 年
巴克力·阿卜杜热西提:《古代维吾尔语医学文献的语文学研究》,

中央民族大学博士论文,2013 年
古艾尔尼沙·买沙地克:《回鹘医学文书〈医理精华〉词汇研究》,新疆大学硕士论文,2015 年
古再丽阿依·阿布都艾尼:《回鹘文摩尼教文献词汇研究》,新疆大学硕士论文,2014 年
桂林:《回鹘摩尼教研究》,兰州大学博士论文,2006 年
何湘君:《回鹘景教文献研究》,中央民族大学博士论文,2016 年
林巽培:《回鹘文慈恩传转写与汉字音研究》,上海师范大学博士论文,2012 年
米热古丽·黑力力:《回鹘汗国时期突厥文碑铭词汇考释》,中央民族大学博士论文,2015 年
木沙江·艾力:《回鹘文〈金光明经〉词汇研究》,新疆大学硕士论文,2012 年
木沙江·艾力:《古代维吾尔语历法和占卜文献的语文学研究》,中央民族大学博士论文,2016 年
祈宏涛:《〈高昌馆杂字〉研究》,中央民族大学博士论文,2013 年
吐送江·依明:《〈福乐智慧〉回鹘文抄本研究》,中央民族大学博士论文,2011 年
郑玲:《〈弥勒会见记〉异本对勘研究》,中央民族大学博士论文,2013 年

外文文献

[日] 森安孝夫:《チベット文字ご書かおたウイグル文佛教教理問答(P.t.1292)の研究》,《大阪大学文学部紀要》第 XXV 卷,1985 年
[日] 山田信夫著,小田寿典、梅村坦、森安孝夫、P.Zieme 编:《ウイ

グル文契约文书集成》(第二卷),大阪: 大阪大学出版社,1993年

[日] 藤枝晃:《ウイグル小字刻文》,[日] 村田治郎編著:《居庸關》(第一卷),京都: 京都大学工学部,1957年

[日] 小田壽典:《トルコ語本八陽經寫本の系譜と宗教思想的問題》,《東方学》(第55輯),1978年

[日] 羽田亨:《唐代回鶻史の研究》,《羽田博士史学論文集》上卷《歷史篇》,京都: 同朋舍,1975年

[日] 中村元:《佛教語大辭典》,东京: 东京书籍,1981年

[日] 武邑尚邦:《佛教思想辞典》,东京: 教育新潮社,1982年

[日] 庄垣内正弘:《ロシア所藏ウイグル語文献の研究》,京都: 京都大学大学院文学研究科,2003年

[日] 庄垣内正弘:《ウイグル語寫本・大英博物館藏 Or.8212—109について》,《東洋学報》(第56卷第1号),1974年

[日] 庄垣内正弘:《古代ウイグル文阿毗達磨俱合論實義疏の研究》(第Ⅰ~Ⅲ卷),京都: 松香堂,1991—1993年

[日] 庄垣内正弘, L. トゥゲーシェヮ, 藤代节:《ゥィゲル文 Daśakarmapathāvadānamālāの研究—サンクィパテルブルゲ所藏ゥィゲル文〈十业道物语〉》,京都: 松香堂,1998年

[日] 庄垣内正弘:《ウイグル文字音寫された漢語佛典断片について—ウイグル漢字音の研究》,《言語学研究》(第14号),1995年

[日] 庄垣内正弘:《ウイグル語譯・安慧造〈阿毗達磨俱合論實義疏〉》(ウイグル語・ウイグル語文獻の研究,Ⅲ),神户,1988年

Abdurishid Yakup, An Old Uyghur Fragments an Astrological Treatise

Kept in Beijing National Library, In: Gedenkband für Werner Sundermann, *heraysgegeen von Turfanforschung*, *Berlin-Brandenburgische Akadenie der Wissenschaften*, Berlin, 2016.

Abdurishid Yakup, TwoAlliterative Uighur Poems from Dunhuang, *Linguistic Research*, 1999.

A. Dragunov, The hphags-pa Soript and Ancient Mandarin, ИзвестИя АкадемИИ Наук, 1930.

A. Gruenwedel, *Altbuddhistische Kultstaetten in Chinesisch-Turkestan*, Berlin, 1912.

A. Róna-Tas, *An Introduction to Turkology*, Szeged, 1991.

A. Stein, *Innermost Asia.* Vol. Ⅳ, repr. New Delhi, plan 30, 1948.

A. von Gabain, Alttürkische Grammatik, Leipzig, 1941.

A. von Gabain, Die Drucke der Turfan-Sammlung, *SDAW*, Nr. 1, Berlin, 1967.

A. von Gabain, *Maitrisimit*, *Faksimile der alttürkischen Version eines Werkes der buddhistischen Vaibhāsika-schule* I, Wiesbaden, 1957.

A. von Gabain, *Türkische Turfan-Texte VIII: Texte in Brāhmīschrift*, Berlin, 1954.

A. von Le Coq, Ein christliches und ein manichaichaisches Manuskriptfragment in Türkischer Sprache aus Turfan, Berlin, Sitzungsberichte der Koniglich Preussischen Akademie der Wissenschaften, pl. Ⅷ – ⅩⅣ, 1909.

A. von Le Coq, *Buried Treasures of Chinese Turkestan*, London, 1928.

A. von Le Coq, *Chotscho*, Tafel, Berlin, 1913.

A. von Le Coq, Chuastuanift, ein Sündenbekenntnis der Manichäischen Auditores, Gefunden in Turfan (Chineischen Turkistan), *APAW*,

Berlin, 1911.

A.von Le Coq, Dr Stein's Turkicsh Khuastuanift from Tun-huang, Being a Confession-Prayer of the Manichaean Auditores, *JRAS*, London, 1911.

A.von Le Coq, *Handschriftliche uigurische Urkunden aus Turfan*, Turan, Budapest, 1918.

A.von Le Coq, Kurze Einfuehrung in die uig. Schriftkunde, Meiteilungen d. Seminars fuer Orientalische Sprache, *Os.* XXⅡ, 1919.

A. von Le Coq, *Türkische Manichaica aus Chotscho. Ⅱ. Nebst einem chiristlichen Bruchstück aus Bulayïq.*, Berlin: Verlag der Akademie der Wissenschaften *APAW*, 1919; *Philosophische Klasse*, No. 3, 1919.

Akira Hirakawa, *A Buddhist Chinese-Sanskrit Dictionary*, Tokyo: the Reiyukai, 1997.

Arthur A. MacDonell, *A Sanskrit-English Dictionary Compiled*, Oxford: Printed at The Clarendon Press, 1893.

B. Gharib, *Sogdian Dictionary* (*Sogdian-Persian-English*), Farhangan Publications, 1995.

Bang W., Türkischer Bruchstücke einer nestorianischen Georgspassion, *Le Museon*, 1926.

Bang, W.& A.von Gabain, *Türkische Turfan Texte* 2, 1929.

Bang, W., Maniche Laien-Beichtspiegel, *Le Museon* 35, 1923.

Bang, W. & A.von Gabain, Türkische Turfantexte Ⅰ, *SPAW*, Berlin, 1929.

Ceval Kaya, *Uygurca Altun Yaruk: Giriş*, *Metin ve Dizin*, Ankara: Baskı Görsel Sanatlar Ltd, 1994.

D. Chwolson, Syrische Grabin schriften aus Semirjetsche, *Memoires de l'Académie Imperiale des science de St. Petersbourg*, ser.7, Vol. 34 - 4, 1886.

D. Chwolson, Syrisch-nestorianische Grabin schriften aus Semirjetsche, *Memoires de l'Académie Imperiale des science de St.-Petersbourg*, ser.7, Vol, 34 - 8, N.F., 1890, 1897.

D. Maue, *Alttürkisches Handschriften, Teil1: Dokumente in Brah-mī und Tibetischer Schrift*, Stuttgart, 1996.

D. Maue, R. Röhrbor., Ein zweisprachiges Fragment aus Turfan, *Central Asiatic Journal 20*, 1976.

Desmond Durkin-Meisterernst, *Dictionary Manichaean Middle Persian and Parthiant*, Brepols Publishers, Turnhout, Belgium, 2004.

Douglas Q. Adams, *A Dictionary of Tocharian B* (*Revised and Greatly Enlarged*), Amsterdam-New York, NY, 2013.

E.Sieg, übersetzungen aus dem Tocharischen.1, *APAW*, nr.16, Berlin, 1944.

EGAMI, NAMIO, Olon-Sume et la découverte de l'église Catholique Romaine de Jean De Montecorvino, *JA*, Tome CCXL, No.2, 1952.

F. Geissler, P. Zieme, Uigurische Pañcatantra-Fragmente, *Turci-ca* 2, 1970.

F. H. Andrews, *Wall Paintings from Ancient Shrines in Central Asia*, London, Plate C, 1948.

F.W.K.Müller, Die Anbetung der Magier, ein christliches Bruchstick, in uigurica I, *APAW*, Berlin, 1908.

F.W.K.Müller, *Uigurica II*, *APAW*, Nr.3, Berlin, 1910.

F.W.K.Müller, A.von Gabain, *Pāli-Jātaka*, No.316, E.B. Cowell(ed).

The Jātaka or Stories of the Buddha's Former Births, Vol.3, Delhi, 1994.

F.W.K.Müller, A.von Gabain, *Uigurica* IV, *SPAW*, *Phil.-hist. Klasse* 24, Berlin, 1931.

F.W.Thomas, A Rāmayana Story in Tibetan from Chinese Turkestan, *Indian Studies in Honor Charles Rockwell lanma*, Cambridge, 1929.

Franklin Edgerton, *Sterling Professor of Sanskrit and Comparative Philology*, New Haven: Yale University Press, 1st Edition: New Haven , 1953; Reprinted: Delhi, 1970, 1972, 1977.

G. Ehlers, Ein alttürkisches Fragment zur Erzählung vom Töpfer, *Ural-Altaische Jahrbücher* N.F, 1982 (2).

G.J.Ramstedt, Four Uigurian Documents, *C.G.Mannerheim*, *Across Asia from West to East in 1906 – 1908*, Ⅱ, Helsinki, 1940.

G.R.Rachmati, *Türkische Turfan Texte.* *Ⅶ*, *APAW*, Berlin, 1936, 1937.

G.R.Rachmati, Zur Heilkunde der Uiguren, *SPAW*, 1930.

Geng Shimin, Hans-Joachim Klimkeit, J.P.Laut, *Manis Wettkampf mit dem Prinzen*, *ZOMG* (137), 1987.

Geng Shimin, H.-J. Klimkeit, J.P.Laut, Prolegomena zur Edition der Hami-Handschrift der Uighurischen Daśakarmapathāvadāna-mālā, 1993.

Georges-Jean Pinault, Bilingual hymn to Mani: Analysis of the Tocharian B parts, *SIAL* XXⅢ, *Papers in honour of Professor Takao Moriyasu on his 60th birthday*, 2008.

H.H.Schaeder, *Der Manichäismus nach neuen Funden Forschungen*, Morgenland 28, Lepzig, 1936.

H.J.Klimkeit, *Gnosis on the Silk Road: Gnosis Texts from Central Asia*, San Francisco, 1993.

H. J. Klimkeit, Christentum und Buddhismus in der innerasiatischen Religionsbewegung, *Zeitschrift für Religious und Geistesgeschichte*, 35, 1983.

H. Masp'ero, Le dialecte de Tch'ang-ngan sousles T'ang, *Bulletin de l'Ecole Francaise d' Extrême Orient*, 1920.

H. W. Bailey, Rāma, *Bulletin of the School of Oriental and African Studies*, X-2, 1939; X-3 (Translation &Commentary), 1940.

Ingirt Warnke, *Eine buddhistische Lehrschnft überdas Bekennen der Sünden -Fragmente der uigurischen Version des Cibei-daochang-chanfa*, Berlin, Dissertation, Akademie der Wissenschaften der DDR, 1978. Fragmente des 25.und 26.Kapitels des Kšanti qïlɤuluq nom bitig, *AoF* 10, 2, 1983.

J.Edkins, *Introduction to the study of the Chinese Characters*, London, 1876.

J.Hamilton, *Le conte bouddhique du Bon et du Mauvais Prince en version ouïgoure.Mission Paul Pellion. Documents conservés a la Bibliothèque Nationale*, Ⅲ, *Manuscrits ouïgoures de Touen-houang*, Paris, 1971.

J. Hamilton, Review of A. von Gabain, Maitrisimit, *T'oung Pao* 46, 1958.

J.Hamilton, Un acte ouigour de vente terrain provenantde Yar-Khoto, *Turcica* I, 1969.

J.P. Asmussen, *Xuāstvānīft-Stidies in Manichaeism* (*Acta Theol. Danica.* 7), Copenhagen, 1965.

J. P. Laut, Zwei Fragmente eines Höllenkapitels der uigurischen Daśakarmapathāvadānamālā, *Ural-Altaischer* N.F.4, 1984.

J.Payne Smith, *A Compendious Syriac Dictionary*, Reprint Oxford, 1979.

J.W.de Jong, An old Tibetan Version of the Rāmayāna, *T'oung Pao* 68, 1972 .

Jens Wilkens, *Das Buch Von Der Sündentigung*, Edition des alttürkisch - buddhistischen Kšanti Kɪilguluk Nom Bitig, Brepols Publisher n.v., Turnhout, Belgium, 2007.

J.Hamilton, *Manuscrits ouïgours du Lxe-xe siècle de Touen-houang* 1 - 2, Paris, 1986, 1992.

Johan Elerskog, *Silk Road Studies Ⅰ: Uygur Buddhist Literature*, Brepols, Turnhout, 1997.

Judith Ogden Bullitt, Princeton's Manuscript Fragments from Tun-huang, *Gest Library Journal*, 3(1/2), 1989.

K.Röhrbom.& Osman Sertkaya, Die alttürkische Iinschrift am Tor-Stūpa von Chü-yung-kuan, *Zeitschrift der Deutschen Morgenländischen Gesellschaft 130*, 1980.

K. Röhrborn, Eine üiğurische Totenmesse. *Berliner Turfantexte* Ⅱ, Berlin, 1971.

Kahar Barat, *The Uygur-Turkic Biography of the Seventh Century Chinese Buddhist Pilgrim Xuangzang: Ninth and Tenth Chapters*, Bloomington: Indiana University Research Institute for Inner Asian Studies, Indiana, 2000.

Kumagai Nobuo, Fragment of Wood-blockprint of Viśbantara-Jātaka from Turfan, *Monimenta Serindica* 5, 1962.

L.Ligeti, Le Mérite d'ériger un stupa et l'histoire de l'éléphant d'or,

Proceedings of the Csoma de Körös Memorial Symposium, held at Matrafüred, Hungary 24 – 30 September, 1976, Budapest, 1978.

Larry Clark, *Introduction to the Uyghur Civil Documents of East Turkestan (13th – 14th cc.)*, Indiana University, 1975.

L. V. Clark, The Conversion of Bügü Khan to Manichaeism, *Studia Manichaica Ⅳ*, *Internationaler Kongreβ zum Manichäismus*, Berlin, 1997, 2000.

Louis Bazin, *Les Systèmes Chronologiques Dans Le Monde Turc Ancien*, Paris, Bibliothéca Orientalis Hugarica (Broché), 1991.

M. ölmez, Ein weiteres alttürkischen Pañcatantra-Fragment, *Ural-AltaischeJahrbücher* N.F.12, 1993.

Marcelle Lalou, L'histories de Rāma en Tibétain, *Journal Asiati-que*, 1936.

Maróth.M, Ein Fragment eines syrischen pharmazeutischen Rezeptbuches aus turfan, *AoF* 11, 1984.

Maróth.M, Ein Brief aus Turfan, *AoF* 12, 1985.

Matsui Dai, Uyghur Almanac Divination Fragments from Dunhuang, Irina.Popova and Liu Yi (eds.), *Dunhuang Studies: Prospects and Problems for the Coming Second Century of Research*, St.Petersburg, 2012.

Michaël Peyrot, *The Tocarian Subjunctive: A Study in Syntax and Verbal stem Foration*, Koninkljke Brill NV, Leiden, The Netherlands, XVII, 2013.

Monier Williams, M. A., *A Sansktit-English Dictionary: Etymologically and Philologcially Arranged*, London: At The Clarendon press, 1872.

N.Sims-Williams, Die christlich-sogdischen Handschriften von Bulayiq,

Ägypten, Vorderasien, Turfan: Probleme der Edition und Bearbeitung altorientalischer Handschriften, Berlin, 1991.

P, Zieme. Ein Uigurisches Fragment der Rāma-Erzählung, *Acta Orientalia Academiae Scientiarum Hungaricae* 32, 1978,

P. Zieme, *AltuigurischeTexte der Kirche des Ostens aus Zentralasien*, NewJersy: Gorgias Press, 2015.

P. Zieme, Buddhistische Stabreimdichtungen der Uiguren, *BTT* XIII, Berlin, Facsimiles: plates XIV–XIX. 1985.

P.Zieme, Ein Uigurisches Fragment der Rāma-Erzählung, Acta Orientalia Academiae Scientiarum Hungaricae 32, 1978.

P.Zieme, Ein uigurisches Turfanfragment der Erzählung von guten und vom bösen Prinzen, *Acta Orientalia Academiae Scientiarum Hungaricae* 28, 1974.

P.Zieme, *Magische Texte des Uigurischen Buddhismus*, Berlin, Hrausgegeben von der Kommission Turfanforschungder Berlin-Brandenburgischen Akademie der Wissenschaften, 2005.

P.Zieme, *Manichäisch-türkische texte*, Berliner Turfan Texte V, Berlin, 1975.

P.Zieme, Note on Uighur Medicine, especially on the Uighur Siddhasara Tradition, *Asian Medicine* 3, 2007.

P.Zieme, The Manichaean Turkish Texts of the Stein Collection at the British Library, *JRAS*, Third Series, Vol.20, No.3, 2010.

R.R. Arat, Eski Turk Hukuk Vesikalari, *Journal de la Societe Finno-Ougrienne* 65, Helsinki, 1964.

R.R.Arat, *Türkische Turfantexte* VII, *APAW*, Berlin, 1936.

R.R.Arat, Zur Heilkunde der Uiguren I–II, *SPAW*, Berlin, 1930.,

1932.

S.Çagatay, *Türk Lehçeleri Örnekleri* Ⅰ, Ankara, 1950.

S.E.Malov, *Pamyatniki Drevnetyurkskoy Pis'mennosti.M.L*, 1951.

S.E.Malov, *Uigurische Sprachdenkmaeler*, Leningrad, 1928.

S. G. Clauson, *An Etymological Dictionary of Pre-Thirteenth-Century Turkish*, Oxford: Clarendon Press, 1972.

S. G. Clauson, Early Turkish Astrological Terms, *Ural-Altaische Jahrbücher*, Vol. XXXV, Wiesbaden, 1964.

Ş. Tekin, *Abhidharma-kosa-bhasya-tika Tattvartha-nama, Aidarim kosavardi sastr1*, NewYork, 1970.

Ş. Tekin, *Maitrisimit. Die uigurische übersetzung eines Werkes der buddhistischen Vaibhāṣika-schule.* Schriften zur Geschichte und Kultur der Alten Orient, *Berlin Turfantexte* Ⅳ, Berlin: Akademie Verlag, 1980.

Ş. Tekin, Prosodische Erklärung eines uigurischen Textes, *UAJB* 34, 1962.

Sir Monier Monier-Williams, M. A, K. C. I. E., *A Sansktit-English Dictionary Etymologically and Philologcially Arranged* (*New Edition, Enlarged and Improved*), Oxford: At The Clarendon Press, 1899.

T.E.Cearter, *The Invention of printing in China and Its Spread Westward*, New York, 1925.

Tibor Porció, On the Brāhmī Glosses of the Uygur sitātapatrāText, *Central Asiatic Journal*, 47/1, 2003.

Tugusheva, Yusufzhanovna, Fragmenty Rannesrednevekovykh Tjurkskikh Gadatel'nykh Knig is Rukopisnogo Sobranija Sankt-peterburgskogo,

Filiala Instituta Vostokovedenija, *Pis'mennya Pamjatniki Vostoka*, St.Petersburg, 2007.

V.R.Ramachandra Dikshitar, *The Purāṇa Index*, Volume III, Madras, 1955; Reprint: Delhi, 1995.

W.Radloff, *Uigurische Sprachdenkmäler*, *Materialen nach dem Tode des Verfassers mit Ergänzungen von S. E. Malov herausgegeben*, Leningrad, 1928.

W.Radloff, *Bericht ueber archeologische Arbaeiten in Idikutschahri und Umgebung im Winter 1902 – 1903*, Abh.d. Kaiser, Bayer, Ak.d. Wiss.phil.-his.KI.XXIV, Abt.I, 1906.

W.Radloff, *Chuastuanift. Das Bussgebet der Manichäer*, Sankt Petersburg, 1909.

W.Radloff, *Nachrichten ueber die von der Kais. Ak. d. Wiss. Zu St. Petersburg im Jahre 1898 ausgeruestwte Expedition nach Tuurfan*, Petersburg, 1899.

W. Radloff, Nachträge zum chuastuanift (cémhuastuanvt), dem Bussgebete der Manichäer(Hörer), *Bulletin de l'Académie Impériale des sciences de St.-Pétersbourg*, 1911.

W. Radloff, Note préliminare sur l'inscription de Kiu-yong-koan, Troisiéme partie, Les Inscriptions ouigoures, *Journal Asiatique*, 9/4, 1894.

W.Thomas, Tocharisches Elementarbuch, Bd.II, Heidelerg: Texte und Glassar, 1964.

网络资源与软件

https://gandhari.org/n_dictionary.php.

https://www.eurasianhistory.com.

https://www.ddbc.edu.tw.

https://sites.fas.harvard.edu/~iranian/Zoroastrianism/index.html

上海師範大學語言研究所・上海高校比較語言學 E-研究院 http://www.eastling.org/sgycx.php.

蓝蝶国际音标软件输入法 2.0

《广韵查询新系统》,潘悟云制作,上海师范大学语言研究所

《逍遥笔手写输入法》软件

后　　记

拙作即将出版，谨以识之。

忆昔往事，历历在目。1993年，高考进了巢湖学院（巢湖高等师范专科学校）中文系，毕业依规定回本县乡镇当老师，八载教师生涯尽力尽职，课余之外仍不忘初心（学历太低，想继续深造）。2003年，考入湘潭大学文学与新闻学院师从马固钢先生，先生于武汉大学求学期间师从黄耀先、周大璞先生。溯源先生之“门派”，可谓正宗“章黄学派”之亲传。湘潭大学读研三载，从马固钢先生而初识“小学”（文字、训诂与音韵）。中国传统语言文字学之“小学”研究者，仅有清一代“说文”研究名家，如“王氏父子”、戴震等灿若繁星，可叹乎其幽深、玄妙！2006年硕士毕业，曾于安徽《铜陵日报》就职，后又进安徽铜陵市广播电视大学。2011年，考进中央民族大学，全脱产师从张铁山教授学习突厥语族语言文字。读博三载，非尽所学吾师张铁山先生之“冷门绝学”，但京城开眼界自不待言。读博期间选中国社科院聂鸿音先生课，聂先生精通多种语言文字，授课时往往融通不同语言文字，旁征博引，其精彩绝妙之处令人瞠目眩晕。

书稿的顺利出版，要感谢贵州民族大学原副校长杨昌儒教授，感谢贵州民族大学文学院院长龙耀宏教授和副书记李贤军教授，感谢中国社会科学院吴安其研究员，感谢中国文物交流中心对外联络处孙小兵处长以及中国旅游研究院张景嵋博士后，感谢中共中央党校

（国家行政学院）韩旭博士生，感谢上海古籍出版社占旭东编审、王珺和责任编辑，感谢书稿中引用过资料却未曾谋面的专家学者，感谢女儿朱晨于上海师范大学求学期间帮助校对参考文献及妻子徐俊飞所承担各种庞杂事务，感谢研究生李帆、蒙春利同学；感谢亲朋好友耿业鹏、朱先宝、黄新刚、潘天鹏、陈代发等多年关心和支持。在此，向他们致以真诚谢意！

书稿的顺利出版亦得益于我的工作单位贵州民族大学文学院及中国语言文学学科建设经费的资助。

书稿即将付梓，但我深感本书筛选"回鹘文献里梵语借词"会有不少遗漏，对音部分尚有进一步补充的地方。时间仓促，书中错讹在所难免，诚请诸位批评指正！

朱国祥　2021 年 9 月

图书在版编目(CIP)数据

回鹘文献梵语借词研究 / 朱国祥著. —上海：上海古籍出版社，2021.11
ISBN 978-7-5732-0120-1

Ⅰ. ①回… Ⅱ. ①朱… Ⅲ. ①梵语—借词—研究 Ⅳ. ①H711

中国版本图书馆 CIP 数据核字(2021)第 222724 号

回鹘文献梵语借词研究

朱国祥 著

上海古籍出版社出版发行

(上海市号景路 159 弄 A 座 5 层 邮政编码 201101)

(1) 网址：www.guji.com.cn

(2) E-mail：guji1@guji.com.cn

(3) 易文网网址：www.ewen.co

上海颛辉印刷厂有限公司印刷

开本 890×1240 1/32 印张 10.875 插页 2 字数 313,000

2021 年 11 月第 1 版 2021 年 11 月第 1 次印刷

ISBN 978-7-5732-0120-1

H·247 定价：52.00 元

如有质量问题，请与承印公司联系